KB123634

『공공어린이재활병원이 시작이다』
출판에 날개를 달아주셔서 고맙습니다!

*****

(날개1호
삼성한의원)　　(날개2호
프랑스자수 <가든>)　　(날개3호
나사렛새꿈학교)

공공어린이
재활병원이
시작이다

2판

공공어린이
재활병원이
시작이다

이정은·조미형·이승영·최권호·김동석 지음

장애아동의 치료·교육·돌봄 찾기

마인드북스

대한민국에서 공공어린이재활병원이 시작됩니다!

"임기 내에 공공어린이재활병원을 완공하겠습니다. 건우야 어때?"

문재인 대통령님께서 2017년 대전을 찾아와서 건우에게 하신 약속입니다.

건우는 두 살 때 사고로 사지마비에, 음식을 위로 직접 투여하고, 말을 못 하는 중증장애인이 되었습니다. 이런 중증장애아동에게 재활치료는 신체와 생명을 유지하기 위해 필수적인데, 그동안 대한민국은 제때 제대로 치료할 수 있는 기회도 주지 않았습니다. 지역에 치료할 수 있는 병원이 없었습니다. 이런 상황은 무서운 결과를 가져왔습니다. 장애인 조사망률(2016, 국립재활원) 통계를 보면 장애인이 전체인구 대비 4배 정도 높은데, 그중에서도 10대 미만의 장애인이 가장 높은 37.9배, 10대 장애인은 16.4배나 높았습니다. 한마디로 대한민국에서 장애 어린이는 생명을 이어가는 것조차 어려웠다는 것입니다. 그래서 장애 어린이 가족들이 우리 아이들의 생명을 지켜달라고 목소리를 내기 시작했습니다.

드디어 대한민국이 답했습니다. 2020년 12월, 대전부터 공공어린이재활병원이 시작됩니다.

중증장애아동들에게 병원은 생명을 이어가는 곳이자 세상을 배우고 살아가는 곳이기도 합니다. 그동안 대한민국은 이마저도 허용하지 않았습니다. 일본엔 200여 개가 있는 어린이재활병원이 우리나라에는 단 1개 있습니다. 그것도 민간이 세운 병원이고 공공은 한 개도 없습니다. 그동안 민간은 수익성을 이유로, 정부는 무관심으로 기피한 결과입니다. 이런 상황에서 전국의 장애아동 가족을 비롯한 시민들이 눈물과 땀으로 공공어린이재활병원을 끌어냈습니다. 이제 충남권 공공어린이재활병원을 시작으로 권역별로 병원과 센터가 세워질 예정입니다. 그런데 아쉬움도 큽니다. 전국 9개 권역에 병원이 다 건립될 줄 알았는데 3개 권역(충남권, 경남권, 전남권)만 추진되고 4개 권역(전북권역, 경북권역, 강원권역, 충북권역)은 입원 병상도 없는 센터로, 수도권과 제주권은 제외된 채 추진되고 있습니다. 이마저도 건립비와 운영비 지원 부족으로 지자체들이 참여를 꺼리고 있습니다.

대한민국에서 처음 시작된 공공어린이재활병원 건립사업이 돈 문제로 어려움을 겪지 않길 간절히 바랍니다. 이 사업은 단지 병원 몇 개를 세우는 것이 아닙니다. 그동안 가라앉고 있었던 장애아동의 생명을 지키는 사회안전망을 만드는 일입니다. 그동안 무시되었던 생명과 공공의 가치를 세우는 일입니다. 이제는 우리 아이들이 제때 제대로 치료와 재활, 교육과 돌봄을 받도록 제대로 된 공공어린이재활병원을 만들어주는 것이 국가의 의무입니다. 정부는 장애 어린이의 치료, 교육, 돌봄에 대한 구체적인 지역 실태조사와 공공어린이재활병원의 건립 및 운영모델 연구, 적정한 예산 마련 등을 통한 적극 행정을 보여 주어야 합니다. 국회와 정부, 지자체는 공공어린이재활병원의 건립과 운영을 위한 법령과 조례 등 법적 근거를 마련해야 합니다. 아이들의 생명을 두고 수익성 문제로 정부와 지자체가 더는 핑퐁게임을 해서는 안 됩니다.

토닥토닥은 2013년 장애아동가족모임으로부터 시작해 대전어린이재활병원시민추진모임을 넘어 지금의 비영리 사단법인이 되었습니다. 지난 7년간 우리는 중증장애아동의 치료와 재활, 교육과 돌봄을 한곳에서 받을 수 있는 공공병원 건립과 장애가 장벽이 되지 않는 환경을 만들기 위해 노력해 왔습니다.

2019년엔 시민들의 후원으로 〈협동조합 함께하는연구〉를 통한 공공어린이재활병원 운영모델 연구용역을 진행하였고, 그 보고서를 기초로 하여 〈공공어린이재활병원이 시작이다〉라는 책을 기획하게 되었습니다. 그리고 이 책의 출판에 들어가는 모든 비용도 1004바람편지 후원 등 시민들의 후원으로 가능하게 되었습니다. 또한, 이 책은 함께하는연구의 이정은 박사님을 비롯한 저자분들의 제대로 된 공공어린이재활병원을 바라는 열정으로 빛을 보게 되었습니다.

기쁜 일은 1판이 출판된 후 21대 국회에서 〈권역별 공공어린이재활병원 건립추진 의원모임〉이 출범했고 장애인건강권법 개정안이 통과되어 공공어린이재활병원의 설치 및 운영의 법적 근거가 마련되었다는 것입니다.

"당신의 심장이 함께 뛰어 기적은 현실이 되었습니다."
시민 여러분 고맙습니다. 기억합니다.

2020년 12월, 2판에 들어가며
사단법인 토닥토닥 대표, 건우 아빠 김동석

"장애아동과 부모의 눈물과 땀이 결실로 이루어지기까지…"

중증장애아동과 그 부모님들의 긴 바람이자 생명이 될 공공어린이재활병원이 드디어 오는 12월, 건립을 위한 첫 삽을 뜨게 됩니다.

사단법인 토닥토닥과 장애아동 부모님들이 병원 건립을 위해 쏟은 수많은 질곡의 시간이 병원 건축 착수와 함께 결실의 형체를 조금씩 드러내고 있습니다.

어찌 보면 당연하고 자연스러운 병원 건립이 그분들에게는 기적과 같은 일이라는 것이 우리를 부끄럽게 합니다.

전국 최초의 공공어린이재활병원 건립사업을 이끌어낸 토닥토닥은 민간 분야 최초로 자체 연구용역을 통해 병원 운영 모델을 개발하고, 이 책을 통해 공공병원이 나아갈 방향성까지 제시해 주셨습니다. 대전 시민을 대신하여 감사의 마음을 전하며, 그 마음을 오롯이 받아 정책에 반영될 수 있도록 꼼꼼히 챙기겠습니다.

지난 2018년 7월 폭염으로 한 시간도 서 있기 힘든 그 시기에 8일간 1004배를 하시던 건우 아빠의 모습이 문득 떠오릅니다. 올해 열세 살인 건우는 병원이 개원되는 2022년에는 열다섯 살이 되며, 재활치료를 받을 수 있는 시간은 그리 많지 않을 것입니다. 수많은 제2의, 제3의 건우 아빠와 엄마들을 대신하여 눈물과 땀에 젖은 몸으로 시멘트 바닥에 머리를 숙이던 애절한 그 마음을 무겁게 받겠습니다.

장애아동의 재활을 위해 공공어린이재활병원을 건립하여 공급하는 것은 공공에서 해야 할 작은 시작에 불과합니다.

공공 분야에서 공급되는 최초의 병원이기 때문에 민간병원과의 차별화된 의료서비스가 필요합니다. 이를 위해서 돌봄과 교육에 대한 관련 기관과의 협업과 지역의료기관과의 재활 네트워크 구성도 해야 합니다.

소아재활에 대한 의료수가를 현실화하기 위한 논의가 있어야 하고, 향후 병원을 어떻게 운영할 것인지에 대한 고민도 필요합니다.

향후 제대로 된 병원 운영을 위해 재정부담을 해소해야 하며, 우수한 의료인력을 선발하여 양질의 의료서비스를 공급해야 합니다.

최근 정치권을 중심으로 국가와 지방자치단체의 운영비 부담을 의무화하는 법안이 일부 국회의원을 중심으로 개정 중에 있어 참으로 기껍게 생각하고 있습니다.

이러한 과제들을 해결하기 위해 그동안 해왔던 것처럼 우리 시와 병원, 그리고 부모님들은 서로를 이해하고 배려해야 하며, 다시 한번 손을 맞잡아야 할 것입니다.

공공어린이재활병원은 태생부터 건립까지 민과 관이 서로 협력하고 합심하여 세워진 최초의 병원입니다. 토닥토닥이 지금까지 병원 건립을 위해 범시민운동을 전개하고 이를 통해 시민의 관심과 역량을 모은 성과는 적지 않습니다.

장애아동의 소아재활을 위한 기적의 마라톤은 아직 갈 길이 멀지만, 우리가 함께 손을 맞잡는다면 충분히 완주 가능하리라고 봅니다. 토닥토닥의 열정을 다시 한번 기대해 보겠습니다.

연대는 비를 맞는 이에게 우산을 씌워 주는 것이 아니라, 함께 비를 맞아주는 것이라고 합니다. 장애아동과 그 부모님들의 아픔을 올곧이 공유할 수는 없겠지만 함께 비를 맞는 심정으로 공공어린이재활병원을 위한 토닥토닥의 도서 출판에 담긴 염원을 가슴 깊이 새기겠습니다.

'희망의 꽃 공공어린이재활병원 드디어 잎을 틔우다'

전 세계가 코로나-19로 지치고, 대한민국이 수능 준비에 바짝 긴장할 때 충남교육청으로 반갑고 귀한 손님이 찾아오셨습니다. 7년 전, 재활치료가 필요한 여섯 살 건우의 손을 잡고 길거리로 나와 '공공어린이재활병원은 장애학생들의 생명줄'이라고 외치던 작은 거인이었습니다.

충남권 중증장애학생들을 위한 공공어린이재활병원이 첫 삽을 뜬다는 소식에 가슴 벅찬 반가움과 기쁨을 전합니다. 더불어 『공공어린이재활병원이 시작이다』 도서 출판을 축하드리며, 이 책이 많은 사람에게 깊은 울림이 되기를 바랍니다.

지금부터 7년 전인 2013년부터 장애아동 가족모임 '토닥토닥'으로 시작하여 공공어린이재활병원 설립을 위해 기업과 국민들의 마음을 움직이고, 중증장애학생들에게 생명의 온기를 불어 넣어주신 건우 아빠를 포함한 사단법인 '토닥토닥'에 함께해 주신 분들에게도 박수를 보냅니다.

드디어, 대전에 공공어린이재활병원이 건립됩니다. 대전, 충남, 세종 지역의 학생들이 이용할 수 있고, 병원 내 특수학급 5실이 설치된다고 합니다. 중증장애학생들이 치료와 교육을 병행하기 위해서 반드시 필요한 교실입니다. 이는 '한 사람도 소외되지 않는 교육'을 추진하는 충남의 교육 철학과도 일치합니다.

많은 민간의료기관이 수익성을 계산하여 설립과 운영을 피하기 때문에 공공성에 기반한 재활병원이 설립되어야 하고, 국가책무 안에서 운영해야만 많은 중증 장애학생들이 치료비 걱정 없이 생명을 유지할 수 있습니다.

대전에 설립되는 충남권 공공어린이재활병원은 공공 분야 최초의 병원이기 때문에 민간 의료기관과는 다른 의료 시스템이 요구됩니다. 성인 재활치료에 비해 소아 재활치료는 치료 난이도가 높아 숙련된 치료사가 필요하고, 일대일로 치료가 이루어지는 부분이 많아 치료사가 담당할 수 있는 환자가 적기 때문에 성인 치료에 비해 더 많은 인력이 필요합니다. 국가의 특별한 지원 없이 현재의 의료시스템만으로는 어린이 재활병원은 적자운영이 불가피하고, 중증장애학생은 여전히 갈 곳을 찾기 어렵습니다.

중증장애아동은 대부분 영유아기에 치료에 집중하고, 학령기가 되면 교육과 치료를 선택해야 하는 기로에 서게 됩니다. 학령기가 되어서도 치료를 받는 아동들은 비장애아동이 당연하게 누리는 평범한 일상과, 평범한 학교생활, 친구들과의 시간을 누리지 못합니다. 중증장애아동에게 재활병원은 교육과 치료를 함께 받을 수 있는 장소가 되어야 합니다.

또한, 생존권만큼 교육권도 보장되어야 합니다. 전문 재활 치료사의 확보와 중증장애학생들이 불편 없이 치료받을 수 있는 의료체계 등 부딪혀야 할 일들이 아직 많이 남아 있지만, 마음이 모이면 더 많은 꽃이 피어나고 열매를 맺을 것입니다.

앞으로, 대전 공공어린이재활병원이 충남권의 많은 중증장애학생들이 안전하게 꿈을 키울 수 있는 터가 되고, 『공공어린이재활병원이 시작이다』 2판 출간이 또 하나의 싹을 틔우는 발판이 되기를 바랍니다.

　　우리나라 헌법 제31조 1항을 보면 "모든 국민은 능력에 따라 균등하게 교육받을 권리를 가진다."라는 문구가 있습니다. 여기에서 교육받을 권리를 가진 대상은 '모든 국민'입니다. 이 땅에서 태어나고 살아가는 모든 사람을 말합니다.

　　우리나라에서는 헌법 정신에 맞추어 장애학생을 대상으로 '특수교육' 제도를 운영하고 있습니다. 학생의 학습능력에 맞는 시설과 설비를 갖추고, 적합한 교사를 배치하여 교육을 합니다. 거동이 불편한 학생은 방문하여 교육하기도 합니다. 교육은 모든 인간에게 공정하게 주어져야 하는 권리이기 때문입니다.

　　우리 교육청에서는 특수교육 자체에 대한 고민과 더불어 교육을 받고 졸업하는 학생들이 사회에서 스스로 독립하여 생활할 수 있는 진로에 대한 고민을 함께하고 있습니다. 사회에서 '일을 할 권리(근로의 권리)'도 인권이기 때문입니다.

　　특수교육을 마친 졸업생들을 학교 도서실에서 사서를 도와주는 사서도우미로 채용해서 일을 맡기려고 합니다. 이를 준비하기 위해서 연습하고 익히는 교육과정을 만들어서 진행하고 있습니다. 이 과정을 거친 학생들은 실습과정을 거쳐서 정식 채용 절차를 거쳐 직업을 얻게 됩니다.

　　아울러 더 폭넓은 진로개발을 위한 인턴 과정을 개설하여 운영할 계획입니다. 이 과정을 거친 학생들을 다른 공공기관 등에 취업이 될 수 있도록 세종시의 공공기관과 협력체계를 만들 계획입니다.

　　이런 활동은 우리 사회에서 공적 책무를 지닌 기관과 사람들이 자신이 할 수 있는 영역에서 마땅히 해야 할 일입니다. 이번 '공공어린이재활병원' 설립 역시 같은 맥락에서 이해할 수 있습니다. 조금 늦은 감이 없지 않지만, 지금이라도 각 가정에서 힘들게 진행할 수밖에 없었던 재활치료가 이제는 '공공어린이재활병원'에서 이루어질 수 있게 되어 참으로 다행입니다.

'공공어린이재활병원'은 저절로 만들어지지 않았을 것입니다. 이 병원을 세우기 위해서 뛰어다녔을 활동가들과 부모들, 그리고 이런 요구를 실현하기 위해서 노력한 분들이 있습니다. 이 책을 읽으면서 그 과정이 얼마나 어려웠는지, 얼마나 절실한 것인지를 알 수 있었습니다.

가족 내의 부모 중 한 명이 재활치료와 돌봄을 전담하고, 다른 한 명은 치료비와 생활비를 감당하기 위해 경제활동에 전념해야 하는 상황에서 주된 양육책임자인 어머니의 신체적, 정서적, 사회적, 경제적 돌봄 부담과 관절이나 팔, 허리통증 등 근골격계 질환과 만성피로를 호소하는 가슴 아픈 현실을 읽었습니다. 아울러 사회적 관계가 단절되면서 스트레스와 고립감을 겪게 되는 부모님의 상황도 보았습니다. 아울러 나머지 가족과의 관계단절과 경제적 부담의 증가 등 사적 영역에 맡겨진 장애아동의 재활치료가 만들어내는 감당할 수 없는 어려움이 있었습니다.

장애아동에 대한 지원은 책의 제목처럼 '공공어린이재활병원'을 시작으로 그 폭과 깊이가 넓어지고 깊어져야 할 것입니다.

이 책을 읽으면서 우리 교육청의 장애아동에 대한 교육 체계와 돌봄 체계에서 더 살펴야 할 것이 없는지를 생각했습니다. 더 많은 분이 이 책을 읽고 장애아동과 가족에 대한 이해를 높이고, 우리 사회가 지금보다도 더 많은 관심과 지원을 할 수 있도록 마음과 정성을 모으는 계기가 되기를 바랍니다.

사단법인 '토닥토닥'과 장애아동 가족들 그리고 수많은 시민의 열망이 하나 되어 구체화된 '공공어린이재활병원'이라는 성과를 이끌고, 나아가 최근 권역별 공공어린이재활병원 건립 추진 의원모임이 출범하는 등 전국 단위 운동으로의 확산에 큰 역할을 하고 있습니다.

시민들의 노력이 지방의회를 넘어 국회와 중앙정부의 힘까지 모은 기적의 순간에 함께하는 것을 영광스럽게 생각합니다. 앞으로의 길도 손잡고 같이 걷기를 희망합니다.

한 해를 마무리하며 희망찬 새해를 준비하는 계절에 전국 최초 공공어린이 재활병원의 기공식과 『공공어린이재활병원이 시작이다』 도서 발간을 뜻깊게 생각하며 축하드립니다.

공공어린이재활병원의 중요성을 알리고 시민의 공감을 얻어 병원 건립에 기여하시고 이번 도서 발간을 위해 힘써 주신 사단법인 토닥토닥 김동석 대표님과 장애아동 가족 여러분께 깊이 감사드립니다. 공공어린이재활병원을 통하여 치료, 교육, 돌봄이 함께 이루어질 수 있도록 지원을 해 주신 관계자 여러분께 감사의 말씀을 드립니다.

공공어린이재활병원 건립 운동을 적극적으로 추진해 오신 사단법인 토닥토닥의 김동석 대표님을 비롯한 임직원 여러분과 건립 운동에 동참하여 함께 힘써 오신 모든 분의 다양한 공헌 활동으로 사회적 공감을 얻고 필요성을 인정받아 마침내 공공어린이재활병원 건립이 시작되었습니다.

모든 아이가 동등한 권리를 누릴 수 있도록 공공어린이재활병원의 기공을 시작으로 장애아동들이 안정적인 환경 속에서 지속적이고 통합적인 치료를 받으며 꿈을 키우고 행복한 삶을 영위해 나가도록 우리 모두가 함께 힘을 모아야 합니다.

이번에 발간하는 『공공어린이재활병원이 시작이다』는 장애아동들이 마주하고 있는 의료 현실을 되짚어 보고, 맞춤형 치료와 내실 있는 교육, 돌봄을 통한 재활 의지를 북돋우어 아이들이 행복한 미래를 만들어 나갈 수 있도록 다양한 병원 운영 방법을 모색하였습니다. 더불어 병원 건립을 위한 장애아동 가족들과 시민들의 노력과 염원을 담았습니다.

이 책을 통하여 공공어린이재활병원 건립의 필요성 공감으로 장애아동들을 위한 더욱 많은 공공재활병원 건립이 이루어지고, 장애아동들에 대한 다양하고 내실 있는 재활치료를 바탕으로 우리 모두가 함께 행복한 사회를 활짝 열어 나가기를 바랍니다.

　다시 한번 공공어린이재활병원의 기공과 『공공어린이재활병원이 시작이다』 발간을 축하드립니다. 감사합니다.

중증장애아동
재활치료 현실

중증장애아동들은 재활치료를 꾸준히 받아야 한다. 하지만 소아재활 의료기관이 부족해 지속적인 치료를 받기 어렵다. 재활치료 전문 병원이 많지 않아 1~2년씩 대기해야 한다. 치료를 시작하더라도 2~3개월에 한 번씩은 병원을 옮겨야 한다. 수도권 이외의 지역에 거주하거나 청소년기에 진입한 장애아동의 경우 의료기관에 접근하기가 더욱 어렵다. 부모 중 한 명은 24시간 아이를 전담해 돌보며 병원을 데리고 다녀야 한다. 그러다 보니 가족이 떨어져 지내야 하는 경우가 많다. 따라서 부모의 손길이 필요한 장애아동의 형제자매는 너무 빨리 어른이 되기도 한다. 학교에 가듯 집 가까운 곳에서 계속 재활치료를 받을 수는 없을까. 그러면 가족들의 짐을 조금이나마 덜 수 있지 않을까. 이 장에서는 힘겹게 재활치료를 받는 중증장애아동의 현실과 그 원인을 살펴본다.

1. 여러 병원을 전전하는 재활 난민

소아재활 의료기관의 부족으로 인한 오랜 치료대기

뇌성마비, 근육병 등 중증장애아동은 며칠만 치료를 받지 않아도 몸이 굳고 뒤틀린다. 주 2~3회 이상 주기적으로 물리치료와 작업치료 등 재활치료를 받아야 한다. 또한, 영유아기-학령기-청소년기-성인기로 이어지는 성장주기와 발달단계에 따라 꾸준한 재활치료가 지속되어야 한다. 그 때문에 중증장애아동은 매일 어린이집이나 학교에 가듯 주기적, 장기적으로 재활치료를 받을 수 있어야 한다. 거주지 인근에 소아재활 의료기관이 있어야 하는 이유다.

그러나 소아재활치료를 받아야 하는 아동 수와 비교하면 지역 내에서 이용 가능한 의료기관이 턱없이 부족하다. 이는 장애아동의 부모나 보호자들이 공통으로 호소하는 어려움이다.[1] 건강보험자료에 따르면 2014년 기준으로 소아재활치료를 전문적으로 제공하는 의료기관은 223개소였다.[2] 이 중 43%는 수도권에 분포해 있었다. 전국 226개 시·군·구를 기준으로 단순 계산할 때 소아재활 의료기관의 수는 시·군·구당 평균 1개소에도 못 미친다. 게다가 소아재활 의료기관 중 절반 가까이가 수도권에 집중돼 있다. 비수도권 지역 가운데 소아재활 의료기관이 아예 없는 곳이 적지 않다고 짐작할 수 있다. 특히 대도시에 소재한 상급종합병원은 대부분 소아재활치료를 시행하고 있지만, 중소도시 지역사회에서 쉽게 이용할 수 있는 병원급이나 의원급을 보면 소아재활 의료기관 수는 턱없이 부족하다. 같은 자료에서 2014년 기준 전국 재활의학과 의원 수(300개소)[3] 대비 소아재활을 전문적으로 제공한 의원급은 8.3%(25개소)에 불과하였다.

그러다 보니 소아재활치료를 제공하는 병원에 장애아동이 몰려 오랜 기간 대기해야 치료를 받을 수 있다. 한국장애인개발원에서 수행한 〈중증 뇌병변 장애아동 및 가족 지원방안 연구〉의 설문조사 결과에 따르면, 장애아동이 재활치료를 이용하기 위해 평균 7.8개월 정도를 기다려야 했다.[4] 중증 뇌병변 장애아동이 주로 이용하는 물리치료와 언어치료의 대기시간은 13개월, 작업치료 대기시간은 14개월이었다. 국내 최초의 어린이재활병원인 푸르메재단 넥슨어린이재활병원의 경우 2019년 9월 30일 기준으로 외래 대기시간은 최대 2년, 낮병동 대기시간은 6개월이라고 한다.[5] 이처럼 소아재활치료를 제공하는 의료기관이 부족해 오랫동안 대기하다가 결국 적절한 시기에 필요한 치료를 받지 못하거나, 필요한 횟수만큼 집중적인 치료를 받지 못하는 상황이 발생하고 있다.

병원을 전전하는 '재활 난민' 생활

다행히 자리가 나서 재활치료를 시작하더라도 한 병원에서 오래 치료를 받을 수는 없다. 한 병원에서 몇 개월 치료를 받은 후 다른 병원에 자리가 나면 옮겨서 다시 치료를 이어가야 한다. 장애아동의 부모들은 한 병원에서 소아재활치료를 이용하면서 여러 병원에 미리 대기를 걸어

두고 다음에 갈 곳을 기다리는 생활을 반복한다. 이렇게 병원을 전전하는 생활을 하는 환자들을 가리키는 '재활 난민'이라는 용어가 생겨났다. 장애아동의 어머니는 한 주간지와의 인터뷰에서 "병원비를 충당하는 일보다 더 힘든 게 병원을 예약하는 일이었다"라고 토로하기도 했다.[6]

물론 재활 난민의 문제는 소아재활치료만의 문제는 아니다. 재활환자가 한 달 정도 입원하면 의료기관에서는 치료가 더 필요하더라도 퇴원을 시킨다. 치료가 더 필요한 환자는 다른 의료기관에 재입원할 수밖에 없다. 현행 건강보험수가에서는 환자의 입원기간이 길어질수록 건강보험공단에서 병원에 지급하는 입원료가 줄어드는 '입원료 체감제'가 적용되기 때문이다. 즉 입원 후 16일부터 30일까지는 10%, 31일째부터는 15%의 입원료가 삭감된다.[7] 의료적 필요보다는 환자 주위환경에 문제가 있어 계속 입원시키는 '사회적 입원'을 막고 빨리 치료를 받아 사회에 복귀할 수 있도록 유도하기 위해 마련된 장치이지만, 장기간 지속적인 재활치료가 필요한 소아환자에게도 일괄 적용되는 문제가 있다. 입원기간이 늘어날수록 병원의 수익은 적어지니 병원으로서는 소아환자를 꺼리게 된다. 만성기 노인환자의 장기적 요양과 치료를 위해 만들어진 요양병원은 그나마 입원료 체감제가 완화된 형태라 장기입원이 가능하다.

소아재활 의료기관은 대기하는 환자가 많아서 다른 환자들과의 형평성 차원에서도 이용 기간에 제한을 둔다. 병원마다 2~6개월 정도 이용기간에 제한을 둔다. 무단결석이나 2회 이상 결석 등 병원 운영규정을 어기면 낮병동을 이용할 수 없도록 제한하기도 한다.

본 연구를 위해 만난 한 어머니는 발달지연과 뇌기능장애가 있는 5세 자녀의 재활치료를 위해 최근까지 4년간 7개 병원을 옮겨 다녔다. 서울에 있는 A병원에서 5개월간 외래치료를 받은 이후, 서울과 경기 지역의 병원 낮병동을 짧게는 2개월에서 길게는 4개월씩 이용했다. 조사 당시에는 다행히 한 요양병원 소아 낮병동에서 1년 반 넘게 지속해서 치료를 받고 있었다.

표 1. 2~5개월마다 병원을 전전한 5세 장애아동의 재활 난민 생활

시 기	이용 기간	의료기관	치료 유형
2016년 5월 ~ 2016년 10월	5개월	서울 A 재활병원	외래
2016년 11월 ~ 2017년 2월	4개월	서울 A 재활병원	낮병동
2017년 3월 ~ 2017년 5월	3개월	서울 B 재활병원	낮병동
2017년 7월 ~ 2017년 9월	2개월	경기 C 종합병원	낮병동
2017년 11월 ~ 2018년 1월	3개월	경기 D 종합병원	낮병동
2018년 1월 ~ 2018년 5월	3개월	서울 A 재활병원	낮병동
2018년 6월 ~ 2019년 11월 현재	이용 중	경기 E 요양병원	낮병동

여러 병원을 옮겨 다니게 되면 △대기 기간의 치료 공백 및 치료 효과의 저하 우려 △병원 이동과 등록대기를 위한 부모의 육체적·심리적 부담 △장거리 이동 시 안전문제 등 다양한 문제를 일으킨다. 가뜩이나 힘든 재활치료를 견뎌야 할 아이들은 병원을 옮길 때마다 낯선 환경과 치료진에 적응해야 한다. 잦은 병원 이동은 치료사와 환자 간에 형성되는 친밀하고 신뢰할 수 있는 치료적 관계(라포)를 방해해 치료 효과를 낮출 수 있다. 치료사가 환자의 상태를 제대로 파악하고 아이도 치료사에게 적응될 즈음 병원을 옮기면 초기 관계 형성부터 다시 시작해야 한다. 치료의 연속성이 떨어지고 체계적인 치료계획과 관리가 이뤄지기 어렵다.

거주지에서 멀리 떨어진 병원에 다녀야 하는 경우 장거리 이동에 따른 아동의 체력 저하와 부모의 피로, 교통안전 문제 등이 추가로 발생할 수 있다.

집중적인 재활치료 이용의 어려움

중추신경계 발달재활치료와 작업치료, 재활기능치료 등의 재활치료는 회당 약 20~30분 정도 소요된다. 현행 건강보험 수가에서 재활치료별로 받을 수 있는 횟수가 외래는 1일 1회, 입원은 1일 2회로 제한된다. 장애진 단 초기 집중적인 재활치료를 필요하지만, 외래치료로는 횟수가 제한적이고 대기자가 많으므로 한 병원에서 여러 치료를 한꺼번에 받을 수 없다. 중증장애아동의 보호자는 학교에 입학하면 치료를 받을 수 있는 시간이 줄어들기 때문에, 학교 입학 전 영유아기에 충분한 치료를 받게 해주고 싶어 한다. 충분한 치료 시간을 갖지 못하는 외래치료, 가족들과 떨어져 지내야 하고 시간과 비용이 많이 드는 입원치료보다는 집에서 통원하며 집중적인 재활치료를 받을 수 있는 낮병동을 대체로 선호한다.

재활의료는 이용행태에 따라 외래치료, 입원치료, 낮병동 치료로 분류된다. 낮병동(day hospital)은 외래와 입원의 중간 형태다. 법적 기준에 따라 하루 6시간 병원에 머물면서 개별 치료 시간에 맞춰 각자 재활치료를 받고 당일 퇴원하는 치료 방식이다. 낮병동은 외래치료가 갖는 저강도 치료의 단점과 장기 입원치료에서 발생하는 가족과의 분리, 시간·비용 부담의 문제를 보완한다.[8] 즉, 집에서 통원하며 치료를 받지만, 입원처럼 집중적인 치료를 받을 수 있다. 치료 후 집으로 돌아가 가족과 함께 시간을 보낼 수 있고 보호자도 개인적인 시간을 낼 수 있다. 연구를 위해 방문한 요양병원 소아 낮병동의 소아환자들은 6시간 내에서 각자 필요한 치료를 구성해 총 2~3시간의 재활치료를 받고 있었다. 예를 들어 한 발달지연 아동은 하루에 물리치료 2회, 작업치료, 2회, 연하치료나 도수치료 1회 등 매일 총 5회, 2시간 반의 치료를 집중적으로 받았다.

그러나 거주지 인근에서 소아 낮병동을 운영하는 의료기관을 찾는 것은 어렵다. 게다가 공식적인 통계나 자료가 없어 전국에 소아재활치료를 제공하거나 소아 낮병동을 운영하는 의료기관의 현황을 파악하기도 어렵다. 전국적으로 재활의학과 진료과목이 개설된 병원 가운데 재활환자 입원 병상이 있고 홈페이지 검색이 가능한 병원 144개소를 조사한 결과 소아재활 낮병동을 운영하는 병원은 23곳(16.0%)에 불과했다.[9] 전수조사나 대표성 있는 표본조사가 아니라 객관적 근거로 삼기는 어렵지만, 16%라는 수치는 소아재활 낮병동을 운영하는 병원이 많지 않다는 현실을 반영하고 있다. 거주지 인근에서 소아재활 낮병동을 찾기 어려우므로 집중재활치료가 필요한 경우 1시간 이상의 긴 이동 거리를 감수하고 다른 지역 의료기관의 낮병동이나 입원치료를 이용해야 한다. 지방에 거주하는 경우 소아재활 의료기관이 주로 분포된 서울이나 수도권에서 치료를 받으려면 입원을 선택할 수밖에 없다. 입원치료가 필요하지는 않지만, 재활치료 접근성 때문에 사회적 입원이 양산되는 것이다.

한편 학령기 및 청소년기 아동은 소아 낮병동을 이용하기 어렵다. 소아 낮병동은 보통 이용 대상을 취학 전 아동으로 한정하는 경우가 많다. 또 낮병동이 보통 오전 9시부터 오후 6시 사이에 운영되기 때문에 아동 처지에서 하원 또는 하교 후에 하루 6시간 이상 병원에 머물 시간을 확보하기 어렵다. 물론 학령기 이상 아동이 아예 이용을 못 하는 것은 아니다. 학교의 최소 수업일수를 유지하면서 치료를 병행할 수 있도록, 오후 1시에 치료를 시작하거나 주 2~3회만 낮병동을 이용할 수 있도록 하는 병원도 있다. 장애아동의 부모는 자녀가 청소년기에 접어들기 전 집중적인 재활치료를 받도록 학교 대신 낮병동 이용을 선택하기도 한다.

소아재활 의료기관은 왜 부족한가

언제부터인가 우리 주변에서 재활의학과 의원을 흔히 볼 수 있다. 정형외과, 통증의학과, 한의원에서도 물리치료를 받을 수 있다. 어르신들이 주로 치료받는 요양병원까지 생각하면 재활치료를 받을 곳을 찾기란 어렵지 않은 것 같다. 이러한 상황은 〈건강보험통계〉[10]에서도 확인할 수 있다. 전국의 재활의학과 전문의 수는 2009년 1106명에서 2019년 2134명으로 10년 동안 2배 가까이 늘었다. 재활의학과 의원급만 보더라도 같은 기간 동안 290개소에서 431개소로 1.5배 늘었다. 재활의학과 전문의와 의료기관이 늘어난 만큼 환자에게 직접 재활치료를 하는 물리치료사는 2만1335명에서 4만1457명으로 1.9배, 작업치료사는 2191명에서 7465명으로 무려 3.4배가 늘었다.

재활의학과 병의원이 그렇게 많은데 왜 장애아동이 재활치료를 받을 수 없나. 재활의료기관에서 소아환자를 받지 않는 이유는 무엇인가.

소아재활치료는 수익이 낮아 운영적자를 피하기 어렵다. 따라서 의료기관에서 아동 대상의 재활치료를 피한다. 푸르메재단 넥슨어린이재활병원의 경우 2016년 4월 개원한 이래 매해 적자 규모가 30억 원대에 달했다.[5] 수익성이 낮아 민간병원에서 소아재활치료실을 운영하지 않거나 치료실을 운영하던 기존 민간병원도 소아재활의료를 축소하는 현상이 나타났다. 예를 들어, 2018년에는 인천의 한 병원이, 2019년에는 한 대학병원 재활의학과가 경영난을 이유로 소아재활 낮병동 운영을 중단했다.[12] 2006년 90병상 규모로 개원한 보바스어린이병원은 점차 병상을 축소해 2014년 8월 이후 의원급으로 운영하고 있다.[11]

소아재활치료의 수익이 낮은 원인은 소아재활치료의 특성과 건강보험수가체계에서 찾을 수 있다. 첫째, 소아재활치료는 치료 난도가 높아 숙련도가 필요하고 치료 인력이 많이 필요하다. 아동은 성장 발달에 따라 장애의 양상이 달라지며 합병증도 다양하게 나타나기 때문에 치료의 난도가 높다. 소아재활치료 경력이 있는 숙련된 치료사가 필요하다. 그리고 장비나 기구를 사용하기보다는 치료사가 손으로 하는 일대일 치료가 주를 이루기 때문에 성인치료와 비교하면 더 많은 인력이 필요하다. 성인보다 치료 시간이 길고 치료 전후에 준비와 정리, 보호자 상담 등에 더 많은 시간이 든다. 치료 후 보호자 상담까지 이어져 치료사의 정신적 업무 부담도 크다. 따라서 치료사가 하루 동안 치료할 수 있는 환자 수는 소아환자일 때보다 성인환자일 때가 더 많다. 이러한 이유로 소아재활치료는 다른 재활의료 분야와 비교하면 의료수입 대비 인건비의 비중이 높을 수밖에 없다.

둘째, 낮은 건강보험수가가 주요 원인이다. 소아재활의료 전문가들은 현재 소아재활치료 시스템의 개선사항 1순위로 낮은 의료수가를 꼽았다.[1] 앞서 살펴봤듯이 소아재활치료는 높은 전문성이 요구되고 업무 부담도 크지만 이러한 요소가 수가에 반영돼 있지 않다. 〈뇌성마비 등 장애아동의 재활의료 전달체계 구축 방안 연구〉에서 조사한 병원 재활의학과 진료수입 사례에서 소아재활환자가 성인재활환자보다 수익성이 낮은 것이 확인됐다. 아동환자의 외래 재활치료수익은 성인대비 82%에 불과했다. 즉 소아 재활환자 5명을 치료하는 경우와 성인환자 4명을 치료하는 경우에 얻을 수 있는 수익이 같다. 따라서 의료기관에서는 소아재활치료보다는 주로 뇌질환 등 성인 중추신경계 질환을 위한 재활치료에 투자하는 경향이 있다.[13] 〈공공어린이재활의료기관 중심 어린이재활의료 활성화 방안〉 연구에서는 소아재활 의료기관이 적자를 면하기 위해서는 현행 재활치료 수가가 최소 40% 인상돼야 한다고 보고했다.[14] 그외 언어치료, 도수치료 등 건강보험 급여가 적용되지 않는 비급여 치료가 많아 본인 부담이 높은 점, 치료사 연차별 차등수가가 마련되어 있지 않은 점 등도 현행 수가의 문제점으로 지적되고 있다.

셋째, 소아환자의 경우 예약해 놓고 치료받으러 가지 않는 부도율(no show)이 높다는 점도 소아재활치료의 수익을 낮추는 요인이다. 소아환자는 갑작스럽게 열이 나거나 건강상태가 나빠져 치료를 받을 수 없는 경우가 자주 발생한다. 또 정형외과, 신경외과, 내분비과 등 다른 전문과 진료를 정기적으로 받는 경우가 많아 다른 병원 진료 및 검사와 치료 일정이 겹치기도 한다. 그 외 학교 행사 일정이나 다른 개인적 사정 때문에 치료에 가지 못하는 상황이 발생한다. 이처럼 여러 사유로 치료에 가지 못하는 비율이 성인과 비교해 높다. 당일에 예약을 취소하게 되면 그 시간에 다른 환자를 채울 수 없어 병원으로서는 손실이 발생하게 된다.

숙련된 소아재활치료사는 어디에

소아재활치료 기관이 부족하다는 것과 함께 소아재활전문 치료사를 만나기가 쉽지 않다는 점도 장애아동의 부모님들이 겪는 어려움 중 하나다. 〈뇌성마비 등 장애아동의 재활의료 전달체계 구축 방안 연구〉의 설문조사 결과를 살펴보면, 장애아동 부모의 60%는 '소아재활치료사가 부족한 점이 가장 큰 불편사항'이라고 답했다. 의료기관을 이용할 때 '경력 있는 소아재활치료사'에 대한 욕구도 높게 나타났다.[1] 재활의학과 전문의는 한 달에 한 번 정도 상태를 진단하고 처방을 내리지만, 치료사는 매주 또는 한 주에도 여러 번 일대일로 실제적인 재활치료와 교육, 상담을 하게 된다. 치료사와 아동 사이에 형성되는 치료적인 관계(라포)와 보호자와의 협력적 관계는 아동의 재활치료 결과에 영향을 미칠 수

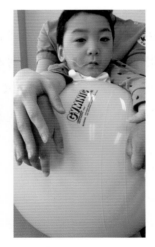

소아재활치료는 치료사가 손으로 하는 일대일 치료가 주를 이룬다.

치료사와 아동 사이에 형성되는 치료적인 관계
(라포)는 치료 효과에 영향을 미친다

있다. 그러므로 신뢰할 수 있는 치료사를 배정받는 것이 장애아동의 부모들에게 매우 중요하다. 물리치료사와 작업치료사가 소아 낮병동 이용 만족도에 영향을 미치는 가장 주요한 요인이라는 점은 실증연구를 통해서도 확인됐다.[9]

경력 있는 소아재활치료사의 확보는 의료기관이 당면한 어려움이기도 하다. 소아재활 의료기관에 경력직 치료사가 부족한 이유는 노동강도가 높지만, 그에 따른 보상이 제대로 주어지지 않는다는 상식적 논리가 작용한다. 성인과 달리 아이들은 치료사가 일대일로 치료해야 한다. 하루 6~8시간의 소아재활치료는 매우 높은 육체적 노동강도를 요구한다. 또 치료적 판단과 결정에 따라 아이들의 기능 향상과 발달에 큰 영향을 미칠 수 있기에 정신적 부담과 스트레스가 크다. 아동의 부모를 상담하고 민원에 대응하는 업무에서 오는 심적인 피로도도 높다. 병원으로선 낮은 수가로 인한 수익성 부족으로 소아재활 투자를 꺼린다. 그 때문에 소아재활치료사에 대한 근무조건이나 교육훈련 시스템이 충분히 갖춰져 있지 않다.

소아재활치료에 관심 있는 치료사라 해도 근무여건이 열악하고 취업 자리가 많지 않으니 선뜻 이 분야를 선택하지 못한다. 소아재활치료 영역에서 경력이 쌓이면 근무조건이 좋은 사설 치료기관으로 이직하거나 다른 분야로 옮기는 경우가 많다. 병원으로서는 인건비 부담 때문에 경력직 치료사를 고용하지 못하는 경우가 많다. 결국, 병원 소아재활치료실에는 대체로 임상 경력이 짧은 치료사나 성인재활–소아재활을 병행하는 치료사가 치료를 담당한다. 재활의료계는 '발달재활 바우처 시장의 급성장으로 소아재활을 담당하는 상당수 치료사가 사설 기관으로 자리를 옮기면서 현 소아재활의료체계에 위기 요인이 되고 있다'고 지적하고 있다.[1]

경력 있는 숙련 치료사 확보의 어려움은 결국 장애아동 재활치료의 효과 저하와 부모의 경제적 부담 증가로 이어진다. 비용이 비싸도 전문성 있는 치료사를 갖춘 사설 치료기관을 이용하려는 수요가 늘어나고 있다. 사설 치료기관은 병원보다 치료비가 비싸고 발달재활서비스 바우처 지원 한도도 적다. 따라서 사설 치료기관 의존도가 높아질수록 장애아동 부모는 높은 치료비용을 감수해야 한다.

2. 소아재활 의료기관의 지역 불균형

수도권과 대도시에 집중된 소아재활 의료기관

소아재활 의료기관이 부족해 지방에 거주하는 상당수의 장애아동과 보호자가 먼 거리를 이동해 서울이나 대도시 병원을 이용한다. 병원 근처에 거처를 마련해 낮병동을 이용하거나 입원치료를 받는다. 다른 지역 치료를 이용하면 장기간 가족과 떨어져 지내야 한다. 추가적인 교통비나 생활비 등 경제적 부담이 커지고 사회적 관계나 일상적 활동이 단절되는 어려움이 있다. 〈대전광역시 중증장애아동의 재활치료 욕구에 관한 연구〉의 조사에서 뇌병변 장애아동의 35.0%는 다른 지역의 재활치료기관을 이용한 경험이 있었다.[8] 2019년 충북지역에 거주하는 장애아동 가정을 대상으로 한 설문조사에서는 '다른 지역에서 치료받은 경험이 있다'는 응답이 55.5%였다. 외래의료기관 부족(56.3%) 때문에 주로 서울, 경기 지역(61.0%)으로 이동했다.[15]

소아재활 공급에 관한 객관적인 지역별 현황은 〈어린이재활의료 확충 방안 연구〉 보고서의 분석결과를 통해 알 수 있다. 2014년 기준 전국 소아재활 의료기관은 223개소다.[2] 이 중 수도권에 96개소(43.0%)가 몰려 있다. 광역 시·도별로 소아재활 의료기관 분포를 비교해도 수도권 쏠림이 두드러진다. 중증질환에 대한 난도 높은 전문치료를 제공하는 상급

종합병원은 전국 42개 중 16개(38.1%)가 서울에 분포한다. 수도권과 광역

표 2. 2014년 지역별, 종별 소아재활 의료기관 및 치료환자 분포 현황

(단위: 개소, 명 (%))

구분	소아재활 의료기관 수	상급 종합 병원	종합 병원	병원	요양 병원	의원	기타	재활치료 환자 수
수도권	96 (43.0)	16	7	7	3	8	1	9,801 (49.3)
서울	42 (18.8)	16	7	7	3	8	1	3,909 (19.6)
인천	13 (5.8)	2	4	1	4	2		1,103 (5.5)
경기	41 (18.4)	5	15	12	6	3		4,789 (24.1)
강원권	10 (4.5)	1	6	2		1		458 (2.3)
충북권	6 (2.7)	1	3	1		1		526 (2.6)
충남권	16 (7.1)							1,554 (7.8)
대전	9 (4.0)	1	4		4			891 (4.5)
충남	7 (3.1)	2	2	1	2			663 (3.3)
전북권	8 (3.6)	2	2	4				753 (3.8)
전남권	19 (8.5)							985 (5.0)
광주	9 (4.0)	2	4	2		1		553 (2.8)
전남	10 (4.5)	1	3	2	3	1		432 (2.2)
경북권	24 (10.7)							2,165 (10.9)
대구	11 (4.9)	4	2	4		1		1,262 (6.3)
경북	13 (5.8)		4	3	5	1		903 (4.5)
경남권	38 (17.1)							3,130 (15.7)
부산	20 (9.0)	4	8	5	1	2		1,446 (7.3)
울산	4 (1.8)		1	1		2		363 (1.8)
경남	14 (6.3)	1	5	3	4	1		1,321 (6.6)
제주권	6 (2.7)		3	1	1			400 (2.0)
합 계	223 (100.0)	42	73	49	33	25		19,896 (100)

주: 치료환자 수 합계에는 실거주 지역이 명확하지 않은 결측치(n=124)가 포함되어 있음.
자료: 박주현 외(2017). 어린이재활의료 확충 방안 연구. 가톨릭대학교 산학협력단·보건
복지부, p.20, p.35 재구성

시를 제외한 나머지 지역은 9개(19.0%)에 그친다. 울산과 경북, 제주에는 상급종합병원, 즉 중증질환에 대해 난도가 높은 의료행위를 전문적으로 하는 종합병원이 없다.

소아재활치료 공급의 지역별 불균형을 더 정확히 파악하기 위해서는 소아재활 의료기관 숫자보다는 공급 규모를 봐야 한다. 의료기관별 치료사 수나 병상 수 등의 정보를 확인할 수 없기에 의료기관이 수용할 수 있는 재활치료 환자 규모를 치료환자 수로 가정하자. 소아재활치료 수요를 맞출 만큼 의료기관 수가 충분하지 않기 때문에 한 해 동안 각 소아재활 의료기관이 감당할 수 있는 최대 환자 수를 치료했다고 가정해도 무방하다. 이렇게 볼 때 수도권 소아재활 의료기관이 전국 재활치료 환자의 49.3%를 치료했다. 수도권에 소아재활 의료기관의 43%가 분포되어 있었지만, 실제 치료 규모는 절반에 육박했다.

비수도권 지역의 소아재활치료 부족

〈어린이재활의료 확충 방안 연구〉 보고서에서 분석한 '지역별 실거주 지역 입원 및 외래 환자 비율'에서 비수도권 지역의 소아환자가 실거주 지역에서 소아재활치료를 이용하기 어려운 현실을 확인할 수 있다.[2] 서울, 인천, 경기 등 수도권에 거주하는 경우 대부분 수도권 내에서 입원 또는 외래치료를 이용했다. 서울과 인천, 경기 지역에 거주하는 경우에는 비교적 거리가 가깝고 교통이 편리한 수도권 내에서 병원을 옮겨 다니면 되기에 다른 지역 거주자보다 소아재활치료 접근성이 높다고 볼 수 있다.

수도권 이외의 지역은 지역별로 이용 가능한 의료기관 수나 수도권과의 거리 등에 따라 소아재활치료 이용의 편차가 컸다. 광역시인 부산, 대구, 광주, 대전은 실거주 지역에서 외래치료를 이용하는 비율이 90% 이상으로 매우 높았다. 특히 상급종합병원이 많이 분포한 부산과 대구의 경우 실거주 지역에서 입원치료를 받는 환자의 비율이 각각 78.7%, 88.4%로 높고 수도권으로 이동하는 환자의 비율은 10~15% 내외에 불과했다. 그러나 같은 광역시라도 대전과 광주는 실거주 지역에서 입원치료를 이용하는 비율이 60%대로 낮았고, 수도권의 병원 이용률이 대전 28.0%, 광주 39.7%로 높았다. 상급종합병원이 없고 의료기관 수도 적은 울산은 광역시 중에서 실거주 지역에서 입원치료를 받는 비율이 25.6%로 낮고 주로 부산이나 경남지역을 이용했다. 소아재활 의료기관이 없는 세종은 입원치료의 경우 서울을 비롯한 수도권(70%)에서, 외래치료의 경우 가까운 대전(55.8%)과 충북(20.9%)에서 이용했다.

도 지역의 경우 외래치료는 주로 실거주 지역이나 인근 대도시를 이용하고, 입원치료는 주로 수도권이나 인근 대도시를 이용했다. 입원치료가 필요하면 서울이나 대도시를 선택해 치료를 받는다고 해석할 수 있지만, 거주지에 소아재활 의료기관이 부족해 서울이나 대도시에서 입원치료를 받을 수밖에 없는 상황이라고 볼 수도 있다.

서울에서 상대적으로 근거리에 있는 강원과 충북은 실거주 지역에서 입원하는 비율이 20~30%대로 낮았다. 60% 이상은 서울로 이동해 입원치료를 받았다. 실거주 지역에서 외래치료를 받는 비율도 75~78%로 대도시에 비교하면 낮은 편이었다.

충남은 충북과는 다른 이용 패턴을 보였다. 실거주 지역에서 입원치료를 받는 비율은 42.8%로 충북보다 2배 이상 높았으나 외래치료를 받는 비율은 61.4%로 충북에 비교해 낮았다. 대신 수도권이나 대전 지역에서 외래치료를 받는 비율이 높았다.

전북과 제주는 도 지역 중 실거주 지역에서 입원(전북 65.6%, 제주 64.9%)과 외래(전북 92.5%, 제주 95.8%)를 이용하는 비율이 가장 높았다. 입원은 실거주 지역 외에는 주로 수도권을 이용했다. 전남에서는 실거주 지역 입원 비율은 27.7%, 외래 비율은 63.5%에 그쳤다. 입원치료는 가까운 광주(22.0%)보다는 수도권(41.8%)을, 외래는 실거주 지역 이외에 인근 광역시인 광주(25.3%)를 많이 이용했다.

경북은 실거주 지역 이용 비율이 가장 낮은 지역으로, 입원은 11.0%, 외래는 56.2%에 불과했다. 입원을 위해 55.2%는 인근 광역시인 대구로, 26.3%는 수도권으로 이동했다. 외래도 실거주지 이외에는 주로 대구(34.9%)를 이용했다. 경남은 실거주 지역 입원하는 비율이 47.6%였다. 나머지는 수도권(25.2%)과 부산(21.0%)을 주로 이용했다. 외래치료는 실거주 지역과 부산에서 주로 선택했다.

충남, 전남, 경북에서 실거주 지역의 외래치료 비율이 상대적으로 낮은 것은 외래환자 대비 입원환자의 비중과 관련된 것으로 보인다. 입원환자 비중은 충남 26.9%, 전남 27.3%, 경북 30.3%였다. 강원이나 충북, 전북의 입원환자 비중이 17~19%로 전체 환자 5명 중 1명인 것과 비교할 때, 충남과 전남, 경북은 3명 중 1명이 입원환자였다. 즉 외래환자보다 입원환자가 상대적으로 높은 비율을 차지했다. 이는 충남과 전남, 경북의 거주지 인근에서 소아재활치료를 받을 수 있는 의료기관이 매우 부족하므로 대도시가 인접한 일부를 제외하고는 집에서 통원하며 외래치

표 3. 2014년 실거주 지역 입원 및 외래환자 비율

(단위: 명, %)

실거주 지역	입원 환자 수 (a)	입원환자 비율(%)			외래 환자 수 (b)	외래환자 비율(%)			입원 환자 비중 (a/ a+b)
		실거주 지역에서 이용	수도권에서 이용	기타 지역에서 이용		실거주 지역에서 이용	수도권에서 이용	기타 지역에서 이용	
서울	959	87.0	98.5		3635	93.2	98.7		26.4
부산	310	78.7	15.2		1349	93.6	1.4		23.0
대구	412	88.4	10.2		1163	98.0	1.6		35.4
인천	374	67.1	98.9		1044	75.7	99.3		35.8
광주	141	58,9	39.7		528	95.5	3.6		26.7
대전	157	61.8	28.0		852	96.1	3.4		18.4
울산	86	25.6	22.1	32.6(부산) 14.0(경남)	333	87.1	2.4		25.8
세종	10		70.0	30.0(대전, 충북, 충남)	43		14.0	55.8(대전) 20.9(충북)	23.3
경기	1382	56.7	98.6		4459	65.6	98.4		31.0
강원	104	32.7	63.5		423	78.0	20.3		24.6
충북	114	21.1	64.9		485	75.5	13.8		23.5
충남	194	42.8	47.4		528	61.4	18.4	17.4(대전)	36.7
전북	151	65.6	29.8		721	92.5	4.3		20.9
전남	141	27.7	41.8	22.0(광주)	375	63.5	8.0	25.3(광주)	37.6
경북	335	11.0	26.3	55.2(대구)	771	56.2	6.0	34.9(대구)	43.5
경남	353	47.6	25.2	21.0(부산)	1207	82.7	2.9	10.7(부산)	29.2
제주	77	64.9	35.1		383	95.8	2.9		20.1
합계	5,300				18,299				29.0

주: 입원환자 비중은 입원과 외래를 합한 전체 환자 수 중 입원환자의 비율(%)을 의미함.
자료: 박주현 외(2017). 어린이재활의료 확충 방안 연구. 가톨릭대학교 산학협력단·보건복
　　　지부, pp.25~26 재구성

료를 받을 수 없기 때문으로 짐작된다. 실거주 지역이나 인근 대도시, 수도권 등 각지로 이동해 입원치료를 받는 것으로 보인다.

거의 매일 재활치료를 받아야 하는 중증장애아동의 상황을 고려할 때, 거주하는 광역 시·도에 있는 소아재활 의료기관을 이용한다고 해도 서울에서 지역 내 기관을 이용하는 것처럼 가까운 거리가 아닐 가능성이 크다. 예를 들어 경북의 면적(19,029㎢)은 서울(605.52㎢)의 무려 30배가 넘고, 의성군의 면적(1,174.9㎢)은 서울의 2배에 이른다. 지방에서는 이동에 걸리는 시간과 비용이 서울 지역 거주자에 비교해 높은 것이다.

도 지역에는 의료기관의 수가 더욱 부족하므로 치료를 받으려면 더 오랜 시간을 대기해야 한다. 전북 한걸음 부모회가 발표한 〈전북지역 장애 어린이 재활치료 현황 및 공공어린이재활병원 설립에 관한 긴급실태 조사 보고〉에 따르면, 전체 응답자의 53.5%가 다른 지역 의료기관을 이용한 경험이 있었다. 입원치료를 받기 위해 대기한 시간이 3개월 이하 30.4%, 6개월 이하 30.4%, 1년 이상 39.3%였다.[16] 형편상 다른 지역에서 재활치료를 받기 어려운 경우에는 장기간 기다리느라 재활치료의 골든 타임을 놓칠 수 있다.

신문기사에서도 지방에 거주하며 재활치료를 받기 위해 수도권을 오가는 여러 사례를 찾을 수 있다. 충북 청주시에 거주하던 한 어머니는 세 살 아이의 재활치료를 위해 또 다른 자녀를 데리고 친정이 있는 경기도에 머물고 있었다. 수도권에 있는 재활병원을 수개월에 한 번씩 옮겨 다니느라 청주에 직장이 있는 아버지와는 2년 넘게 떨어져 지내고 있었다.[17] 서울 및 수도권에 있는 병원을 이용하는 데 필요한 금전적, 시간적 비용은 고스란히 지방에 거주하는 이들이 부담해야 한다. 동일한 서비스를 이용하지만 서울에 거주하는 이들에 비교해 고비용을 지급하고 있다. 재활치료 대기를 걸기 위해 다른 지역 소아재활 의료기관의 정보를 수집하는 수고로움과 거주지가 아닌 낯선 도시를 오가거나 가족과 떨어져 타지에 장기간 머물러야 하는 데서 오는 고단함 등 심리사회적 고충도 수도권에 거주하는 장애아동의 부모에 비교할 바가 아니다.

서울·수도권과 지방의 격차가 커지면서 서울·수도권으로의 집중화는 더욱 심해진다. 지방은 지속적인 인구 감소로 지역사회 기능 자체를 상실하고 있다. 의료와 교육, 고용 등 생활에 기본적인 공공 인프라 부족으로 인해 사람들이 지역을 떠나고, 다시 수요 부족으로 인해 인프라 투자가 더욱 감소하는 악순환이 계속된다. 모든 국민은 어디에 사는지와 상관없이 기본적인 서비스를 이용할 권리가 있다는 기본권 보장 측면에서, 지방에 거주하는 주민이 지역을 떠나지 않고 계속 살 수 있도록 지역 균형발전 측면에서 소아재활 의료기관 부족 문제에 접근해야 한다.

3. 재활치료에서 배제되는 청소년

　장애아동이 학령기, 청소년기로 성장하면서 연령과 발달단계에 따라 적절한 치료를 받아야 한다. 그러나 청소년기에 이용할 수 있는 재활의료시설이 부족해 적절한 재활치료를 이용하지 못하고 있다. 국내 장애아동은 영유아기에 집중적으로 재활치료를 받지만, 학령기 이후엔 재활치료 이용이 감소한다. 특히 청소년기에는 재활치료 이용이 현격히 줄어드는 양상을 보인다. 〈뇌성마비 등 장애아동의 재활의료 전달체계 구축 방안 연구〉 보고서가 2015년 건강보험심사평가원의 진료 청구된 자료를 분석한 결과, 뇌성마비로 진단받은 환자 중 재활치료를 받은 환자의 비율이 0~3세에는 79.3%, 4~6세에는 73.4%, 7~12세에는 64.7%, 13~18세에는 45.8%로 감소했다.[1] 영유아기에는 80% 정도가 재활치료를 받았지만, 연령대가 높아질수록 재활치료 이용률이 낮아졌다. 청소년기에는 절반에도 못 미치는 아동만 재활치료를 받고 있었다. 발달지연으로 진단받은 환자 가운데 재활치료를 받은 환자 비율은 0~3세 32.1%, 4~6세 23.2%, 7~12세 14.3%, 13~18세 14.7%였다. 영유아기에는 30% 이상이 재활치료를 받았지만, 학령기와 청소년기에는 그 비율이 그 절반으로 감소했다.

　학령기나 청소년기에 접어든 장애아동이 더는 치료가 필요 없을 정도로 몸이 발달하거나 회복된 것은 아닐 것이다. 오히려 발달단계상 일상생활이나 학교에서 요구되는 과업을 수행하고 성인기에 나타날 수 있는 기능 저하나 합병증 등을 예방하기 위한 통합적인 치료와 지원이 필요하다. 〈장애를 가진 아동·청소년의 성장주기에 따른 재활치료 및 서비스 이용조사-지체·뇌병변장애를 중심으로〉 연구에서 조사에 참여한 치료사 전원이 장애아동의 성장주기를 고려한 연속적인 재활치료서비스가 제공되지 않는다고 응답했다. 주된 이유로 연령 증가에 따른 적정치료의 부재와 경제적 부담을 꼽았다.[18] 청소년기에 장애아동 재활치료 이용이 적어지는 데에는 건강보험 수가체계의 구조적인 문제와 경제적 부담에 따른 치료 포기 등의 가구 및 개인 요인이 혼재돼 있다.

의료기관에서 청소년기 장애아동을 대상으로 재활치료를 제공하지 않는 것은 낮은 수익성과 관련이 있다. 건강보험수가에서는 소아진료에 투입되는 자원의 양이나 기술의 어려움을 고려해 1세 미만, 3세 미만, 6세 미만 등으로 가산율을 차등 적용하고 있다.[1] 해당 연령 이상의 아동에 대해서는 가산이 적용되지 않는다. 또 소아재활에서 주로 사용되는 이학적 검사료(제2장)나 이학요법료(제7장)는 가산에 포함되어 있지 않다. 치과의 경우 연령 및 일부 등록 장애 유형에 대해 가산을 적용하고 있지만, 재활치료에는 장애가산이 별도로 마련되어 있지 않아 병원에서 청소년기 장애아동을 꺼리는 것이다. 또 청소년기엔 급속하게 성장 발달함에 따라 이들의 신체 크기에 맞는 장비 및 기구를 별도로 갖춰야 하는 점도 병원이 청소년기 장애아동의 재활치료를 제공하는 데 부담이 되는 요인이다. 이처럼 청소년기 장애아동의 재활치료는 병원 입장에서 수익성이 낮으므로 의료기관이 이를 꺼리게 된다.

아동의 성장 발달단계에 맞춰 재활치료를 제공하는 병원이 아예 없는 것은 아니지만 매우 드물다. 푸르메재단 넥슨어린이재활병원에서는 학령기 및 청소년기 장애아동을 대상으로 방학집중프로그램을 운영하는 등 성장 단계별 서비스를 제공한다. 최근에는 만 13~18세 장애청소년에게 특화된 열린재활치료실 운영을 시작했다.[19] 서울재활병원에서는 청소년기의 환경적, 신체적 특성에 적합한 치료와 프로그램으로 청소년 낮병동과 청소년재활치료센터를 별도로 운영하고 있다.

학령기 장애아동은 교육과 치료 중 교육을 선택할 수밖에 없는 상황에서 재활치료를 지속해서 받지 못하기도 한다. 학교 방과 후에 병원으로 이동하여 치료를 받기에는 시간이 여의치 않고, 원하는 시간대에 예약하기도 어렵다. 학교에서 의료기관으로 이동할 교통수단이나 이동 자체의 어려움도 있다. 학교 교육과 재활치료를 병행하기 쉽지 않은 상황이다. 영유아기에 집중적인 재활치료를 했지만, 기능의 회복과 향상이 미미한 경우, 계속 재활치료를 받아도 크게 좋아질 것이라고 기대하기 어렵다. 장기간 지속한 재활치료로 인해 가계 경제에 부담이 가중되어 재활치료를 줄이거나 중단하는 예도 있다. 실상 이러한 상황도 개인의 선택 문제로 보기 어렵다. 교육과 치료를 병행할 수 있는 사회시스템과 경제적 부담 경감을 위한 지원 부재로 인해 어쩔 수 없이 내몰리는 사회적 배제의 문제라고 볼 수 있다. 〈대전어린이재활병원 건립 및 운영방안 연구〉의 조사에 참여한 장애아동 가족단체 대표는 장애 청소년 중 경증이면 학교에 다니지만, 중증이면 시설에 있거나 가정에 방치되어 있을 것이라며, 청소년기 및 성인기 이후에는 돌봄조차 제대로 받지 못하는 상황을 우려했다.[20] 장애아동은 영유아기-학령기-청소년기를 지나 성인기까지 이어지는 재활치료가 필요하다. 생애주기를 고려한 접근법이 절실하다.

4. 치료와 교육 중 하나, 선택의 기로

치료 vs 교육

　중증장애아동의 경우 운동발달과 언어, 인지, 사회성 등 여러 발달영역에서 균형을 맞추는 것이 중요하다. 우선은 영유아기에 운동발달에 집중한 재활치료에 전념하지만, 아이가 커가면서 다른 영역과의 균형을 고민하기 시작한다. 〈뇌성마비아동 보호자들의 재활치료 선택과정: 근거이론 중심〉 연구에는 뇌성마비아동 보호자들이 재활치료의 시작, 지속 과정에서 경험하는 시행착오, 균형점에 도달해 가는 과정 등에서 겪는 경험이 잘 드러나 있다.[21] 이러한 과정은 6단계(당황→혼란→극대화→방황→전략→균형)로 정리된다. 의료진으로부터 재활치료를 권유받은 뒤 장애를 인정하지 못하고 당황하고(1단계 당황), 검증되지 않은 정보 속에서 혼란을 경험하고(2단계 혼란), '자식 일인데 어릴 때 집중해서 뭐든지 다 해보자'는 마음으로 최대 치료를 받는 극대화 단계를 경험한다(3단계 극대화). 이후 뒷전으로 밀린 가족들의 불만과 아이의 성장에 따른 치료와 교육 등 방향과 목표 선택문제로 방황하고(4단계 방황), 아이의 성장과 가족 돌봄 사이의 균형을 잡기 위해 재활치료의 양과 종류를 조절하는 전략단계를 경험하고(5단계 전략), 마침내 삶과 재활의 균형을 찾는 균형단계에 도달한다(6단계 균형).

중증장애아동의 부모는 영유아기에 최대한 집중적으로 재활치료를 하는 과정을 거쳐, 학령기를 앞두고 집중적인 치료와 교육 중 택일해야 하는 상황에 마주하게 된다. 특수교육대상자에게는 효율적인 교육을 위해 특수교육 관련 서비스 중 하나로 치료지원을 제공한다. 그러나 대부분 지역에서 학교 내 치료실을 운영하거나 치료사를 고용하기보다는 학교 밖 외부기관을 이용해 치료받을 수 있도록 예산을 지원하는 방식을 택하고 있다. 결국, 학교 교과운영시간이 다 끝난 다음에 외부 치료실을 이용해야 한다. 하지만 학령기 아이들이 비슷한 시간대에 치료실에 몰리기 때문에 치료를 받기는 쉽지 않다. 학교에서 외부 치료실로 이동하는 문제도 발생한다. 시간과 이동상의 문제 등으로 학교에 다니면서 재활치료를 병행하는 건 어렵다. 연구를 위해 만났던 12세 뇌병변 장애아동의 어머니는 아이가 4학년 때까지는 학교에 다녔으나 치료 시간이 부족하다고 느껴 현재는 집중적인 재활치료를 위해 학교 대신 낮병동 치료를 선택했다.

병원 내 특수학급의 운영을 통한 교육권 보장

유엔아동권리협약 제28조는 모든 아동은 교육을 받을 권리가 있고, 국가에서는 균등한 교육의 기회를 제공해야 한다고 돼 있다. 중증장애아동도 비장애아동이 누리는 평범한 일상과 학교생활, 또래와의 집단활동 등을 경험할 권리가 보장돼야 한다. 그러나 입원이나 낮병동의 집중적 재활치료로 인해 장기간 등교가 불가능한 중증장애아동의 경우 교육 결손이 발생할 가능성이 크다. 입원이나 낮병동 치료 때문에 학교에 가지 못하는 중증장애아동의 교육권은 어떻게 보장해야 하나?

2019년 현재 낮병동 치료를 받는 중증장애아동이 이용할 수 있도록 병원 내 특수학급이 운영되는 병원은 전국에 대전 3곳, 경기도 파주 1곳이 전부이다. 대전은 병원파견학급, 파주는 병원학교라고 부르는데, 모두 「장애인 등에 관한 특수교육법」에 따라 운영되는 순회교육의 형태다. 병원에 교실 공간이 마련되고 인근 특수학교에서 교사가 파견돼 낮병동 또는 장기입원하는 중증 특수교육대상자를 대상으로 교과과정을 운영한다. 병원파견학급 또는 병원학교가 운영되는 병원에서는 낮병동 6시간 내에서 치료와 교육을 모두 받을 수 있다. 특수교사 파견에 따른 인건비와 교육운영비, 교실 리모델링 비용 등의 예산은 교육청이 부담한다. 하지만 민간 병원 내에 치료실이나 의료 관련 시설 대신 수익이 나지 않는 특수학급을 만들라고 강제할 수는 없어서 이러한 사례가 확산하는 데는 한계가 있다.

그리고 치료와 교육이 연계되지 않은 현재의 소아재활 시스템에서는 병원 내 특수학급은 건강상의 이유로 학교에 가기 어렵거나 치료가 더 우선시되는 일부 중증장애아동에게 적용되는 한시적인 방법일 수밖에 없다. 학교에는 치료사가 근무할 수 없고, 병원에서는 학교를 운영할 수 없는 분절적 상황은 공급자 중심의 논리일 뿐이다. 장애아동으로서는 치료와 교육 중 어느 하나만 선택할 수는 없다. 아동의 장애 정도와 발달단계에 따라 치료와 교육을 병행한다는 전제로 다양한 선택지가 제공돼야 한다. 다시 말해서 치료에 집중하기 위해 병원에 입원하는 동안에는 순회교육을 받고, 상황이 호전돼 학교에 돌아가게 되면 교육에 집중하면서 재활치료를 병행할 수 있는 체계를 구축해야 한다.

병원 내 특수학급을 운영하는 경우와 특수학교에서 치료실을 운영하거나 치료를 받을 수 있는 여건을 조성하는 경우는 치료와 교육을 양극점으로 하는 연속적인 스펙트럼으로 볼 수 있다. 아동의 상태와 여건에 따라 병원에서 치료에 집중하며 교육을 최소화하는 단계부터 치료와 교육을 반씩 병행하는 단계, 이후 치료의 비중을 줄이고 학교에서 교육받는 시간과 비중을 늘려가는 방식을 선택적으로 적용할 수 있다. 이같이 교육의 연속성이 보장되는 방식의 치료-교육 연계 시스템이 마련돼야 한다.

그림 1. 치료-교육의 연속적 스펙트럼

5. 가족이 오롯이 짊어진 돌봄의 부담과 책임

끝나지 않는 일상의 돌봄

장애아동은 밥 먹기, 씻기, 용변 보기, 옷 갈아입기, 이동하기, 의사소통하기 등 대부분의 일상적인 활동에서 어려움을 겪는다. 장애 유형이나 중증도에 따라 일부 어려운 동작을 타인의 도움을 받으며 할 수 있는 아이들도 있고, 모든 동작을 혼자서는 전혀 할 수 없는 아이들도 있다. 중증 뇌병변 장애아동의 경우 혼자서는 음식물을 씹고 삼키기 어려우므로 음식물을 잘게 자르거나 불리는 등 별도의 식사 준비가 필요하다. 머리를 가누거나 물건을 잡는 동작이 힘들어서 밥을 먹여줘야 한다. 집안에서 이동하거나 병원이나 학교에 가기 위해 아이를 휠체어를 옮기고, 차에 싣고 내리는 등의 활동 모두 다른 사람의 도움이 필요하다. 간질이나 소화기 장애, 호흡기 질환 등 장애와 관련된 복합적인 건강문제가 있는 경우에는 투약, 인공호흡기나 산소발생기 관리, 기관삽관호스 교체 등 의료적 처치나 간호행위도 해야 한다. 즉 24시간 지속적인 돌봄이 필요하다.

상시적인 돌봄이 필요하므로 대체로 가족 내에서 부모 중 한 명이 재활치료와 돌봄을 전담하고, 다른 한 명은 치료비와 생활비를 감당하기 위해 경제활동에 전념하는 방식으로 역할을 나눈다. 장애아동 돌봄 역할은 주로 아동의 어머니가 맡게 된다. 병원이나 학교, 지역사회의 지원 체계가 미비하고 다른 가족 구성원의 도움을 받기 어려운 상황에서 돌봄과 간호의 모든 역할을 개인이 혼자 감당하는 경우가 많다. 치료 일정에 따라 매일 아이를 데리고 병원 치료실이나 복지관에 오가는 일은 가장 주된 일과다. 병원에 가더라도 30분 단위로 치료가 배정돼 있어서 병원 내에서 아이를 데리고 각 치료실로 이동하는 일도 어머니의 역할이다. 낮병동의 경우 하루 6시간을 병원에 머물러야 한다. 6시간 내내 치료가 진행되는 것은 아니기에 대기시간에 불편하고 복잡한 병원에서 아이를 돌보며 기다리는 것도 일상이다. 귀가한 이후에는 가족의 식사를 준비하고 자녀를 계속 돌본다. 재활치료를 위해 다른 지역에 오가는 경우 이동하기 위해 시간과 노력이 많이 든다. 장기간 입원치료를 하는 경우 좁은 병실 공간이 주요 생활공간이 되어 불편을 감수해야 한다.

배우자나 다른 사람의 도움 없이 혼자 어린아이를 키우는 것의 부담과 고충을 '독박 육아'라는 말로 표현한다. 중증장애아동을 키우는 어머니의 돌봄 부담은 2~3년 만에 끝나지 않는다는 점에서 그와 비교가 되지 않을 정도로 무겁다. 중증장애아동 돌봄은 영유아기나 장애 초기에 그치는 것이 아니다. 아이가 커가면서 키도 커지고 몸도 점점 무거워지지만 돌봄은 지속된다. 장애아동의 주된 양육 책임자인 어머니의 신체적, 정서적, 사회적, 경제적 돌봄 부담은 여러 연구를 통해 드러났다.[22][23][24]

돌봄 부담으로 지치는 몸과 마음

2013년 한국장애인개발원에서 수행한 〈중증 뇌병변 장애아동 및 가족 지원방안 연구〉의 조사 결과 주돌봄자는 대부분 어머니로, 장애아동을 돌보는 시간은 평일 평균 14.2시간, 주말 평균 19.4시간이었다.[4] 장애아동의 부모는 아이가 자는 시간, 재활치료를 받는 시간 등을 제외한 대부분 시간을 장애아동을 돌보는 데 보낸다. 최소한의 휴식시간이나 수면시간도 제대로 확보하지 못하고 있다.

아이들을 씻기거나 옷을 갈아입히거나, 휠체어에 앉히거나 차에 태우는 등 매일매일 반복적인 돌봄으로 장애아동의 부모 역시 몸에 무리가 가게 된다. 복합적인 건강문제가 있는 아이들은 간호와 의료적 처치가 생존과 직결되기 때문에 수시로 살피고 보다 집중적으로 돌봐야 한다. 장애아동을 돌보는 부모도 관절이나 팔, 허리의 통증 등 근골격계질환과 만성피로, 신체건강의 약화 등의 문제를 겪게 된다. 특히 아이가 크면서 몸집은 점점 커지고 무거워지는데 부모의 체력은 점점 떨어지기 때문에 돌봄의 강도와 그로 인한 신체적 부담은 더욱 커진다.

신체적 부담뿐 아니라 심리사회적 부담감도 매우 크다. 〈대전시 중증장애아동 자녀를 둔 어머니의 양육경험에 대한 연구〉에는 중증장애아동 양육을 전담하는 어머니들의 심리사회적 부담이 잘 드러나 있다.[24] 주양육자인 어머니들은 중증장애가 있는 자녀를 잘 돌보기 위해 노력하지만 기대한 만큼 성장과 발달이 이루어지지 않으면 본인의 역량이 부족하다고 탓하거나 개인적 좌절감을 경험했다. 장애아동 돌봄에 어머니의 희생과 책임이 강요되고, 양육의 책임이 어머니에게만 전가되고 있는 것에 부담을 느끼기도 했다. 아이를 맡길 데가 마땅찮고 아이를 데리고 외출하기도 어렵다. 문화생활이나 여가활동은커녕 주변 사람들의 경조사를 챙기거나 친구를 만나기도 쉽지 않다. 일상적인 사회활동이나 여가활동이 중단되고 사회적 관계가 단절되면서 스트레스와 고립감을 겪기도 했다.

중증장애아동 가정의 돌봄 부담을 줄이기 위한 사회적 관심과 지원이 부족하므로 친정이나 시댁 식구, 친지 등 주변 사람들에게 양육이나 가사의 도움을 받는 등 돌봄 부담을 분담하는 노력은 주로 개인적 차원에서 이뤄지고 있다. 그 같은 개인적 자원이 부족한 사람은 혼자 부담을 감당할 수밖에 없다. 장애인활동지원사업이나 장애아가족양육지원사업이 있지만 이용할 수 있는 시간이 제한적이다. 또 서비스를 제공하는 인력이 중증 뇌병변 장애아동과 같이 돌보기 힘든 아이들을 피하는 현상이 있어 '이중적인 소외감'을 느끼기도 한다.[23]

가족의 소외감과 가족 기능의 약화

중증장애아동 돌봄에 주된 책임이 있는 부모는 물론 비장애 형제자매 등 가족 구성원 모두가 장애아동 돌봄 부담에 큰 영향을 받는다. 장애아동의 어머니가 자녀의 재활치료를 위해 병원과 센터를 다니며 장애아동에게 전념하게 되면, 집안일이나 다른 가족 구성원에겐 충분한 시간과 에너지를 쏟지 못한다. 가정 내에서 장애아동 재활치료와 돌봄이 최우선시되다 보니, 가족 구성원들도 개인적인 여가활동이나 가족 간 활동의 기회를 얻기 어렵다. 장애아동 한 명에게만 온 관심과 신경이 집중돼 가족 전체가 소외감이나 자괴감을 느끼기도 한다.[23] 〈대전광역시 중증장애아동 실태조사〉에 따르면, 응답자의 53.9%는 장애아동 돌봄 때문에 비장애 형제자매의 입학식 등 중요행사에 참여하지 못한 적이 있었다.[25] 경제적 문제나 양육, 치료에 대한 생각의 차이로 인해 가족 간 갈등을 겪기도 한다.

특히 장애아동의 부모는 장애아동을 돌보느라 비장애 형제자매에게까지 제대로 관심과 신경을 쓰지 못하는 경우가 많다. 비장애 형제자매는 조부모나 가까운 친지의 손에 맡겨지기도 하고, 부모의 보살핌 없이 스스로 챙기거나 장애가 있는 형제자매를 돌보는 역할을 맡기도 한다. 그러나 장애아동의 형제자매는 부모가 자신과 보내는 시간이 부족하거나 관심이 적다고 불만을 품고 정서적 어려움이나 스트레스를 겪기도 한다. 〈중증장애인의 비장애 형제로 살아감에 대한 질적 연구〉에서 인터뷰에 참여한 비장애 형제들은 자신의 유년시절에 대해 '아이로서 누렸어야 할 사소하지만, 정상적인 것들을 잃어버린 느낌'이라고 상실감을 표현했다.[26] 장애아동뿐 아니라 가족 전체의 돌봄 부담과 그로 인한 부정적 영향을 완화하기 위한 사회적 관심과 지원이 필요하다.

경제적 부담

장애아동을 키우는 데엔 많은 돈이 든다. 기본적으로 건강보험이 적용되지 않는 비급여 치료비 부담이 크다. 또 소아재활치료를 제공하는 의료기관이 부족하다 보니 사설 재활치료기관에서 발달재활서비스를 이용하며 많은 치료비를 감당해야 한다. 보건복지부에서 발달재활서비스 바우처 제도를 통해 재활치료비를 지원해주고 있지만, 기준 중위소득 180% 이하 가구에만 지원된다. 가구소득에 따라 차등지원되는 금액은 월 14만~22만 원에 불과하다. 사설 치료기관에서 받을 수 있는 재활치료비는 1회당 3~5만 원 수준이다. 주 1~2회 받을 수 있는 수준의 지원금이다. 물론 장애아동 가정에는 큰 도움이 되는 게 사실이다. 지역별 차이는 있지만, 특수교육대상자는 월 12만 원 정도의 치료지원(물리치료, 작업치료 등)과 별도의 방과 후 활동 지원을 받을 수 있다. 희귀질환 및 중증난치질환인 경우에는 본인일부부담금 산정특례제도*에 따라 본인부담 경감 혜택을 받을 수 있다.

특수교육·재활치료와 의료비뿐 아니라 자세 유지나 이동을 위한 보조기구 구매비와 유지비, 병원이나 학교를 차로 오가기 위해 차량개조비나 유지비, 교통비, 특수교육비 등 장애로 인해 추가적으로 지출해야 하는 비용도 많다.

한국장애인개발원이 2013년 수행한 〈중증 뇌병변 장애아동 및 가족 지원방안 연구〉 조사에 따르면, 중증 뇌병변 장애아동에게 지출되는 특수교육 및 재활치료비는 월평균 32만 8434원이었다.[4] 재활치료를 집중적으로 받는 7세 미만의 경우 특수교육 및 재활치료비는 51만 5569원에 달했다. 그 외 교통비 19만 8930원, 보험료 및 저축 등 부모 사후 대비비 18만 6461원, 의료비는 평균 16만 5738원 순으로 지출됐다. 자세 유지를 위한 보조기구나 휠체어 등 이동을 위한 보조기구, 흡입기나 산소호흡기 등 의료용 보조기구를 사들이는 비용도 1년에 평균 130여만 원 정도였다. 이러한 보조기구는 뇌병변 장애아동이 장애를 예방하고 건강을 유지하는 데 필수적인 '생필품'이다.[27] 아동의 성장 발달 상태에 맞

---

* 산정특례는 높은 의료비가 지출되는 희귀질환 및 중증난치질환과 중증질환자(암환자, 심장·뇌혈관질환자, 중증화상환자, 중증외상환자), 결핵환자에 대하여 환자가 부담하는 진료비를 경감하는 제도이다.

쳐 보조기구를 주기적으로 교체해 줘야 한다. 보조기구 구매비용이 비싸다 보니 보조기구를 구매하지 못하거나 적절한 시기에 교체하지 못하는 경우도 많았다. 이러한 비용을 합해 중증 뇌병변 장애아동에게 지출되는 월평균 총비용은 97만 4524원이었다.

월 100만 원이라는 비용 자체가 한 가정이 부담하기에 적지 않은 금액이다. 가구소득을 고려할 때 부담은 더욱 커질 수 있다. 같은 조사에서 응답자의 월평균 소득은 평균 380만 원이었다. 재활치료비 등 자녀의 장애로 인한 비용이 가구소득의 1/4 이상 고정적으로 지출되는 상황이다. 경제적 부담은 중증 뇌병변 장애아동 보호자들의 주관적 인식에서도 드러났다. 신체적, 정서적, 사회적, 경제적 돌봄 부담 중에서 경제적 돌봄 부담이 가장 큰 것으로 나타났다. 특히 '장애아동 돌봄으로 경제활동에 지장을 받는다', '앞으로 장애아동을 돌보는 데 더 많은 비용이 소요될 것 같다' 등의 항목 점수가 특히 높았다. 장애아동의 부모는 자녀를 돌보기 위해 직장을 그만두거나 근무시간을 줄인다. 또는 자녀 치료나 돌봄에 시간을 낼 수 있는 직장이나 직종으로 바꾸는 경우가 많다. 이들은 자녀의 치료와 돌봄에 집중하느라 경제활동에 지장을 받는다. 당장의 치료나 교육에 소비되는 지출도 많지만, 재활치료나 특수교육은 단기간에 끝나는 것이 아니라 앞으로 계속 발생하는 비용이라는 점에서 부담감이 클 수밖에 없다. 장애아동이 있는 가정은 소득수준에 상관없이 장애로 인해 부담해야 하는 고정비용이 지속해서 발생한다. 경제적 부담은 개별 가정에 큰 경제적 위험을 불러오고 가족 전체의 삶에 부정적인 영향을 미칠 수 있다.

6. 통합적인 정보제공체계 부재로 인한 혼란과
시행착오

　보통 자녀의 출생 직후 또는 출생 이후에 장애가 발견되고 진단받고 재활치료를 권유받으면서 재활치료를 시작한다. 주변에 재활치료를 받는 지인이 있지 않은 한, 어디서 무슨 치료를 받아야 하는지 정보를 얻지 못해 재활치료를 바로 시작하지 못하는 경우가 많다. 장애아동의 부모는 성장 발달이 중요한 시기의 자녀에게 조기에 집중적인 재활치료를 제공해 최대한 기능을 회복시키고자 하는 욕구와 기대가 크다. 운동장애, 감각, 인지, 언어, 행동 등 다양한 영역의 치료가 필요하다. 일단 재활치료를 시작하더라도 2차 장애나 합병증이 발생할 수 있고 질병의 상태나 장애의 중증도가 계속 변하기 때문에, 동반 질환이나 증상에 따른 대처나 보조기기에 대한 정보와 가이드가 필요하다. 〈중증 뇌병변 장애아동 및 가족 지원방안 연구〉의 조사를 보면 자녀의 장애를 발견하고 진단받기까지 평균 2년 이상이 걸렸다. 또 진단 후에 적절한 치료를 받지 못하는 경우가 응답자의 절반에 육박했다. 장애를 진단받았을 때 가장 어려웠던 점은 '자녀의 장애를 인정하는 것'에 이어 '서비스나 정보를 어디서 얻어야 할지 몰라서'가 두 번째로 많았다.[4] 장애진단 초기 정확한 정보를 충분히 받았다면 장애를 빠르게 인정하고 수용하는 데 도움이 됐을 수 있다.

재활치료와 이용 가능한 소아재활 의료기관 등 치료 관련 정보뿐 아니라 보육과 교육, 복지 지원 등 다양한 영역의 정보가 필요하다. 아동이 성장하면서 발달단계에 따라 어떤 치료가 필요한지, 어떤 교육이 필요한지, 이용할 수 있는 기관은 어디인지, 보조기구는 어떻게 선택해야 하는지, 정부에서 받을 수 있는 지원은 무엇인지 등 질문과 필요한 정보는 꼬리를 물고 이어진다. 치료에서 교육에 중점을 두어야 하는 시기, 초등학교에 입학하거나 병원 치료 후 학교로 돌아갈 때의 적응 문제, 재활치료와 발달재활서비스의 병행 등 의료와 교육, 복지의 영역이 중첩돼 있어 복합적으로 정보를 수집하고 선택을 해야 하는 상황도 있다. 장애 발견 초기부터 아동의 연령과 발달에 따른 장기적이고 지속적인 정보와 지원이 필요하다.

체계적으로 정보를 제공하고 연계하는 창구나 기관이 없다 보니, 장애아동의 부모들은 막막한 상태에서 발품을 팔아 필요한 정보를 수집한다. 재활치료를 시작하는 시점에서 포털사이트나 인터넷 카페 등을 검색해 정보를 수집하고, 치료를 받게 되면 주로 병원에서 만나는 동료 환아의 부모나 이용하는 복지관 등을 통해 알음알음 정보를 얻게 된다.[21)24)28)29)] 의료기관에서 충분한 상담이나 교육을 받지 못하는 데다 여러 병원을 전전하다 보니 의료진과 친밀하고 신뢰하는 관계를 형성하지 못한다. 따라서 생애주기별로 장기적이고 체계적인 치료계획과 치료 가이드라인을 적절히 받지 못한다. 어느 병원에서 어떤 치료를 얼마나 받을지는 대체로 전문가 판단이 아닌 부모의 선택에 따라 이뤄진다. 발달재활서비스나 장애인활동지원 등 정부의 복지지원은 주민센터에서, 희귀·난치성질환자 의료비지원은 보건소에서, 특수교육 및 치료지원은 특수교육지원센터에서 이뤄진다. 즉 아이에게 필요한 각종 서비스나 정보를 담당하는 부처와 기관이 다르고 정보가 통합적으로 안내되지 않는다. 결국, 서비스를 받기 위해 여러 기관에 일일이 문의하고 찾아다녀야 한다. 장애아동의 질환이나 발달 시기 등을 종합적으로 고려하여 통합적인 정보를 제공하는 체계가 없고, 각 영역의 기관 간 정보 연계도 부실하다. 다른 사람들의 경험에서 나온 정보는 정확하지 않을 수 있고 내 자녀의 질환이나 장애상태에 들어맞지 않는 경우가 많다. 치료를 시작하는 과정부터 어디서 어떤 정보를 얻을지, 어떤 정보가 정확한지 혼란과 시행착오를 겪는다. 뇌병변장애 자녀 어머니들을 심층 면접한 한 연구[30]에서는 △어머니들이 처음에 장애에 대한 지식이 없어 병원과 교육기관에서 혼란을 겪다가 자녀에게 필요한 적절한 치료나 교육 시기를 놓치고 △병원이나 서비스 기관, 공공행정기관의 미온적 태도나 탁상행정을 빈번히 경험하면서 기관에 대해 기대와 믿음을 갖지 못하고 △그러다 스스로 관련 정보를 탐색하고 선별하는 적극적 행위자로 변해가는 과정을 보여 줬다.

장애아동의 부모와 가족은 장애진단부터 사회적 지원을 얻기 위한 정보수집과 선별, 결정까지 모든 과정을 스스로 해결해야 한다. 받을 수 있는 치료와 공공의 지원은 한정적인 상황에서 부모들은 장애아동을 돌보며 생활을 꾸려가기에도 24시간이 부족하다. 그런 상황에서 각자 개별적으로 정보를 찾아다녀야 한다. 사회 전체로 볼 때 매우 소모적이다. 장애아동을 둔 모든 부모가 직접 정보를 수집하고 기관을 찾아다닐 여건이 되는 것도 아니다. 그러나 부모의 교육수준, 소득수준, 지역, 노력 정도의 차이로 정보에 대한 접근이 달라지고 결국 정보력의 차이는 서비스 이용의 편차를 낳게 된다. 정부지원이 있는 것을 몰라 발달재활서비스 바우처 신청을 못 하거나 희귀난치성질환 등록을 뒤늦게 하는 예도 있다. 결국, 정보 부족으로 경제적 부담은 그만큼 커지게 된다. 그 과정에서 '아이에게 최선의 노력을 다하지 못했다'라며, '필요한 것을 충분히 해주지 못했다'라며 무력감과 자책감을 느끼기도 한다.

정보 부족으로 인한 장애아동 부모의 혼란을 줄이고 돌봄 부담을 낮춰줘야 한다. 정보접근성과 형평성을 높이기 위해 장애아동 생애주기에 따라 의료와 교육, 복지 관련 정보를 통합적으로 제공하는 시스템을 구축해야 한다. 장애아동 지원에 대한 연구보고서들도 재활의료, 보육 및 교육, 복지서비스에 대한 정보제공과 통합적 사례관리 체계 마련의 필요성을 공통으로 제기하고 있다.[2)8)14)20)] 특히 장애가 의심되거나 장애가 발생한 초기부터 장애아동의 부모들에게 치료 및 교육, 복지에 대한 기본적인 정보를 제공해야 한다. 또한, 장애아동의 질환과 특성에 따라 필요한 정보와 지원이 다르므로 개개인의 특성을 고려한 개별적 접근이 이뤄져야 한다. 장애아동에게 필요한 정보와 서비스는 복합적인 데다 장애 상태와 생애주기에 따른 정보제공과 자원연계가 필요하다. 따라서 주요 발달 시기마다 전문적 정보를 제공하고 서비스를 조정·연계할 수 있는 전문적인 사례관리 체계가 마련돼야 한다.

중증장애아동, 사회적 지원의 사각지대

아동이 건강하게 성장하려면 성인의 보호와 사회적 지원이 필요하다. 유엔 아동권리협약은 국가는 아동의 생명을 보호하고 건강하게 성장할 수 있도록 최대한 보장해야 하고(6조 생존권과 발달권), 아동의 성별이나 인종, 피부색, 경제력, 신체조건, 장애 여부 등과 상관없이 모든 아동이 동등한 권리를 누려야 한다(2조 차별금지)는 원칙을 강조하고 있다. 국가는 장애아동이 건강하고 행복하게 자라기 위한 기본적인 권리를 충분히 보장하고 있는가. 장애가 없는 아동과 다름없이 보호와 지원 속에서 일상을 살아가고 있는가.

이 장에서는 국내에 재활치료가 필요한 장애아동의 규모와 장애아동에게 제공되는 재활치료, 복지, 교육의 현황, 이에 대한 문제점을 살펴보고자 한다. 또한, 국내·외 어린이재활병원 사례를 통해 향후 건립될 공공어린이재활병원에 주는 시사점을 살펴본다.

1. 재활치료가 필요한 아동의 현황

재활치료가 필요한 아동 수 추정의 어려움

뇌병변장애 등 중증장애가 있는 아동은 신체기능 유지와 생존을 위해 지속해서 재활치료를 받아야 한다. 그러나 중증장애아동의 욕구를 충족시킬 만큼 재활치료가 충분히 제공되지 않고 있다. 따라서 치료가 절실한 아이들이 제때 충분한 치료를 받지 못하고 있다. 사회적 자원을 효율적으로 투입하면서 이러한 문제를 해결하려면 중증장애아동 대상의 재활치료가 얼마나 더 추가 공급돼야 할까. 재활치료가 필요한 전체 아동은 몇 명이고, 재활치료를 받지 못하는 아동은 몇 명인지, 그래서 추가로 필요한 재활치료의 양은 얼마인지, 현재 의료기관을 통해 제공되는 재활치료 대상자 수와 재활치료 양을 파악해 그 차이를 통해 추가적인 공급량을 산출할 수 있을 것이다.

그렇다면 재활치료가 필요한 아동의 규모는 얼마나 되나?

아쉽게도 '재활치료가 필요한 아동'에 대한 개념 정의가 명확하지 않다. 또 아직 장애아동 전수조사 또는 실태조사가 실시된 적이 없다. 따라서 그 규모를 정확하게 산출하기 어렵다. 각종 언론 보도나 토론회 자료, 연구용역보고서 등에서 재활치료가 필요한 아동 또는 장애인이 언급되지만, 그 규모와 기준이 제각각이다. 재활치료가 필요한 아동에 대한 공식 현황 자료가 없다 보니 재활치료가 필요한 장애아동의 개념과 범위의 문제는 어떤 자료를 활용하는지에 따라 달라진다.

등록 장애아동 수를 근거로 8만~9만여 명이라고도 하고, 재활치료를 받은 전체 소아환자 수를 근거로 30만 명이라고도 한다. 서울시는 2020년 6월 "서울시 거주 장애인 39만 4000명이 필요한 치료를 꾸준히 받을 수 있도록 공공재활병원 건립을 적극 추진하겠다."라고 밝히기도 했다.[1] 보건복지부는 공공어린이재활병원 건립 사업을 추진하면서 전문재활치료를 받은 아동환자 수 약 2만 명을 권역별 병상 수 산출의 근거로 삼았다.

재활치료가 필요한 아동은 누구이며 어떻게 규모를 파악하는 것이 제일 나은 방법인가? 우선 복지부가 공공어린이재활병원 병상 수 산출의 근거로 삼은 소아재활치료 이용 환자 수와 그 외 기존 자료를 통해 재활치료가 필요한 아동의 규모를 파악한 뒤 각 방법의 한계점을 살펴보고자 한다.

소아재활치료 이용 환자 수를 근거로 한 수요 추정의 한계

대한소아재활발달의학회는 2017년 보건복지부 정책용역과제로 〈어린이재활의료 확충방안 연구〉를 수행했다.[2] 권역별로 확충해야 할 병상 수를 산출하기 위해 의료기관에서 소아재활 질환으로 진단받고 재활치료를 이용한 환자 수를 파악했다. 병의원에서는 소아재활치료를 제공하고 환자 본인 부담을 제외한 비용을 건강보험심사평가원에 청구한다. 이 건강보험 청구자료를 활용한 것이다. 이 보고서에서는 의료기관에서 제공한 소아재활치료 공급에 기초해 이를 이용한 환자 수를 전체 수요로 전제했다.

보고서는 국민건강보험공단의 2014년 재활치료 및 관련 상병 청구자료를 이용해 주요 16개 상병*으로 재활치료를 받은 만 18세 이하 환자를 기준으로 했다. 뇌성마비, 외상성 뇌손상, 기타 신경학적, 정형외과적 문제들로 재활치료를 받은 전체 아동환자 수는 29만 4407명이었다. 이 중 전문재활치료를 받은 치료 환자 수는 1만 9896명이었다. 치료유형별로 입원치료를 받은 아동환자는 총 5300명이었고, 외래치료를 받은 환자는 1만 8299명이었다. 이 수치를 각각 입원과 외래치료 수요로 간주했다.

재활치료 이용 현황을 바탕으로 아동환자의 주소지가 속한 권역에서 재활치료를 받지 못한 아동환자 수를 통해 각 권역에서 추가로 필요한 공급 규모를 산출했다. 이에 따라 적게는 13병상(제주권), 많게는 71병상(경남권)이 추가로 확충돼야 한다는 결과를 도출했다.** 복지부는 이 자료를 근거로 공공어린이재활병원 건립을 추진하고 있다. 환자 수가 많은 충남권 경남권 전남권에는 공공어린이재활병원을, 환자 수가 적은 경북권 강원권 충북권 전북권에는 공공어린이재활의료센터를 건립하고, 상

---

* 16개 상병은 뇌의 악성 신생물(C71), 중추신경계통의 염증상 질환(G00-09), 일차적으로 중추신경계통에 영향을 주는 계통성 위축(G10-12), 추체외로 및 운동장애(G20-26), 중추신경계통의 탈수초질환(G35-37), 뇌전증 및 뇌전증지속상태(G40-41), 신경, 신경근 및 신경총 장애(G50-59), 다발신경병증 및 말초신경계통의 기타 장애(G60-64), 신경근접합부 및 근육의 질환(G70-73), 뇌성마비 및 기타 마비증후군(G80-83), 신경계통의 기타 장애(G90-99), 뇌혈관질환(I60-69), 출생 전후기에 기원한 특정 병태(P00-96), 선천기형, 변형 및 염색체 이상(Q00-99), 기대되는 정상생리학적 발달의 결여(R62), 손상, 중독 및 외인에 의한 기타 결과의 후유증(T90-98)을 포함한다.
** 필요한 병상(입원+낮병동) 규모: 강원권 31병상, 충북권 44병상, 충남권 67병상, 전북권 21병상, 전남권 59병상, 경북권 56병상, 경남권 71병상, 제주권 13병상

대적으로 전문기관이 많은 수도권과 제주권은 기존 병원을 공공어린이
재활의료기관으로 지정하는 안을 추진 중이다. 공공어린이재활병원 설
치 기준은 일괄적으로 입원병동 30병상 이상, 낮병동 20병상 이상으로
제시됐다.

　보고서에서도 한계를 인정하고 있다. △지역 내 재활치료 공급이 부
족하거나 △지리적으로 멀거나 △대기 기간이 길어서 △경제적 여건 때
문에 필요한 재활치료를 받지 못하는 환자가 있지만, 자료의 한계로 이
를 수요 추정에 반영하지 못했다고 밝히고 있다. 제한적 자료로 추정된
수요를 근거로 공공어린이재활병원 건립어 추진되면서, 시민사회의 요구
나 소아재활치료 실제 수요에 못 미친다는 평가를 받는다.

　대한소아재활발달의학회가 2016년 수행한 또 다른 보건복지부 정책
용역과제인 〈뇌성마비 등 장애아동의 재활의료 전달체계 구축방안 연
구〉를 보면, 학령기나 청소년기로 갈수록 재활치료를 받는 아동의 수가
감소했다.[3] 상당수의 학령기, 청소년기 아동이 현재 재활치료를 받지 못
하고 있음을 알 수 있다. 2015년 건강보험심사평가원에 진료 청구된 자
료를 기준으로 만 18세 이하 뇌성마비 또는 발달지연 환자 수는 총 4
만 6468명이었다. 이 중 재활치료(물리치료, 작업치료, 수치료)를 받은 환자
는 34.9%(1만 6231명)였다. 뇌성마비로 진단된 환자의 경우 영유아기에는
80% 정도가 재활치료를 받았지만, 연령대가 높아질수록 재활치료 이용
률이 낮아졌다. 청소년기에는 절반에도 못 미치는 45.8%만 재활치료를
받고 있었다. 발달지연 환자도 영유아기에는 30% 이상이 재활치료를 받
았지만, 학령기와 청소년기에는 15% 정도로 감소했다.

　한 해 동안 단순재활치료부터 전문재활치료까지 재활치료를 이용한

아동은 약 30만 명이었다. 중증장애로 인해 전문재활치료를 받은 아동은 약 2만 명이었다. 그러나 재활치료가 필요한 상병으로 진단받고도 일부만이 재활치료를 받고, 학령기와 청소년기로 갈수록 재활치료 받는 비율이 절반 정도로 줄어드는 경향을 고려하면 재활치료가 필요한 아동은 전문재활치료를 받은 2만 명의 2~4배에 달할 수 있다.

재활치료를 받은 환자 수에는 △지역에 이용할 수 있는 소아재활 의료기관이 없어서 치료를 받지 못하는 아동 △경제적 부담이나 긴 대기기간으로 인해 치료 공백 상태에 있는 아동 △장애가 의심되지만, 아직 의료기관을 통해 진단이나 치료를 받지 않은 아동 등이 빠져 있다. 따라서 소아재활치료 이용자 수를 통해 수요를 파악하는 것은 상당한 과소추정의 문제를 안고 있다.

수요가 아닌 필요에 기반한 접근 필요

소아재활치료 수요보다 공급이 부족해 소아재활치료 미충족 수요가 상당히 존재한다는 것은 누구나 인정하는 사실이다. 그러나 복지부에서는 공공어린이재활병원의 필요 병상을 추정하면서, 권역별 전문재활치료를 이용한 소아재활환자 현황 자료를 근거로 삼았다. 복지부의 계획은 공급 부족으로 재활치료를 이용하지 못하는 미충족 수요는 건드리지 않은 채, 현 상태에서 다른 지역으로 이동해 치료받을 필요가 없도록 기존 환자를 재배치하는 정도로만 비친다.

의료서비스는 스마트폰이나 꽃배달 서비스처럼 수요가 많다고 공급이 확대되는 것이 아니다. 또 수요-공급 법칙에 따라 가격이 결정되지 않는다. 건강보험제도에서 의료서비스의 가격, 의료보험수가는 정부나 건강보험공단 전문가의 판단에 따라 결정된다. 의료이용자는 본인부담액만 지급하면 이용할 수 있다. 그런데 현재 재활치료 수가가 낮게 책정돼 있어 공급자인 의료기관이 비용 대비 수익을 맞출 수가 없다. 따라서 공급을 중단하는 상황이 벌어진다. 즉 재활치료에 비용을 부담할 용의가 있는 사람이 많아도 그에 맞춰 재활치료가 공급되고 있지 않다. 결국, 사람들은 의료기관의 대체품인 사설 치료센터에서 더 높은 비용을 지급하며 유사한 재활서비스를 이용하게 된다. 재활치료의 공급과 가격이 통제된 상황에서 의료기관의 재활치료 이용자 수를 기반으로 수요를 추정하는 것은 적합하지 않다. 재활치료의 미충족 욕구가 반영되지 않기 때문이다.

아동의 재활치료 이용은 건강권이라는 기본적인 권리 관점에서 수요가 아닌 욕구 또는 필요로 접근해야 한다. 장애아동은 전체 등록 장애인의 3%, 18세 미만 아동의 1%에 미치지 못할 만큼 수가 매우 적다. 그러나 장애아동 대부분이 중증장애를 갖고 있고, 재활치료를 받지 못하면 신체적, 정신적 퇴행을 겪고 생명에 위협을 받기도 한다. 성장과 발달이 이루어지는 가장 중요한 시기에 있는 장애아동에게 재활치료는 삶의 질이나 생존과 직결되는 중요한 요소이다. 장애아동 역시 의료와 영양, 돌봄, 교육, 놀이 등 복합적인 욕구가 있다. 하지만 재활의료와 장애인정책, 아동정책은 노인이나 성인, 비장애아동을 중심으로 이뤄져 있다. 장애아동은 사각지대에 놓여 있다.

따라서 장애아동의 재활치료 이용 문제는 단순히 수요의 측면이 아니라 장애아동의 권리와 욕구의 측면에서 바라봐야 한다. 규범적 방식으로 전문적 판단 기준에 근거해 재활치료가 필요한 장애아동의 수와 적정치료의 횟수 등을 추정해야 할 것이다. 장애아동에 대한 실태조사나 역학조사 자료 등 이용 가능한 정보가 제한된 상태에서, 기존의 다양한 자료를 통합해 여러모로 분석해야 한다. 또한, 결과에 대해서도 적극적인 해석을 통해 권리의 침해와 미충족 욕구가 발생하지 않게 해야 한다.

소아재활치료 수요 추정의 보완

아동의 기능이나 장애 상태 등에 따라 재활치료가 필요한 아동의 수를 어떻게 파악해야 할까. 재활치료가 필요한 아동의 선택과 결과는 크게 세 가지로 나타난다. 첫째 의료기관에서 소아재활치료를 이용하거나, 둘째 의료기관에서 치료를 받지 못해 복지관이나 사설 치료센터 등에서 재활서비스를 이용하거나, 셋째 재활치료를 아예 포기하는 것이다. 첫 번째 방법은 앞서 살핀 바와 같이 건강보험 청구자료를 통해 확인할 수 있고, 두 번째 방법은 보건복지부 발달재활서비스나 특수교육대상자에게 제공되는 치료지원 현황을 통해 파악할 수 있다. 세 번째 재활치료를 포기한 아동은 표출되지 않은 욕구로, 기존 통계자료로 파악하기 어렵다. 세 가지 방법을 모두 망라해 등록 장애아동 중 의학적 기준에 따라 분류된 중증장애아동 현황을 통해 재활치료 필요를 추정할 수도 있다.

물론 중증장애가 있는 아동이 모두 재활치료를 받아야 하는 건 아니다. 장애인등록, 특수교육대상자 등 공적 시스템에 포함되지 않은 아이들도 있다. 그러나 이러한 한계에도 불구하고 장애아동과 재활서비스 이용 아동의 규모를 기반으로 재활치료가 필요한 아동 수를 추산하는 것은 소아재활치료의 공급 확충 방안을 마련하는 데 중요한 기초자료를 제공한다.

등록 장애아동

우리나라에서 장애인은 법적으로 '신체적·정신적 장애로 오랫동안 일상생활이나 사회생활에서 상당한 제약을 받는' 사람을 의미한다.* 국가에서 제공하는 장애인복지 지원을 받으려면 장애인으로 등록해야 한다. 15개 장애 유형, 즉 △지체 △뇌병변 △시각 △청각 △언어 △지적 △정신 △자폐성 △신장 △심장 △호흡기 △간 △안면 △장루·요루 △뇌전증 장애에 속해야 장애인 등록이 가능하다. 장애 정도는 의학적 기준에 따라 1~6급으로 분류돼 차등적으로 지원을 받았다. 그러나 보건복지부는 2019년 7월 1일부터 장애인을 의학적 상태에 따라 획일적으로 구분하는 장애등급제를 단계적으로 폐지하고, 장애인 개개인의 욕구와 환경을 고려해 지원하는 '수요자 중심의 장애인 지원체계' 구축을 추진하고 있다. 따라서 2019년부터 장애 정도를 2단계(심한 장애인, 심하지 않은 장애인)로 구분하고 있다.

국내 전체 장애아동의 규모를 파악할 수 있는 공식적인 자료는 등록 장애인 현황이다. 이에 따르면, 2019년 12월 말 기준 17세 이하** 등록 장애아동은 7만 4362명이다. 이는 전체 등록 장애인 261만 8918명

---

* 장애인복지법 제2조 제1항
** 유엔에서 제시한 아동의 연령 기준은 18세 미만이다. 그러나 국내 등록 장애인의 연령별 현황은 0세부터 1세 단위로 보고하고 있기에 본 연구에서 17세 이하 등록 장애인 수를 등록 장애아동 현황으로 제시했다. 같은 자료에서 18세 이하는 8만 1240명이다.

의 2.8%에 해당한다. 주민등록인구 통계에 따른 17세 이하 아동 인구수 792만 8907명의 1%에 채 미치지 않는 적은 수이다. 장애아동의 절대적인 수는 적지만, 장애아동의 86.1%(6만 4024명)가 심한 장애에 해당하는 중증장애를 갖고 있다. 의학적 기준에 따라 심한 장애로 분류된 중증장애아동은 재활치료의 필요성이 높을 것으로 추정된다.

표 4. 2019년 0~17세 등록 장애아동 현황

(단위: 명, %)

구분			합계		연령대별 수		
			빈도	비율	영유아 0-5세	학령기 6-11세	청소년기 12-17세
0-17세 등록 장애아동			74,362	100.0	9,679	31,280	33,403
장애 유형	외부 신체 기능의 장애	지체	2,972	4.0	358	819	1,795
		뇌병변	10,363	13.9	3,110	3,638	3,615
		시각	2,250	3.0	260	749	1,241
		청각	3,942	5.3	965	1,385	1,592
		언어	3,840	5.2	1,454	1,973	413
		안면	41	0.1	3	7	31
	내부 기관의 장애	심장	283	0.4	31	87	165
		신장	180	0.2	21	43	116
		간	405	0.5	80	150	175
		호흡기	45	0.1	7	13	25
		장루·요루	73	0.1	14	22	37
		뇌전증	183	0.2	25	64	94
	정신적 장애	지적	35,464	47.7	1,974	14,560	18,930
		자폐	14,297	19.2	1,377	7,770	5,150
		정신	24	0.0	0	0	24
장애 정도	심한 장애		64,024	86.1	7,399	11,182	15,592
	심하지 않은 장애		10,338	13.9	2,280	3,112	3,791

자료: 국가통계포털 KOSIS

장애 유형별로 만 17세 이하 등록 장애아동 중 지적장애가 47.7%로 가장 많고, 자폐성(19.2%), 뇌병변장애(13.9%) 순으로 이어진다. 이 3가지 장애가 전체 장애아동의 약 80%를 차지한다. 연령대별로는 영유아기 (0~5세) 13.0%, 6~11세 42.1%, 12~17세 44.9%다. 학령기와 청소년기의 장애아동이 87%에 달할 정도로 많다.

만 17세 이하 등록 장애아동 중 대부분이 중증장애가 있다는 점, 그리고 지적, 자폐성, 뇌병변장애 비중이 높다는 점을 고려하면 이 중 상당수가 지속적인 재활치료를 받아야 한다고 추산할 수 있다. 장애 정도가 심한 아동 6만 4024명이 모두 재활치료를 받아야 한다고 가정하면, 의료기관에서 소아재활치료를 이용한 약 2만 명을 제외하고 4만여 명의 장애아동이 재활치료를 받지 못하고 있다고 볼 수 있다. 물론 기준 연도가 달라서 단순 비교할 수는 없다.

장애인등록은 장애의 원인질환을 충분히 치료해 장애가 고착됐을 때 가능하다. 지체와 시각, 청각, 언어, 지적장애, 안면장애의 경우 원인질환이나 부상 등이 발생한 후 또는 수술 후 6개월 이상 지속적인 치료를 한 후에 등록할 수 있다. 지적장애는 만 2세 이상에서 진단하며, 뇌병변장애는 만 1세 이상에서 진단한다. 따라서 지적장애나 뇌병변장애 징후가 있어 치료를 받고 있지만, 아직 장애가 고착화되지 않아 등록 신청을 하지 않았거나, 여러 사유로 인해 장애등록을 미루고 있는 장애아동이 있을 것이다. 등록 장애아동에 포함되지 않았지만, 재활치료를 받아야 하는 장애아동의 수가 더 많을 수 있다는 의미이다.

발달재활서비스 이용 아동

보건복지부에서는 장애아동의 인지, 의사소통, 적응행동, 감각, 운동 등의 기능향상과 행동발달을 위해 발달재활서비스를 지원한다. 따라서 발달재활서비스 이용 아동 수를 기준으로 재활치료가 필요한 장애아동 규모를 대략 파악할 수 있다. 소아재활치료를 제공하는 의료기관 수가 부족해 병의원에서 소아재활치료를 받으면서 복지관이나 사설 치료센터를 이용해 재활서비스를 보충하거나, 의료기관 대신 발달재활서비스를 주로 이용하는 예도 많이 있는 것으로 알려져 있다. 발달재활서비스에는 의료기관에서 제공하는 물리치료와 작업치료 등 재활치료는 제외된다. 언어와 청능, 미술과 음악, 감각발달재활, 운동발달재활 등 11개 유형의 재활서비스만을 이용할 수 있다.

서비스 대상은 만 18세 미만의 장애인등록법상 등록 장애아동이다. 6세 미만의 경우 등록 장애아동이 아니더라도 장애가 예견돼 재활치료가 필요하다는 발달재활서비스 의뢰서와 검사 자료로 등록기준이 충족되면 서비스를 이용할 수 있다. 그러나 현재 6개 장애 유형(뇌병변, 지적, 자폐성, 청각, 언어, 시각)에 속하고, 기준 중위소득의 180% 이하라는 소득기준*을 충족해야 이용할 수 있다.

보건복지부의 〈2018년 보건복지백서〉에 따르면, 2018년 12월 말 기준 발달재활서비스 이용 아동은 5만 5803명이었다.[4]

발달재활서비스 이용 대상은 장애가 예견돼 재활치료를 받아야 한다

---

* 보건복지부(2020)의 〈2020년 장애아동 가족지원 사업안내〉에 따르면, 2020년을 기준으로 중위소득 180%는 4인 가족인 경우일 때 854만 9000원에 해당한다.

고 판단되는 6세 미만 아동부터 등록 장애아동까지 포괄하고 있고, 등록 장애아동 중 대다수가 6개 장애 유형에 속하기 때문에 대상 범위는 재활치료가 필요한 아동에 근접했다고 볼 수 있다. 특히 발달재활서비스 의료기관에서 재활치료를 이용하지 못하거나 충분한 치료를 받지 못해 사설 치료센터를 이용하는 아동이 많으므로, 소아재활치료 이용 아동수에 누락된 미충족 치료 아동 수를 상당 부분 포함하고 있다는 강점이 있다.

그러나 소득기준에 따라 이용 대상이 제한되기 때문에 기준 중위소득의 180%를 초과하는 가정의 아동은 누락되는 한계가 있다. 반면 뇌병변장애 등 중증장애아동에게 필수적인 물리치료와 작업치료 등 의료기관에서 행해지는 의료행위는 지원되지 않고 미술심리재활과 음악재활, 감각발달재활 등 의료기관에서 제공하지 않는 재활서비스를 폭넓게 제공하고 있으므로, 발달재활서비스를 이용하는 아동이 모두 의료적 재활치료가 필요하다고 볼 수는 없다.

치료지원 이용 특수교육대상자

특수교육대상자는 장애인복지법상의 등록 장애 여부와 상관없이 학습의 어려움에 중점에 두고 「장애인 등에 대한 특수교육법(이하 특수교육법)」에 따라 선정한다. 특수교육대상자는 △시각장애 △청각장애 △지적장애 △지체장애 △정서·행동장애 △자폐성장애 △의사소통장애 △학습장애 △건강장애 △발달지체 △기타의 11개 유형 중 하나에 해당하며 특수교육이 필요하다는 진단·평가를 받은 사람을 말한다. 만 3세부터 만 17세까지의 특수교육대상자는 유치원·초등학교·중학교·고등학교 과정이 의무교육이다. 만 3세 미만의 장애아동도 특수교육대상자로 선정되면 무상교육을 받을 수 있다.

특수교육대상자로 진단·평가를 받아 치료지원이 필요한 학생으로 선정되는 경우, 특수교육 관련 서비스 중 하나로 치료지원이 제공된다. 외부 치료지원 제공기관을 통해 물리치료와 작업치료, 언어·청능치료, 미술·음악치료, 행동·놀이·심리치료, 감각·운동치료 등 서비스를 이용할 수 있다.

교육부 〈2019년 특수교육 연차보고서〉에 따르면, 2019년 현재 4만 7514명이 물리치료와 작업치료 등 치료지원과 보행훈련, 심리·행동 적응훈련 등 기타 특수교육 관련 서비스를 이용했다.[5]

치료지원 이용자 수는 필요에 기초해 재활치료 수요를 파악하는 데 매우 유용하다. 첫째 무엇보다 특수교육대상자 중 치료지원이 필요하다고 인정된, 즉 필요와 욕구가 확인된 학생을 대상으로 제공된다는 점, 둘째 치료지원은 물리치료사와 작업치료사가 제공하는 치료를 기본으로 하므로 의료기관에서 제공되는 재활치료에 가깝다는 점, 셋째 치료지원 제공기관은 의료기관뿐 아니라 장애인복지관, 사설 치료센터 등이 포함되므로 의료기관에서 치료받지 못한 미충족 수요까지 파악할 수 있다는 점 때문이다. 단, 만 3세 미만이나 취학의무 대상자 중 질병이나 장애 등의 사유로 취학 면제나 유예를 받은 아동, 학령기 특수교육대상자로 선정될 기회를 얻지 못한 아동 등이 일부 빠진 한계가 있다.

소아재활치료 수요 추정의 한계

　지금까지 다양한 자료와 방법을 활용해 재활치료 수요를 파악했다. 앞서 살펴보았듯 재활치료를 받아야 하는 아동 수를 집계하기 위한 현황 자료가 존재하지 않고, 기존 통계자료도 사업목적에 따라 대상자 범위가 다르고 조사 시점에 차이가 있으므로 재활치료가 필요한 아동의 현황을 정확히 파악하는 데엔 한계가 있다.

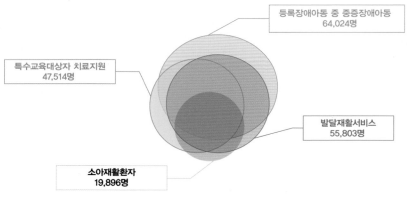

그림 2. 재활치료가 필요한 아동 수의 추정

　소아재활환자와 등록 장애아동, 발달재활서비스 이용자, 특수교육대상자 중 치료지원 이용자 등 각 서비스 이용자가 상당 부분 중복된다. 따라서 재활치료가 필요한 아동 수는 적게는 2만 명, 많게는 7만여 명으로 추정된다. 그러나 서비스 공급이 충분하지 않은 상황에서 서비스 이용자를 중심으로 수요를 추정하는 방법은, 서비스를 받아야 하지만 이용하지 못하는 미충족 욕구를 고려하지 않았다는 점을 볼 때 여전히 과소추정 가능성이 남아 있다. 향후 기존 통계자료를 통합하여 자세히 분석하거나, 아동의 재활치료 실태조사를 제대로 하여 재활치료 수요를 파악하고 이에 맞춰 공급 계획을 수립해야 한다.

2. 소아재활치료, 교육, 복지 지원의 현황과 문제점

소아재활치료 지원

소아재활치료는 의료기관에서 제공되는 재활치료(재활의료)와 의료기관 외에서 제공되는 재활치료서비스로 구분할 수 있다. 의료기관에서 실시하는 재활치료는 의료행위로서 건강보험의 적용을 받지만, 사설 치료시설이나 장애인복지관 등에서 실시하는 재활치료는 본인이 비용을 부담하거나 정부지원 대상자에 해당하면 지원을 받게 된다. 보건복지부와 교육부는 장애아동과 특수교육대상자를 대상으로 발달재활서비스와 치료지원 제도를 운용하고 있다. 소아재활치료 의료기관의 수는 부족하지만, 사회서비스로서 발달재활서비스가 확대되면서 장애아동은 의료기관의 재활치료와 유사한 빈도로 재활치료서비스를 이용하고 있다. 〈뇌성마비 등 장애아동의 재활의료 전달체계 구축 방안 연구〉 조사의 재활치료 이용 현황을 살펴보면, 의료기관과 비의료기관을 합한 전체 소아재활치료실 이용 빈도는 주당 평균 6.1회였다.[3] 이 중 의료기관 치료 횟수는 주당 평균 3.3회, 비의료기관(복지관, 사설 치료기관, 장애어린이집, 특수학교 등) 치료 횟수는 주당 평균 2.8회였다.

발달재활서비스

 정부는 「장애아동복지지원법」 제21조에 따라 장애아동의 인지, 의사소통, 적응행동, 감각·운동 등의 기능향상과 행동발달을 위해 발달재활서비스를 지원하고 있다. 2009년 2월 '장애아동 재활치료' 사업이 시작됐다. 2011년 「장애아동복지지원법」이 제정되면서 '발달재활서비스'로 명칭이 변경됐다.

표 5. 「장애아동복지지원법」상의 발달재활서비스

제21조 (발달재활서비스지원)	① 국가와 지방자치단체는 장애아동의 인지, 의사소통, 적응행동, 감각·운동 등의 기능향상과 행동발달을 위하여 적절한 발달재활서비스를 지원할 수 있다.
시행규칙 제8조 1항 [별표1]	언어·청능, 미술·음악, 행동·놀이·심리, 감각·운동 등을 통하여 장애아동의 재활 및 발달에 도움을 주는 서비스일 것

 서비스 대상은 연령, 장애 유형, 소득 기준을 충족해야 한다. 만 18세 미만 아동을 대상으로 하며 △뇌병변 △지적 △자폐성 △청각 △언어 △시각 등 6개 장애 유형만 인정된다. 장애인복지법상 등록 장애아동으로 대상이 한정되지만, 만 6세 미만의 영유아는 장애등록을 하지 않았더라도 발달재활서비스 의뢰서와 검사 자료가 있으면 서비스를 이용할 수 있다. 소득은 기준 중위소득 180% 이하의 기준을 충족해야 한다.

 발달재활서비스는 수요자를 직접 지원하는 사회서비스 이용권(바우처) 제도*로 운영된다. 바우처 방식은 정부가 수요자에게 서비스 비용을 지

---

* 보건복지부에서 이용자 중심의 사회서비스 제공을 위해 사회서비스이용권(바우처)사업을 도입했다. 일정 기준을 충족하는 기관이 등록을 통해 사업을 수행할 수 있게 하

원하면, 수요자가 서비스 제공기관에 직접 지급하는 방식이다. 1인당 월 22만 원 한도에서 이용할 수 있다. 정부지원금은 소득수준에 따라 월 14만 원에서 22만 원까지 차등지원하며, 기초생활수급자를 제외한 수요자는 추가로 본인부담금을 지급해야 한다.

시·군·구가 서비스 제공기관으로 지정한 기관에서만 바우처를 이용할 수 있다. 장애인복지관, 사설치료실 등 지정 기관 중에서 수요자가 선택할 수 있다. 이용할 수 있는 서비스는 △언어치료 △청능치료 △미술치료 △음악치료 △행동치료 △놀이치료 △심리치료 감각치료 △운동치료 등이다. 의료기관에서 제공하는 물리치료와 작업치료는 발달재활서비스 영역에서 제외돼 이용할 수 없다.

발달재활서비스의 개선방안으로 서비스 제공기관 확대, 바우처 지원 금액 확대 및 본인부담금 인하, 선정기준 완화 및 서비스 대상자 확대가 주로 제기됐다.[6] 우선 지역의 장애아동 수와 서비스 접근성을 고려해 이용할 수 있는 서비스 제공기관이 충분히 확보돼야 한다. 거주 지역 내 바우처를 사용할 수 있는 기관이 부족해 대기 기간이 길어지거나 필요한 서비스를 이용하지 못하는 경우도 발생한다. 지리적으로 멀리 떨어진 기관을 이용하느라 교통이 불편하거나 교통비 부담이 큰 것도 발달재활서비스 이용을 방해하는 요인이다. 서비스 제공기관의 부족 및 지역적 불균형으로 인해 수요자의 서비스 선택권이 제대로 보장되지 않

는 기관등록제를 통해 서비스 품질 관리를 강화하고, 전자이용권(바우처카드)시스템을 통해 사회서비스 활성화 기반을 구축했다. 가사간병방문지원, 노인돌봄종합서비스, 산모신생아건강관리지원, 장애인활동지원, 발달재활서비스, 언어발달지원서비스, 지역사회서비스, 발달장애인부모상담지원이 8대 전자바우처사업으로 시행되고 있다.

는다. 둘째, 바우처 지원 금액 확대 및 본인부담금 인하가 필요하다. 장애아동은 여러 종류의 재활치료를 동시에 받아야 하는 경우가 많아 치료비 부담이 크다. 바우처 지원금액은 회당 2만 7500원, 주 8회 이용을 기준으로 책정됐으나, 실제 사설 치료기관에서 지급해야 하는 회당 치료비용은 이를 웃돈다. 현재 장애 중증도나 집중재활치료 필요 정도 등이 고려되지 않은 채 소득기준에 따라서만 차등 지원되고 있다. 회당 지원금액의 현실화와 더불어 장애아동의 욕구를 반영한 지원이 필요하다. 셋째, 현재 장애 유형과 소득기준으로 서비스 대상자를 제한하고 있으나, 보편적인 서비스로서 기능할 수 있도록 이를 확대해야 한다. 법에서는 서비스 대상자를 '장애아동'으로 명시하고 있지만, 정책 시행에서는 장애인복지법상의 15개 장애 유형 중 6개로 국한하고 있다. 재활치료를 6개 장애 유형으로만 제한해야 할 근거가 없다. 특수교육법에 따른 치료지원은 전체 특수교육대상자 중 치료지원이 필요하다고 선정된 자를 대상으로 한다. 특정 장애 유형으로 한정하고 있지 않다. 필요와 욕구에 따라 서비스가 제공되도록 제도 개선이 필요하다.

치료지원

치료지원은 2008년 특수교육법이 시행되면서 신설됐다. 특수교육법과 동법 시행령의 '특수교육 관련서비스'에 포함돼 있다. 특수교육 관련 서비스는 특수교육대상자의 교육을 효율적으로 실시하기 위해 △상담지원 △가족지원 △치료지원 △보조인력지원 △보조공학기기지원 △학습보조기기지원 △통학지원 △정보접근지원 등 인적·물적 자원을 제공하

는 것이다. 특수교육법이 제정되면서 가장 주목받았던 큰 변화 중 하나다.[7) 8)]

표 6. 「특수교육법」상의 치료지원

제2조 (정의)	2. '특수교육 관련서비스'란 특수교육대상자의 교육을 효율적으로 실시하기 위하여 필요한 인적·물적 자원을 제공하는 서비스로서 상담지원·가족지원·치료지원·보조인력지원·보조공학기기지원·학습보조기기지원·통학지원 및 정보접근지원 등을 말한다.
제28조 (특수교육 관련서비스)	②교육감은 특수교육대상자가 필요로 하는 경우에는 물리치료, 작업치료 등 치료지원을 제공하여야 한다.

치료지원은 특수교육법 제28조에 따라 △특수학교에서 치료사를 고용해 지원하는 방식 △특수교육지원센터에서 치료사를 고용해 지원하는 방식 △지역사회 치료지원 제공기관에 위탁하는 방식이 있다. 각 시·도교육청에 따라 다르지만, 특수학교에서 직접 지원하기보다는 주로 지역사회 치료기관에 위탁하는 바우처 방식으로 운영된다.

유·초·중·고등학교 과정에 재학한 특수교육대상자 중 특수교육지원센터·특수학교의 진단·평가 결과에 따라 치료지원 대상자가 선정된다. 월 일정 금액의 비용이 지원되며, 초과하는 금액은 본인이 부담한다. 시·도교육청에 따라 지원 금액에 차이가 있다. 서울시의 경우 월 12만 원, 1일 3만 원 이내에서 횟수 제한 없이 실비로 지원하고 있다.

치료영역은 주로 △물리치료 △작업치료 △언어·청능치료 △미술·음악치료 △행동·놀이·심리치료 △감각·운동치료 등이다. 의료기관이나 장애인복지관 등에서 물리치료와 작업치료를 이용할 수 있다. 그러나 특수교육사업이 지방으로 이양되면서 시·도교육청에서 지역별 특성 및 여건(예산 포함)에 적합한 치료지원 운영계획을 수립해 추진하고 있다. 시·도별로 진단·평가의 횟수 및 치료유형, 지원금액 등이 다르다.

2019년 특수교육대상자 4만 7514명에게 물리치료, 작업치료 등 치료지원과 보행훈련, 심리·행동 적응훈련 등 기타 특수교육 관련서비스를 제공했다. 2017년 〈특수교육실태조사〉에 따르면, 특수교육 관련서비스 중 치료지원을 받는 학생이 60.0%로 수요가 가장 높았다.[9] 치료지원을 받는 학생 중 약 61.7%는 언어치료를 받고 있었으며, 그밖에 작업치료 20.1%, 물리치료 17.1%였다. 지체장애 학생의 경우에는 물리치료가 58.8%로 가장 높았고, 언어치료 34.9%, 작업치료 33.5% 순으로 나타났다. 치료지원을 받는 기관은 '사설치료실'이 50.1%로 가장 높게 나타났고, '복지관' 20.1%, '특수교육지원센터' 19.7%, '특수학교' 12.6%, '병의원' 8.5% 순이었다. 지체장애 학생의 경우 병의원을 이용하는 비율이 26.9%로 상대적으로 높았다.

표 7. 현재 받고 있는 치료지원(중복 응답)

(단위: 명, %)

구분	전체	언어치료	물리치료	작업치료	기타
치료지원 영역	45,033	27,775	7,721	9,063	17,101
	(100.0)	(61.7)	(17.1)	(20.1)	(38.0)

구분	전체	특수학교	특수교육 지원센터	복지관	보건소	병·의원	사설 치료실	기타
이용 기관	45,033	5,681	8,862	9,056	274	3,842	22,558	2,911
	(100.0)	(12.6)	(19.7)	(20.1)	(0.6)	(8.5)	(50.1)	(6.5)

자료: 윤종욱 외(2017). 2017 특수교육 실태조사. 국립특수교육원. pp. 227~228 재구성

장애아동과 보호자가 치료지원을 이용하면서 겪는 어려움으로 △서비스 기간의 제한 △오랜 기다림 △이동의 어려움 △경제적 부담 △학생 체력의 한계 등이 있다.[10] 재활치료를 제공하는 기관이 부족하므로 방과 후에 치료를 받고자 하는 학생들이 특정 시간대에 몰리면 오랫동안 대기해야 하는 문제가 있다. 또 장애아동이 성장함에 따라 이동 시 보호자의 신체에 무리가 가고, 장애아동도 체력의 한계로 먼 거리를 이동해 치료를 받기 어렵다. 이러한 어려움은 치료지원을 점차 포기하게 되는 요인이 된다.

한편 치료지원 제도의 몇 가지 문제점이 지적된다. 각 시·도별로 치료지원을 제공하는 방식과 수준에 큰 편차가 나타나고 있다. 10만 원 수준인 지원금액은 아동발달을 촉진하기에 충분하지 않다. 교육부의 치료지원과 보건복지부의 발달재활서비스의 구분이 명확하지 않고 서비스 대상, 진단판정체계, 기준 등이 달라 이용자들의 불만과 예산 활용의 비효율, 중복지원 가능성의 문제를 안고 있다. 그리고 특수학교 내 치료실이 없거나 지속해서 감소하는 추세이기 때문에 학교 내 치료지원 가능성이 작아지고 있다.

중도·중복장애와 같이 장애가 심한 경우, 아동의 나이가 많아지면서 증상이 악화하지만 치료기관을 찾는 데 어려움이 있는 경우, 학부모들은 학교에서 치료지원을 받기를 희망한다.[8] 단순히 학교 내에서 재활치료를 받는 차원이 아니라, 학생의 수업이나 학교 내 일상과 연계된 통합치료를 받을 수 있다면 특수교육의 효율성을 목표로 한 관련서비스의 효과를 더욱 높일 수 있다.

또한, 중도·중복장애학생 교육 시 치료지원 강화 방안으로 △치료지원 제공 확대 △치료와 교육과정 병행 운영 관련 지원 △치료사 배치 및 순회병원과의 협력 등의 의견이 제시됐다.[11]

특수교육

특수교육대상자와 특수학교, 중증장애아동의 학습권 보장을 위한 순회교육 및 병원학교(급)의 현황과 전반적인 문제점을 살펴보고자 한다.

특수교육대상자 현황

특수교육법에 따라 특수교육대상자로 선정된 장애아동은 일반학교 특수학급, 특수학교, 특수교육지원센터, 가정·시설·병원 등 순회교육 등을 통해 의무교육 과정에 참여할 수 있다.

특수교육대상자는 △시각장애 △청각장애 △지적장애 △지체장애 △정서·행동장애 △자폐성장애 △의사소통장애 △학습장애 △건강장애 △발달지체 △기타의 11개 장애 영역에 해당하는 사람으로, 특수교육지원센터의 진단·평가를 통해 선정한다. 장애인복지법상 장애인등록과는 상관없이 학습의 어려움을 중심으로 선정한다. 특수교육대상자에 대한 유·초·중·고등학교 과정은 의무교육이고 전공과와 만 3세 미만의 장애 영아교육은 무상으로 제공된다.

2019년 9월 기준 특수교육대상자는 총 9만 2958명이다.[5] 특수교육대상자는 2010년 7만 9711명에서 매해 늘어 10년 사이에 1만 3000여 명이 증가했다. 이 중 절반 이상이 지적장애 학생으로 가장 큰 비중을 차지한다. 그 외 자폐성장애 14.1%, 지체장애 11.0%, 발달지체 7.9% 순이다. 특수교육대상자는 177개의 특수학교와 1만 1314개 일반학교, 198개 특수교육지원센터 등에서 교육을 받고 있다.

표 8. 특수교육대상자 현황

(단위: 명, 교, 학급, %)

구분	특수학교	일반학교		특수교육 지원센터	계	
		특수학급	일반학급 (전일제 통합학급)			
특수교육대상자 수	26,084	50,812	15,687	375	92,958	(100.0)
시각장애	1,221	268	444	4	1,937	(2.1)
청각장애	709	717	1,772	27	3,225	(3.5)
지적장애	14,205	39,96	4,384	39	49,624	(53.4)
지체장애	3,730	3,791	2,574	105	10,200	(11.0)
정서행동장애	210	1,314	658		2,182	(2.3)
자폐성장애	5,424	6,832	848	1	13,105	(14.1)
의사소통장애	134	1,203	867		2,204	(2.4)
학습장애	17	910	482		1,409	(1.5)
건강장애	16	177	1,570		1,763	(1.9)
발달지체	418	4,604	2,088	199	7,309	(7.9)
학교 및 센터 수	177	11,314		198	11,689	
학급 수	4,843	11,105	14,884	72	30,904	

자료: 교육부(2019). 특수교육 연차보고서, p.21

2019학년도 특수교육대상자 중 초등학교 취학유예자는 509명이며, 이 중 만 6세는 297명, 만 7세는 100명, 만 8세 이상은 112명이다. 이들의 취학유예 원인은 '장애가 호전된 후 입학시키기 위해'가 50.5%로 가장 높았고, 그다음으로 '학교 적응이 어려워'가 23.4%, '치료나 수술 등을 위해'가 21.2%로 나타났다.

2018년 특수교육 연차보고서에 따르면, 일반학교에서 통합교육을 받는 특수교육대상자가 늘어나면서 특수학교에는 장애 정도가 심한 중도·중복장애 학생이 많아지는 경향이 나타났다.[12] 중도·중복장애는 장애의 심각성을 의미하는 '중도'(severe)와 2가지 이상의 장애 조건을 가진 '중복'(multiple)을 아우르는 용어다. 2017년 특수교육 실태조사에 따르면 전체 특수교육대상자 중 중복장애 학생은 약 30%였다.[9] 〈중증·중복장애 학생 교육권 실태조사〉에서는 전체 특수교육대상자 중 9.5%를 중도·중복장애 학생으로 추정했다.[13] 특수학교는 장애 영역별 – 지적장애, 지체장애, 청각장애, 시각장애, 정서장애 – 로 구분된다. 중도·중복학생이 늘어나면서 학교 현장에서는 교육과정 운영에 상당한 어려움을 호소하고 있다.[14] 현행 법률에서는 중도·중복장애학생을 위한 교육 및 관련서비스 지원에 관한 조항이 명확하지 않다. 특수교사와 보건교사, 특수교육 보조인력, 전문 의료지원 인력 등의 역할 규정이 모호하고, 중도·중복장애학생의 신체 및 인지 특성에 맞는 보조공학기기 지원이 부족하다. 석션(suction)이나 약물 복용 등 의료적 지원에 대한 범위와 책임 소재에 대한 논란도 크다.

특수학교 현황

전국에 177개소 특수학교가 있다. 특수학교는 2010년 150개에서

2019년 177개로 증가했다. 설립 주체별로 국립 5개소, 공립 81개소, 사립 91개소다. 국·공립이 절반에 못 미친다. 일반 초·중·고등학교에 비교해 사립학교의 비중이 높다. 우리나라 일반 초등학교는 대부분 국·공립이고, 중학교는 80% 이상, 일반 고등학교는 60%에 달한다.[15] 국립 특수

표 9. 특수학교 현황

(단위: 교, %)

구분	계	설립 주체별			장애 영역별				
		국립	공립	사립	시각장애	청각장애	지적장애	지체장애	정서장애
전체	177 (100.0)	5 (2.8)	81 (45.8)	91 (51.4)	13 (7.3)	14 (7.9)	122 (68.9)	21 (11.9)	7 (4.0)
서울	30	3	8	19	3	4	15	5	3
부산	15		8	7	1	1	12	1	
대구	9		3	6	1	1	4	2	1
인천	9		5	4	1	1	6	1	
광주	5		3	2	1		3	1	
대전	5		3	2	1		3	1	
울산	4		2	2		1	3		
세종	1		1				1		
경기	36	2	12	22		2	30	33	1
강원	7		6	1	1	1	5		
충북	10		3	7	2	1	4	2	1
충남	7		5	2			6	1	
전북	10		6	4	1	1	6	2	
전남	8		3	5	1	1	6		
경북	8		3	5			7		1
경남	10		8	2			9	1	
제주	3		2	1			2	1	

자료: 교육부(2019). 특수교육 연차보고서, p.25

학교는 5곳 모두 서울과 경기 지역에 있다.*

장애 영역별로 지적장애 특수학교가 122개소로 가장 많고, 지체장애 21개소, 청각장애 14개소, 시각장애 13개소, 정서장애 7개소 순이다. 17개 시·도 중 장애 영역별 특수학교를 모두 갖춘 곳은 서울, 대구, 충북의 3개 지역 뿐이다. 지역별, 장애 영역별 특수학교가 골고루 분포하지 않아 장애아동의 교육권이 보장되지 않고 있다. 예를 들어, 경기도에 거주하는 시각장애 학생은 시각장애에 특화된 체계적인 교육을 받기 어렵다.

순회교육 현황

특수교육대상자의 장애 정도와 교육적 욕구에 따른 학습권을 보장하기 위해 순회교육이 운영되고 있다. 장애 정도가 심해 학교에 다니기 어려운 학생들을 위해 특수교사가 복지시설이나 의료기관, 가정 등을 직접 방문해 교육하는 형태다. 특수학급이 설치되지 않은 일반학교에 다니는 학생도 순회교육을 받을 수 있다. 주로 주 1~2회 2시간 정도 개별 수업을 진행하는데, 지역이나 기관마다 다르다.

2019년 특수교육대상자 중에서 순회교육을 이용한 학생 수는 4123명(4.4%)이다. 가정과 시설, 병원에서 순회교육을 이용한 학생이 58%로, 일반학교에서 이용한 학생보다 많았다. 학교과정별로는 초등학교가 1545명으로 가장 많았다.

---

* 서울맹학교(시각장애), 서울농학교(청각장애), 한국우진학교(지체장애)는 서울에, 한국선진학교(지적장애), 한국경진학교(정서장애)는 경기도에 있다.

표 10. 순회교육 현황

(단위: 명, %)

구분	기관				학교과정				계
	가정	시설	병원	일반 학교	유치원 (영아 포함)	초등학교	중학교	고등학교	
순회 교육	1,477	833	80	1,733	907	1545	905	766	4,123
	(35.8)	(20.2)	(1.9)	(42.0)	(22.0)	(37.5)	(22.0)	(18.6)	(100.0)

자료: 교육부(2019). 특수교육 연차보고서, p.28

병원 내 학급

병원에서 순회교육을 이용하고 있는 아동은 2019년 기준 80명이다. 전국의 일부 병원에서 병원파견학급이나 병원학교가 설치·운영되고 있다. 중증장애아동을 위한 병원파견학급과 병원학교는 순회교육의 한 형태로 이름만 다를 뿐 운영 방식은 동일하다. 특수교육법에서는 순회교육의 시행을 위해 의료기관 및 복지시설 등에 학급을 설치·운영하는 등 필요한 조치를 강구하도록 했다. 병원에서 교실 공간을 마련하면, 교육청에서 교실 설치비와 학생 1인당 운영비를 지원하고 교사를 파견한다. 학급당 학생 수는 유치원과정 4명 이내, 초등과정 6명 이내, 중등과정 6명 이내, 고등과정 7명 이내다.

2015년 대전시교육청에서 전국 최초로 재활치료를 받는 장애아동이 치료와 교육을 병행할 수 있도록 병원파견학급을 신설했다. 대전에 거주하며 병원파견학급이 설치된 병원의 낮병동 이용 또는 장기입원(3개월 이상)한 중증 특수교육대상자를 대상으로 한다. 특수학교인 대전혜광학교에서 각 병원파견학급에 교사 및 실무원을 파견해 교육과정을 운영한

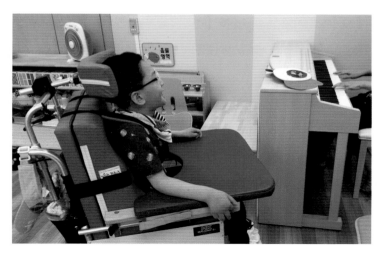

소아 낮병동을 이용하는 아이들이 병원파견학급에서 수업을 받고 있다.

다. 특수학교 교과과정에 근거해 1인당 주 5시간(하루 1시간)을 원칙으로 하되, 병원별로 상황에 따라 수업시수를 증감해 운영한다. 병원파견학급 간 학생 수 및 학교급의 다양성 때문에 각 학급에서 운영하는 교육과정이 다르다.

2019년 3월 현재 대전시 3개 병원(대전보람병원, 건양대학교병원, 대전웰니스병원)에서 유치원과정 4학급을 운영하고 있다.[16] 영아 7명, 유아 7명, 초등생 9명 등 총 23명이다. 각 학급에 담당교사 1명이 상주하며, 낮병동을 이용하는 아동이 치료 일정 사이에 수업시간을 배정받는다.

병원학교는 일반적으로 소아암, 백혈병 등 만성질환 치료를 위해 3개월 이상 장기입원한 건강장애학생을 대상으로 하며, 현재 전국 36개 학교가 운영되고 있다. 전국에서 경기도교육청이 처음으로 중도·중복장애학생 대상의 병원학교를 세웠다. 2018년 화성시에 1개소(화성브론코기념병원)를 설립했으나 이듬해(2019년) 폐원했고, 파주에 1개소(파주시티요양병원)가 설립됐다.

2019년 10월 현재 파주시티요양병원에는 2개 학급(유치원, 초등학교 과정)이 운영 중이다. 관내 특수학교인 자운학교에서 교사 2명을 파견했다. 낮병동 이용 아동 5명(유치원과정 3명, 초등과정 2명)이 교육받고 있다. 병원학교 이용 아동은 학기 중 9시부터 11시 20분까지 2시간 20분간 수업을 받는다. 수업 전 30분, 점심 식사 후 2시간 정도 치료를 받는 형태로 일과가 구성돼 있다.

돌봄 및 가족지원

장애아동 가족의 일상적인 돌봄 부담을 줄이고 그 가족을 지원하기 위한 대표적인 서비스가 장애인활동지원사업과 장애아가족 양육지원사업이다.

장애인활동지원사업

　장애인활동지원사업은 신체적, 정신적인 이유로 일상생활과 사회활동이 어려운 장애인의 자립생활 지원과 사회참여 증진을 목적으로 한다. 만 6세 이상~만 65세 미만의 장애인복지법상 등록 장애인을 대상으로 한다. 당초 장애 1~3등급만 신청할 수 있었으나, 2019년 7월 장애등급제 개편 시행 이후 모든 등록 장애인이 신청할 수 있다. 서비스 지원 종합조사를 통해 1~15등급으로 나뉘며, 인정등급에 따라 매월 바우처 지원금을 차등지원한다. 매월 일정액의 본인부담금을 내고 바우처 지원액을 사용할 수 있다. 활동보조(신변처리 지원, 가사지원, 일상생활지원, 외출·이동·보조 등 활동 지원), 방문목욕, 방문간호 서비스를 이용할 수 있다.

　장애인활동지원서비스는 장애아동 부모의 돌봄 부담을 줄이는 데 큰 역할을 하고 있지만 여러 가지 한계가 있다. 우선 30일 이상 의료기관에 입원한 경우 서비스 대상에서 제외돼 활동지원급여가 중단된다. 의료기관 내 환자(아동)의 이동 보조, 진료 후 귀가 등에 활동보조서비스를 이용할 수 있지만, 의료행위와 연관된 행위는 할 수 없다. 원칙상 소아낮병동을 이용하는 경우 30일까지는 단순 활동보조서비스에 한해 이용할 수 있지만, 30일을 초과할 경우 활동지원을 이용할 수 없다.[17] 소아낮병동 이용은 외래치료와 마찬가지로 매일 병원과 집을 오가며 수개월 간 재활치료를 받아야 하지만, 이동 및 활동 보조를 받을 수 없다. 또 장기간 입원해도 활동지원서비스를 이용하지 못한다. 간병 인력을 지원하는 서비스도 존재하지 않아 부모와 가족의 돌봄 부담을 줄이는 데 한계가 있다.

둘째, 장애인활동지원서비스는 가족에 의한 활동지원*을 제한하고 있다. 활동지원기관이 부족한 지역에 거주하는 경우처럼 특별한 사유가 인정될 때에만 가족에 의한 활동 지원이 가능하다. 65세 이상 노인 대상 돌봄서비스인 노인장기요양보험제도는 가족요양보호사에게도 요양급여를 지급할 수 있도록 규정된 것과는 차이가 있다.

셋째, 중증장애아동의 경우 재활치료 및 서비스 이용 빈도가 잦고 양육 부담이 크지만 만 6세가 될 때까지는 장애인활동지원서비스를 이용할 수 없다.

그 외 중증장애아동의 특성을 파악해 돌봄을 제공하는 숙련된 활동지원사를 찾기 어렵다. 오히려 중증장애아동을 꺼리는 경향이 있어 실질적으로 서비스 제공 인력을 구하기 힘들다.[18] [19]

장애아가족 양육지원 사업

장애아가족 양육지원 사업은 장애아동 가족의 일상적인 돌봄 부담을 완화하고 보호자의 사회활동을 돕는 것을 목적으로 한다. 2007년 시작됐고 2011년 「장애아동복지지원법」 제정으로 법적 근거가 마련됐다. 장애아동가정에 돌보미를 파견하는 돌봄서비스와 가족에게 프로그램을 제공하는 휴식지원프로그램이 포함된다.

돌봄서비스는 장애아동의 보호자가 질병이나 사회활동을 이유로 일

---

* 활동지원인력은 본인의 배우자, 직계 혈족(조부모, 부모, 자녀, 손자녀), 형제·자매, 직계 혈족의 배우자, 배우자의 직계 혈족 및 형제·자매에게 활동지원서비스를 제공할 수 없다.

시적 돌봄서비스가 필요한 경우, 돌보미를 파견해 장애아동을 보호하고 보호자의 휴식을 지원하는 서비스다. 소득수준이 기준 중위소득 120% 이하이며 만 18세 미만 장애 정도가 심한 장애아동이 있는 가정에서 아동 1인당 연 720시간 범위(최대 월 120시간) 내에서 이용할 수 있다. 2019년 연 600시간에서 2020년 720시간으로 이용 시간이 확대됐다. 이용비용은 무료지만 장애인활동지원이나 아이돌봄서비스와 중복해서 받을 수 없다.

휴식지원프로그램은 가족관계를 회복하고 돌봄노동을 분담하기 위해 장애아동 가족문화·교육프로그램, 가족캠프, 가족교육, 가족상담, 자조모임 등을 지원한다. 소득수준에 상관없이 만18세 미만의 모든 장애아동 가족이 이용할 수 있다. 단 돌봄서비스를 이용하는 가정을 우선 지원한다.

장애아가족 양육지원 사업 제공기관은 광역시·도별로 1개씩 지정돼 있다. 2018년 보건복지백서에 따르면, 2018년 12월 말 기준 3,370명이 장애아가족 양육지원을 받았다.

돌봄 부담은 소득수준과 관계없이 모든 장애아동의 가족이 직면한 문제다. 그러나 돌봄서비스의 이용 대상은 소득기준으로 제한된다. 의료비 지원 등 우리나라 지원제도 대부분이 소득이 일정수준 이하인 저소득층을 대상으로 한다. 일반가정에서 역차별과 박탈감을 느끼게 된다.[20) 장애등급제를 폐지하면서 장애인의 욕구와 환경을 고려한 지원체계를 구축하는 방향으로 가고 있다. 따라서 소득수준과 관계없이 장애아동과 가족의 다양한 욕구가 충족될 수 있도록 개선해야 할 필요가 있다.

장애아동복지지원법상 지역장애아동지원센터

장애아동 돌봄 및 복지와 관련한 대표적인 법률은 「장애아동복지지원법(이하 장애아동복지법)」이다. 2011년에 제정된 이 법은 통합적 지원을 통해 △장애아동이 안정된 가정생활을 하고 △건강하게 성장하며 △장애아동 가족의 부담을 줄인다 등의 목적이 있다. 의료비지원, 보조기구지원, 발달재활서비스지원, 보육지원, 가족지원 등 장애아동 복지지원 전반을 규정하고 있다. 이 법에서 규정한 대표적인 지원기관이 장애아동지원센터다.

국가와 지방자치단체가 장애아동에게 적절한 복지지원을 제공하기 위해 중앙장애아동지원센터와 지역장애아동지원센터를 설치·운영할 수 있다고 규정하고 있다. 2013년부터 중앙장애아동·발달장애인지원센터가 설치돼 한국장애인개발원이 위탁 운영하고 있다. 2014년 「발달장애인 권리보장 및 지원에 관한 법률」이 제정돼 2016년부터 광역시·도에 지역발달장애인지원센터가 설치됐다. 2011년 제정된 「장애아동복지법」에 따른 지역장애아동지원센터는 아직 설치된 지역이 없다. 지역장애아동지원센터는 장애아동 복지지원과 관련한 정보 및 자료 제공, 기관 연계, 가족상담 및 교육 실시, 장애아동 사례관리, 장애의 조기발견을 위한 홍보 등의 업무를 하게 되어 있다. 지역 내 장애아동과 가족에 대한 통합적인 정보제공 및 지원체계로서 지역장애아동지원센터 설치가 시급한 과제다.

이상에서 살펴본 것과 같이, 국내에는 아직 장애아동의 발달단계에 맞게 치료와 교육, 돌봄을 제공하는 사회적 지원체계가 충분히 갖춰져 있지 않다. 재활치료가 필요한 아동이 갈 수 있는 소아재활 의료기관이 부족하여 치료를 제때 충분히 받지 못한다. 병원 내 학교 또는 방과 후 치료 이용을 할 수 있는 치료-교육 연계 체계가 갖춰져 있지 않아서 집중적인 재활치료를 받으려면 교육권을 포기해야 한다. 장애아동 가족의 양육 부담과 의료비 부담을 해소하기에는 돌봄 및 가족지원 제도가 내용과 범위가 한정적이다. 중증장애아동은 보건의료와 특수교육, 복지 영역의 사각지대에 있음을 알 수 있다. 중증장애아동이 거주하는 지역에서 지속적인 재활치료를 받으며, 발달단계에 맞는 교육과 놀이를 통한 일상생활을 영위할 수 있도록 치료, 교육, 복지 영역의 통합적인 지원체계가 마련돼야 한다.

그림 3. 사회적 지원의 사각지대에 있는 중증장애아동

3. 국내 소아재활 의료기관 사례

국내 소아재활 의료기관 사례로 푸르메재단의 넥슨어린이재활병원과 청소년재활치료센터를 특화해 운영하는 서울재활병원을 소개한다. 재활치료의 사각지대에 있는 청소년 재활치료 등이 포함된 아동의 생애주기별 재활서비스, 치료-교육-복지가 통합된 형태의 서비스, 가족에 대한 지원, 지역사회 자원을 연계한 협력 사업 등 공공재활의료사업의 특성을 중심으로 살펴보고자 한다.

푸르메재단 넥슨어린이재활병원

푸르메재단 넥슨어린이재활병원은 장애인의 재활과 자립을 돕는 비영리재단법인 푸르메에서 설립한 것으로, 2016년 4월 개원했다. 시민과 기업의 기부, 정부와 지자체의 지원으로 설립된 국내 최초이자 유일한 어린이전문재활병원이다. 병원 건물에는 지역사회 비장애인과 함께 이용하는 시설로 스포츠센터와 어린이도서관이 있고, 장애인직업재활센터와 서울시서북보조기기센터가 같이 있으며, 푸르메재단에서 위탁 운영하고 있다.

허가 병상 규모는 91병상인데, 2019년 9월 현재 40병상으로 운영되고 있다. 장애아동 진료 및 치료에 필수적인 재활의학과, 정신건강의학과, 소아청소년과, 통합치과진료센터 등 4개의 진료과를 운영하고 있다.* 장애아동에 대한 재활치료뿐 아니라 삶의 영역 전반의 포괄적인 통합재활서비스를 제공하기 위해 공공서비스 영역을 확대해 가고 있다. 2019년 4월부터 운영 중인 공공의료사업단은 의사, 치료사, 간호사, 사회복지사 등으로 구성됐다. 기금을 조성하여 특정 대상이나 임상군에 대한 치료 효과를 증대하기 위한 특화사업을 운영하고 있으며, 경제적 어려움으로 치료를 중단하거나 적기에 치료를 시작하지 못하는 환아들에게 치료비 지원을 하고 있다.

포괄적 재활의료서비스

푸르메재단 넥슨어린이재활병원은 재활의학과와 정신건강의학과의 협진체제를 통해 장애아동 치료의 전 과정을 통합적으로 지원한다. 재활의학과와 정신건강의학과는 주 1회 공동진료를 시행한다. 아동의 신체발달과 인지·정서적 발달을 함께 진단, 치료할 수 있다. 처음에 어느 진료과를 선택해야 할지 모르는 부모에게 도움이 된다. 다른 진료과들과도 긴밀히 협의하며 진료와 치료를 진행한다.

입원이나 낮병동 이용 환아에 대해 의료진 판단이나 환자 보호자의 요구에 따라 가족참여회의를 운영한다. 보호자를 중심으로 의료진과 치료사, 의료사회복지사가 한자리에 모여 환아의 치료 프로그램을 논의하는 회의체다. 환아의 치료내용과 치료과정, 생활관리 등 치료 전반적인 내용을 전문가들과 논의하고 향후 치료계획을 수립한다. 가족이 참

---

* 정신건강의학과, 소아청소년과, 치과는 비장애아동 및 성인까지 진료 대상을 확대했다.

여하지 않지만, 치료계획이나 개입 방향을 논의할 필요가 있다고 판단되는 환자는 담당 의료진 전체가 모여 사례회의를 진행한다.

생애주기별 재활의료서비스

아동의 생애주기별로 △신생아 중환자실 퇴원 환아를 대상으로 한 이른둥이 조기 중재 지원사업 △학교 입학을 앞둔 환아를 대상으로 한 학교준비프로그램 △중도 장애나 장기입원 후 퇴원이 예정된 아동의 학교복귀프로그램 △학기 중 치료 시간을 내기 어려운 아동을 위한 방학집중프로그램 △청소년치료실 등을 운영하고 있다.

이른둥이 조기 중재 지원사업은 신생아 중환자실에서 퇴원한 이른둥이를 조기에 평가해 전반적 발달지연 및 장애 고위험군 여부를 판별하고 신속하게 치료하는 것을 목적으로 한다. 사업 내용에는 발달클리닉 운영, 발달평가 지원, 통합재활치료 프로그램 운영, 가족지원, 치료비 지원 등이 있다. 발달클리닉에서 재활의학과와 정신건강의학과 전문의의 동시 진료를 통해 평가에서 치료까지 전 과정을 통합적으로 지원한다. 이른둥이의 전반적 발달수준과 가족기능 수준을 평가한 뒤 발달수준에 따라 개별 통합 치료프로그램을 운영한다. 이를 통해 이른둥이의 신체적, 정서적, 인지적 발달증진을 촉진한다. 가정 내 양육환경 조성을 위해 가족에 대한 심리적·정서적 지원서비스를 제공하며, 적기에 꾸준한 치료를 받을 수 있도록 치료비를 지원한다.

학교준비프로그램은 초등학교 입학을 앞둔 7세 아동을 대상으로 한 집단치료다. 사회성, 언어, 자조기술 등 발달이 미숙한 아동이 입학 전 6

개월간 초등학교와 유사하게 구조화된 교실 상황 내에서 또래 친구들과 함께 학급 규칙, 학습 태도, 자기관리 기술, 사회적 행동 등을 배운다. 정신건강의학과에서 진행한다.

학교복귀프로그램은 재활치료 후 퇴원한 아이들이 일상생활에서 자신 있게 생활할 수 있도록 훈련한다. 치료실은 재활치료를 받는 아이들을 위해 만들어진 공간이지만 생활환경은 그렇지 않은 경우가 많다. 아이들이 새로운 환경에 두려움을 호소하거나 자신감을 잃는 사례가 자주 발생한다. 재활치료를 통해 훈련했던 것을 생활 속에서 활용할 수 있도록 돕는 게 프로그램의 목적이다. 학교생활의 적응을 위해 반 친구를 병원에 초대해 어떤 치료를 받고 어떤 활동을 하는지 함께 체험하고 이야기를 나누면서 서로를 이해하도록 돕기도 한다.

방학집중운동프로그램은 학령기 아동·청소년을 대상으로 방학 중 8~12주 동안 진행되는 집중재활치료다. 학교에 입학하게 되면 시간이나 이동상의 이유로 방과 후 재활치료를 받기가 쉽지 않기 때문에, 방학 기간을 이용해 집중재활치료를 한다.

2020년 6월부터 만 13~18세 청소년에게 특화된 열린재활치료실 운영을 시작했다. 이를 통해 영유아기부터 청소년기까지의 재활의료서비스를 통합적으로 제공하는 체계를 마련했다고 볼 수 있다.

가족 지원

부모나 보호자 지원사업으로는 부모교육, 심리치료, 돌봄 지원서비스 등이 있다.

부모교육 프로그램으로는 이른둥이 부모교육, 영유아기 어린이의 언어발달 촉진을 위한 맞춤형 부모교육, 자폐스펙트럼을 진단받은 만3~6세 아동의 부모를 대상으로 한 집단 부모교육 등이 있다.

보호자 대상 심리치료는 장애아동 보호자에게 개별 심리치료와 가족치료를 제공하는 프로그램이다. 발달장애나 정서장애를 진단받은 아동의 보호자 중 정신건강의학과 진료를 통해 개별 심리치료와 가족치료를 권유받은 경우, 심리평가를 통해 마음건강 회복을 지원한다.

돌봄 지원서비스는 입원 및 낮병동에서 재활치료 중인 어린이에게 일대일 돌봄 교사를 지원하고 보호자와 함께하는 놀이교실을 제공하는 프로그램이다. 돌봄 지원이 필요한 보호자에게 매월 1회 4시간 아이돌봄 서비스를 제공한다. 기업 후원을 받아 아이돌봄 매칭 서비스업체와 협력 사업으로 운영한다. 입원과 낮병동 이용하는 보호자를 위해 여가 지원 프로그램도 운영하고 있다.

지역사회 연계 협력

어린이집, 유치원, 학교, 보건소, 주민센터, 복지관 등 지역사회 기관과 연계사업도 운영하고 있다. 취약환자 발굴 및 치료 지원사업을 통해 교육청 및 유치원의 의뢰를 받아 취약계층 아동 중 발달지연이나 정서행동 문제가 있는 아동을 발굴하여 평가를 지원한다. 특수교육지원센터와 협력하여 특수교육대상자 진단 평가를 수행한다. 특수학교 방문교육은 물리치료사나 작업치료사가 관내 특수학교에 방문하여 교사 및 학부모를 대상으로 재활치료에 대한 정보를 제공한다. 그 외 장애인복지관 방문 진료를 운영하고, 주민센터에서 보건소와 함께 취약계층 및 장애인을 대상으로 찾아가는 이동치과 및 구강보건교육을 진행하고 있다. 또한, 보건소, 주민센터 등과 함께 지역재활협의체에 참여하여 지역 장애인 맞춤형 건강관리 서비스를 제공하는데 의학 자문을 하고 있다.

서울재활병원

서울재활병원은 사회복지법인 엔젤스헤이븐에서 설립한 곳으로, 1998년 4월 개원했다. 보건복지부 지정 재활전문병원으로 영유아부터 성인까지 전 연령의 발달지연, 뇌성마비, 중증지체장애 등을 진료하고 치료한다. 재활의학과로만 구성돼 있고, 허가 병상 규모는 성인 59개, 소아 24개 등 총 83개 병상이다. 공공재활사업단은 가족지원센터와 사회복지팀으로 구성돼 있고, 사회복귀지원과 환자 가족지원, 지역사회 건강증진, 의료비 지원 등 다양한 사업을 운영한다. 2019년 7월 장애인 건강권과 의료접근성 강화를 위해 광역지자체 의료기관으로 지정된 서울특별시북부지역 장애인보건의료센터*를 열었다.

---

* 서울특별시북부지역 장애인보건의료센터는 서울 북부 14개 구(은평구, 마포구, 서대문구, 종로구, 중구, 성북구, 용산구, 강북구, 노원구, 도봉구, 성동구, 동대문구, 중랑구, 광진구)에 거주하는 장애인과 퇴원을 준비하는 예비 장애인을 위해 지역사회 유관 기관과 서비스 연계, 조정, 지원, 홍보를 수행하고 장애인건강보건사업의 전달체계 구축, 지원, 교육 사업을 시행한다. 더불어 장애인 건강검진, 진료, 재활 등 전문 의료서비스를 제공한다.

사회복귀지원

사회복귀지원은 아동·청소년의 학교복귀 및 유지, 지역사회 적응 등을 목적으로 한다. 가정기반 작업치료프로그램, 소그룹 캠프, 방학집중프로그램, 학교복귀지원프로그램, 부모 역할 교육 등으로 구성돼 있다. 청소년 가정기반 작업치료프로그램에서는 대상자를 선정하고 사전조사 및 회의, 가정방문을 통해 개인 위생관리(양치, 세수 등)를 스스로 할 수 있는 환경을 지도한다. 일반 학교에 재학 중인 뇌성마비 중·고등학생 대상으로 소그룹 캠프를 진행한다. 편마비 아동 대상 방학집중프로그램을 통해 학기 중 소홀한 재활치료에 집중할 수 있도록 한다. 중도장애학생 학교복귀지원 프로그램에서는 △학교복귀 중심 재활치료와 학업 적응을 지원하고 △부모상담 및 교육 등을 통해 가족에 개입하고 △병원에서 학생과 함께 학교, 교실에 찾아가 교사와 또래를 만나고 △학생이 생활해야 할 학교 환경에 대해 평가하고 △보조공학 활용을 피드백한다. 그리고 초등학교 입학 아동을 둔 보호자 대상으로 학교 선택 및 학교

표 11. 서울재활병원의 중도장애학생 학교복귀지원 개입 내용

학생 개입		학교복귀 중심 재활치료, 사회복지 개별상담, 학업 적응 지원
가족 개입		건강관리교육, 통합교육 이해 교육, 부모상담, 부모교육, 부모 멘토링
학교 개입	교사	사전답사, 교사 교육, 맞춤 자기소개서 제공
	또래	장애이해교육, 또래 서포터즈 만들기
	환경	학교방문평가, 학교환경 변화 및 보조공학 활용에 대한 피드백
외부환경 개입		특수교육지원센터, 교육청, 장애인복지관

자료: 이규범(2019). 의료기관에서의 의료&교육 협력 방향. 서울형 의료&교육 협력모델 구축 위한 심포지엄 자료집.

적응을 위한 부모 역할 교육을 한다.

서울재활병원은 중도장애아동 퇴원 후 학교 복귀를 지원하는 한편, 특수학교 재학생의 치료를 위해 지역 내 특수학교 치료사를 파견해 건강관리를 지원한다. 한국우진학교 치료실에 물리치료사와 작업치료사를 파견하고, 1년 4~5회 재활의학 전문의가 방문 진료한다. 특수교사나 부모를 대상으로 △장애로 인해 나타나는 변형이나 질환 등에 대한 이해 △올바른 자세 지도 및 보조기 사용 △응급처치 등에 대한 교육을 한다. 2019년부터는 간호사를 파견해 가래 흡인 지도와 위루관 관리 등 의료적 처치를 지원하고 있다.

표 12. 서울재활병원의 지역 내 특수학교 치료사 파견과 건강관리 지원 내용

치료지원 ('16)	치료실 지원	물리치료사 2인, 작업치료사 1인, 중·고·전공과 학생 중 희망자
	교실 수업 협력	재활의학 전문의(4~5회/년), 청소년치료팀장(매월), 자세 지도, 변형 상담, 보조기 사용
교육지원 ('16)	특수 교사 교육	근골격계 변형의 이해, 올바른 자세 지도, 섭식 지도, 경련성 질환의 이해와 응급처치, 올바른 보조기 사용
	부모 개별 교육	
	부모 집합 교육	
간호지원 ('19)	간호사 파견	재활전문의 방문(대상자 선정, 간호사 지도), 가래 흡인 지도, 위루관 관리 등

자료: 이규범(2019). 의료기관에서의 의료&교육 협력 방향. 서울형 의료&교육 협력모델 구축 위한 심포지움 자료집.

가족 지원

환자 가족지원 사업으로 △가족심리상담 △가족여행 △비장애형제자

매 지원 △아빠교실 등을 운영한다. 2002년 시작된 아빠교실은 입원 또는 낮병동 환아의 아버지들을 대상으로 한 장애아동 가족지원 프로그램이다. 아버지의 양육 스트레스를 완화하고 자녀 양육과 치료로 인한 부부갈등을 예방하는 게 목적이다. 프로그램 내용은 △자녀에 대한 이해 및 양육 참여를 증진하기 위해 의료진을 개별 면담하고 △치료실 참관을 통해 아이들이 병원에서 어떤 치료를 받고 있는지 체험하고 △부부간 양육 스트레스의 차이에 대해 이해하고 △가정에서 아이들과 놀이하는 방법을 배우고 △아버지들 간 이야기를 나누는 자조모임을 조직한다.

지역사회 연계 협력

서울재활병원은 지역사회 연계 협력을 위해 재활 관련 기관들로 구성된 은평구재활협의체에 참여하고 있다. 지역 내 장애아동을 조기 발견해 치료를 지원할 수 있는 시스템을 구축하는 차원이다.

시사점

푸르메재단 넥슨어린이재활병원과 서울재활병원은 국내 여타 소아재활 의료기관에서 하지 못하는 포괄적인 소아재활치료와 지원서비스를 제공하고 있다. 낮은 수가로 인한 운영적자를 이유로 소아재활치료를 피하는 상황에서 이른둥이부터 청소년까지 생애주기별 재활치료, 부모교육, 돌봄서비스와 같은 가족지원, 학교준비 및 복귀를 위한 지원, 지역사회와의 다양한 연계 협력 사업 등을 진행하고 있다. 병원 내의 이용 환자에 국한하지 않고 지역사회 아동과 주민으로 사업 대상을 넓히고, 지역사회의 기관과 연계 협력해 서비스의 범위를 확장하고 있다. 특히 치료사, 사회복지사 등으로 구성된 조직을 통해 공공재활의료사업을 지속해서 확대, 활성화하기 위한 기반을 구축했다.

이러한 프로그램과 사업을 운영하기 위해서는 인력과 예산이 뒷받침되어야 한다. 그러나 분명히 할 점은 두 병원이 진료수익이 특별히 더 많거나 흑자 운영을 하고 있기 때문에 공공의료재활을 수행해 온 것은 아니라는 점이다. 푸르메재단 넥슨어린이병원의 경우 2016년 개원 이래 매해 30억 원대의 적자가 발생했다는 점에서도 알 수 있다. 두 병원 재단의 소아재활에 대한 운영 철학이나 후원금 모집과 지역사회 자원 동원을 위한 적극적 노력이 작용했을 것이다. 진료수익이나 지자체 보조금만으로는 이러한 공공재활의료사업을 지속해서 운영하기 어렵다. 건강보험 수가로 제공되는 진료나 치료 외에 공공의료재활사업을 운영하기 위해 정부의 재정적 뒷받침이 필수적이다.

다만, 국내 건강보험 수가체계에는 아직 소아재활치료를 위한 종합적인 평가, 집중재활치료, 퇴원계획, 지역사회 정보제공 및 자원 연계 등 일련의 프로세스가 갖추어져 있지 않다. 따라서 두 병원의 소아재활치료도 연속적, 통합적 재활서비스를 제공하기에는 한계가 있다. 병원에서 장애를 진단받고 재활치료를 시작하는 이용 아동과 보호자에게 특수교육과 복지에 관한 통합적인 정보가 제공되지 않는 점도 안타까운 현실이다. 학령기 아동의 학교 입학 준비, 학교적응 등을 지원하기 위한 교육연계 프로그램이 개발돼 있지만, 병원 내 특수교육을 제공하는 학급은 아직 개설되지 않았다. 입원이나 낮병동 이용으로 학교 교육을 중단해야 하는 특수교육대상자의 교육권은 여전히 보장되지 않고 있다.

병원 내에서 장애아동이 생애주기별 적절한 시기에 필요한 재활치료를 받을 수 있어야 한다. 치료와 교육, 돌봄이 통합적으로 연계돼야 하고 병원 입원부터 퇴원 후 지역사회로 복귀하기까지 전 과정에 포괄적인 서비스가 제공돼야 한다. 두 병원 사례를 통해 공공영역의 지원과 역할이 필요하며, 운영비 지원이 필수적임을 다시 한번 확인할 수 있다.

4. 해외 사례: 영국의 아동 재활의료서비스

해외 사례로 영국의 아동 재활이 어떻게 이뤄지는지 소개한다. 영국은 장애아동의 의료와 복지, 교육에 있어 한국과 상당히 다른 상황에 있다. 의료에서부터 지역사회 돌봄, 특수교육 지원에 이르기까지 모든 서비스가 제공 주체와 재원이 다를 뿐, 국민의 세금으로 이뤄지고 있기 때문이다. 전국민에게 소위 '무상의료'라 부르는 공공의료를 제공하고, 병원에서 퇴원한 이후부터는 지자체 재정으로 지역사회 돌봄과 특수교육이 제공되는 구조다.

국내 첫 공공어린이재활병원 건립을 앞둔 시점에서 영국*의 사례를 살펴보는 것은 매우 의미 있는 일이다. 왜냐하면 향후 공공어린이재활병원 건립을 기반으로 장애아동에 대한 공공의료, 복지, 교육을 유기적으로 연계해 심화 발전 확장해 나가는 데 좋은 참고자료가 될 수 있기 때문이다.

---

* 영국의 정식 국가명칭은 '그레이트 브리튼 왕국 연합(United Kingdom of Great Britain)'으로, 짧게 줄여 '왕국연합(United Kingdom)'이라 칭하기도 한다. 이 왕국연합은 잉글랜드, 웨일즈, 스코틀랜드, 북아일랜드로 구성돼 있으며, 각 지역은 의료 및 교육 제도에서 일정 수준의 독립성을 갖고 있다. 따라서 모든 지역을 다룰 수 없는 현실적 한계로 여기서는 영국 인구의 84%가 거주하고 있는 잉글랜드 지역으로 한정한다. 또 우리의 관심은 의료, 돌봄, 교육 서비스이므로 현금 서비스에 대한 내용은 다루지 않는다.

아래에서는 장애아동들이 의료, 돌봄, 특수교육 서비스에 접근하게 되는 흐름에 따라 영국의 사례를 소개한다. 이를 위해 먼저, 지역사회에서 상급병원으로 이동하게 되는 과정을 살펴본다. 상급병원의 사례로 잉글랜드의 옥스퍼드대학병원(University of Oxford Hospital)과 어린이들의 재단(Children's Trust) 병원을 소개한다. 마지막으로 병원 치료 후 지역사회로 연계될 때 제공되는 지역사회 복지 및 장애아동들에 대한 특수교육 지원을 살펴본다.

지역사회에서 병원으로의 여정

의료서비스의 출발점: 가족주치의로서의 일반의(GP)

영국은 전 국민에 대한 의료서비스를 무상으로 제공하는 공공의료체계인 국가보건의료서비스(National Health Service, 이하 NHS)*를 갖추고 있다.

---

* 영국에서는 지역을 불문하고 모든 국민이 별도로 지급하는 의료비가 없다. 서비스를 이용하는 시점에서 비용이 없다는 것이다. 이는 NHS 재정의 80% 이상이 국민이 낸 세금으로 이뤄지고 나머지는 국민이 낸 사회보험료가 대부분이기 때문이다. 개인이 부담하는 비용은 전체 의료비 재정의 약 1%로, 이는 처방받은 의약품 구입비와 치과 및 안과 진료를 볼 때 발생하는 본인부담금이다. 그러나 60세 이상 노인이나 16세 미만 아동, 16세에서 18세 사이 전시간제 교육 중인 학생, 장애 혹은 건강상태로 의료비 면제증명서가 있는 경우, 정부 지원금을 수급하는 저소득층 가정은 이런 비용도 면제 혜택을 받으므로 비용 부담이 전혀 발생하지 않는다. 또한, 장애나 장기적 건강문제로 국가로부터 받는 급여가 있다면 이 같은 의약품, 치과 등에 드는 비용도 모두 면제된다. 따라서 장애아동과 그 가족들은 별도의 비용을 들이지 않고 NHS에서 제공하는 치료와 재활서비스를 받게 된다.
물론 본인들의 선택으로 공공의료서비스 외에 민간서비스를 이용할 수 있다. 그러나

NHS가 국가 단일 서비스로 이뤄진 만큼 영국에서 일차의료기관과 상급의료기관의 역할은 엄격하게 구분된다.

건강상의 문제가 발견된 경우 일반적으로 지역사회 내 본인이 등록된 일차의료기관인 의원에서 담당 일반의(General Practitioner: GP)와의 상담을 통해 모든 서비스가 시작된다. 지역 내 담당 일반의는 주민들에게 일차적 의료서비스를 제공한다. 영국에서는 모든 사람이 거주지 인근에 소재한 의원에 등록하게 되는데, 이때 의원에 소속된 여러 일반의 중 한 사람을 주치의로 배정받는다. 자신이 등록된 의원과 주치의를 바꾸고 싶을 때는 정해진 절차에 따라 변경할 수 있다. 함께 거주하는 가족이 있다면 모든 가족구성원이 한 의사에게 소속된다. 다시 말해, 개인 주치의가 아닌 가족주치의가 되는 셈이다. 주치의는 가족구성원 모두를 전담해 그들의 병력을 소상히 알고 있고 오랜 기간 진료를 통해 가족과 상당한 치료적 관계(라포)를 형성하고 있다.

지역 내 의원에서는 재활치료를 직접 제공하지 않는다. 주치의는 환자를 직접 면담한 후 재활서비스가 필요하다고 판단될 때 지역사회 내 재활서비스를 연결해 주거나, 상급병원으로 전원을 의뢰할 수 있다. 전문의가 상주하는 상급의료기관에서 재활서비스를 받기 위해서는 지역사회 내에서 담당 일반의로부터 전원 요청이 이뤄져야 한다. 응급 시에는 일반의를 통하지 않고 응급실을 운영하는 상급병원을 곧바로 이용할

영국 내 민간의료보험에 가입한 인구는 11% 정도에 불과하고, 이 또한 종합보험이 아니라 일부 서비스만 보장되는 보험이다. 따라서 대부분이 공공의료에 전적으로 의존하고 있다고 볼 수 있다. 이러한 의료제도 덕분에 영국에서는 가정 내 장애아동이 있는 경우, 추가적 비용과 돌봄 부담은 발생하지만, 치료와 재활, 보조기구 구입에 드는 비용이 전혀 발생하지 않는다.

수 있다. 상급병원에 가지 않고 NHS를 통해 제공되는 재활서비스를 이용하려면 담당 일반의를 통한 전원 요청이 사전에 이뤄져야 한다. 상급병원에서의 치료 종결 후에는 다시 지역사회로 이관되어 지역 내 담당의와 지자체 사회복지사의 도움과 관리를 받게 된다.

영국의 의료체제는 전 국민에게 무상의료 서비스를 제공하기는 하지만 그렇다고 해서 장점만 있는 것은 아니다. 영국에서는 상급의료기관에 대한 접근성이 담당주치의에 의해 통제되기 때문에 일차의료기관과 상급의료기관의 역할이 명확하게 구분되고, 그에 따라 의료기관의 특성별로 의료서비스가 제공된다는 효율성이 있다. 동시에 일반의에 의해 상급의료기관 이용이 엄격하게 제한된다는 단점으로 작용하기도 한다. 또한, 전원 과정과 지역사회 연계 과정에도 일정 정도의 시일이 소요될 수밖에 없고, 관료주의에 따라 대기시간이 길어질 수 있다는 것 또한 단점이다. 대기시간 문제를 예방하고자 서비스별로 일정 기간 안에 전원 조치가 이뤄져야 한다는 규정이 있기는 하지만 응급한 상황이 아니고서는 한국처럼 전문의의 진단과 치료를 단 며칠 만에 보기는 힘든 편이다.

그러나 기본적으로 모든 의료서비스가 공공의료체계하에서 이뤄지므로 환자의 상태와 관계없이 모든 치료가 무상으로 제공된다는 점은 단점에 비할 수 없는 큰 장점이다. 그뿐만 아니라 상급병원과 지역 의원이 유기적으로 연계돼 있고, 집중적 치료와 일상적 재활 과정 모두를 지역 내 한 사람의 주치의를 통해 지속해서 관리받을 수 있다는 점 또한 큰 장점이다.

치료와 돌봄의 통합

　영국의 장애인 치료 및 복지서비스의 가장 큰 특징은 NHS에 의한 보건의료와 지역사회 내 돌봄이 유기적으로 연계돼 있다는 점이다. 의료기관에서 치료가 종결된 이후에도 지속적 도움과 지원이 필요하다고 판단되는 경우 담당 의료진은 지자체와 협력해 지역사회 내 돌봄이 제공되도록 계획을 수립할 의무가 있다. 이는 장애인에게만 한정되지 않고 모든 환자에게 적용된다. 즉, 수술이나 처치 후 의료적 개입은 필요치 않으나 지역사회 내 지속적 도움이 필요한 모든 경우에 적용된다.

　영국에서는 수술이나 처치, 치료를 받고 퇴원한 이후에도 환자에게 지속적인 도움과 지원이 필요할 경우 병원에서 퇴원계획을 수립한다. 퇴원 이후 환자에게 어떤 도움이 필요할지, 어떤 경로를 통해 그러한 도움이 제공돼야 하는지 등에 대한 상세한 내용을 퇴원계획서에 기록한다. 이는 퇴원과 동시에 지역사회 자원과 연결된다는 것을 의미한다. 가령, 병원에서 출산 후 퇴원하는 경우 산모는 지역사회 내 조산사 팀으로 이관돼 퇴원 직후부터 이들의 관리를 받게 된다. 퇴원한 산모가 특별한 조치를 취하지 않아도 병원에서 조산사 팀에 퇴원 계획을 전달하고, 조산사 팀은 정해진 일정에 따라 산모를 직접 방문해 관리를 이어간다.

　장애의 경우 퇴원을 앞두고 자택으로 돌아갈지, 다른 시설이나 기관으로 옮겨 지속적 관리를 받아야 할지, 이후 어떤 지원이나 재활치료가 필요할지, 어떤 보호 장구가 필요할지 등 상세한 내용을 환자 당사자와 의료진, 사회복지사, 물리치료사, 언어치료사 등 담당 전문가들이 함께 참여해 의논한 뒤 그 내용을 바탕으로 퇴원계획을 수립한다.[21] 개별 사례를 연계 받은 지자체는 사례를 종합적으로 평가하고 그에 맞는 각종 서비스를 제공하며 지속적으로 각 사례를 관리한다.

　이러한 퇴원계획 수립과 지역사회 내 종합평가는 의료진과 지역사회 복지팀의 법적 의무로, 영국 정부의 가이드라인에 따라 이뤄진다.[22] 보건의료서비스 이후 지역사회 복지서비스로의 연계 및 서비스 제공이 법적 근거에 따라 유기적으로 연계돼 있다.

아동가족법과 아동재활서비스

　영국의 아동재활서비스는 2014년에 제정된 아동가족법(The Children and Families Act 2014)에 따라 보장된다. 이 법에 명시된 내용엔 세 가지 특징이 있다. 먼저 특수교육 욕구와 장애가 있는 아동, 청년 개개인의 욕구를 충족할 수 있도록 의료와 돌봄, 교육 제공자들이 협력할 것을 의무화했다. 둘째, 재활서비스의 대상을 장애가 있는 아동에만 한정하는 것이 아니라 장기적 건강문제가 있는 모든 이들을 포괄한다. 서비스 대상을 장애 '진단명'을 가진 아동으로 제한하지 않고 기타 건강상의 이유로 특수교육 욕구가 있는 아동들 모두에게 적용한다. 셋째, 사람 중심 접근을 보장하고 생애주기적으로 접근한다. 영국에서는 장애아동의 성장에 따라 아동기에 받는 소아과 진료에서 성인을 대상으로 하는 성인 진료로 원만한 전환이 이뤄져야 한다는 점을 강조한다. 이에 따라 모든 의료기관은 장애 등 장기간에 걸쳐 영향을 미치는 건강 문제로 치료받는 아동이 성장해 성인기로 넘어갈 때, 아동서비스에서 성인서비스로의 이전이 자연스럽게 이뤄질 수 있도록 지원해야 한다. 이처럼 영국에서는 아동재활서비스의 대상이 포괄적이고, 삶의 전반적인 부분에서의 통합적 개입을 법적으로 보장하고 있으며, 생애주기적 접근을 취하고 있다.[23]

옥스퍼드대학병원의 어린이재활서비스

옥스퍼드대학병원은 잉글랜드 지역 옥스퍼드주의 수도인 옥스퍼드에 소재한 옥스퍼드대학교 부속 병원으로, 옥스퍼드주에서 가장 크고 중심이 되는 병원이다. 옥스퍼드대학교의 세계적 명성에 걸맞게 옥스퍼드대학병원 또한 치료와 연구에서 선도적 역할을 하고 있다. 규모 면에서도 영국 내 대형 병원 중 하나로, 2018/19년 연간보고서에 따르면 병상 수는 1185개

옥스퍼드대학병원 내 어린이병원 외관

이고 이 중 소아환자용 병상 수는 157개, 의사 수는 1829명이다. 한국의 서울대학교병원과 유사한 규모다.*

---

* 서울대학교 병원은 2019년 12월 31일 교육 시, 병상 수는 1348개, 의사 수는 1835명이다(서울대학교병원 홈페이지 http://www.snuh.org/content/M005004002.do).

재활서비스

옥스퍼드대학병원은 성인 대상 재활서비스와 별도로 소아청소년 환자를 위한 어린이재활서비스*를 운영한다. 어린이재활서비스는 영국 잉글랜드 중남부지역을 관할하는 권역 어린이재활서비스 제공기관의 역할을 한다. 대

옥스퍼드대학병원 어린이병원 내 외래진료실 입구

학병원 내 어린이병원과 너필드 정형외과센터에서 통증관리, 신경재활, 신경정형외과 재활서비스를 제공한다.

통증관리

옥스퍼드 소아청소년 통증센터 내 소아청소년 만성통증팀은 통증질환을 앓는 소아청소년 환자와 그 가족의 통증관리를 돕고, 환자가 일상생활 활동을 수행할 수 있도록 지원하는 역할을 한다. 소아청소년 만성통증팀은 해당 분야 전문의, 작업치료사, 물리치료사, 심리치료사, 교사, 치료보조사로 구성돼 있다. 수치료, 정서관리, 수면문제 해결은

---

* https://www.ouh.nhs.uk/childrens-rehabilitation/

물론 환자가 다니는 학교에서 만성통증증후군을 이해하고 관련 학생을 지원해줄 수 있는 환경을 제공한다.

신경재활

신경재활서비스는 발작, 감염, 두부 또는 척추 외상, 뇌종양 등의 신경학적 문제를 겪는 소아청소년의 장애 정도를 최소화하고 신체기능을 최대한 보존하기 위한 목적으로 제공된다. 신경재활은 신경학적 외상이나 질병으로 인해 일상생활(걷기, 옷 입기, 친구 만나기 등) 관리능력이 저하된 만18세 이하 소아청소년에게 제공된다.

소아청소년이 신경학적 외상이나 척추 외상으로 입원하게

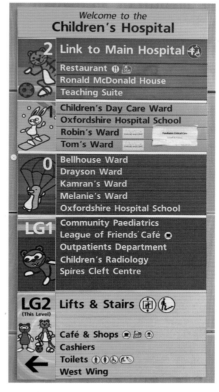

옥스퍼드대학병원의 어린이병원 건물 내부 안내판에 층별 시설이 안내되어 있다.
옥스퍼드주 병원학교는 1층에, 아동 환자의 가족들에게 무료로 숙소를 제공하는 로날드맥도날드 하우스는 2층에 자리잡고 있다.

되면 의료진(의사, 간호사, 물리치료사, 작업치료사, 언어치료사)이 진단하고, 결과에 따라 신경재활팀이 재활을 진행한다. 신경재활팀은 물리치료사 1명, 작업치료사 2명(파트타임 치료사), 언어치료사 2명, 임상심리학자 1명, 임상심리학자 1명, 신경심리학자 1명으로 구성돼 있다.

입원치료 종료 후에도 통원치료가 계속 필요한 경우 너필드 정형외과 센터에서 2주간 통원치료를 제공한다. 이때 입원치료를 담당했던 기존의 치료팀으로부터 재활서비스를 받게 된다. 이 같은 조치는 연속적인 치료를 통해 재활의 효과를 높이고 소아환자가 보다 편안한 환경에서 치료를 받을 수 있게 해준다.

치료 종료 후에는 병원의 주도로 지역사회로 연계된다. 병원에서는 환자가 지역사회로 돌아가는 것을 돕는 지원서비스를 직접 제공하고, 환자의 치료목표를 달성하기 위해 지역사회 치료사의 도움이 계속 필요할 경우 치료를 연계한다. 구체적인 내용은 퇴원계획서에 기록된다. 지자체 담당자는 해당 사례를 인계받아 종합평가를 해 퇴원 후 소아청소년이 지역사회 내에서 필요한 서비스를 지속해서 받을 수 있도록 한다.

옥스퍼드주 외 지역에 거주하는 환자의 경우 입원치료 후 이뤄지는 2주간의 통원치료 기간 중 옥스퍼드 지역 내 호텔에서 무상으로 2주간 숙박할 수 있도록 지원한다. 이를 통해 이동에 드는 시간을 절약하고 환자의 체력 소진을 예방하며, 환자 가족의 경제적 비용 발생을 최소화한다.

통원치료 기간에는 환자 상태에 따라 필요한 치료를 집중적으로 실시한다. 치료 기간에도 교육권을 보장하기 위해 병원학교에서의 교육시간이 매일 1시간씩 포함된다. 대체로 오전 중에 시작하여 오후 4시에서 4시 30분에 마치는 일정이다(표 13).

표 13. 통원 신경재활 표준시간표

월요일	화요일	수요일	목요일	금요일
11:30 만나서 인사	10:30-11.30 심리치료		10:30-11:30 심리치료	
12:00 치료목표 설정	11:30-12:30 작업치료	11:30-12:30 작업치료	11:30-12:30 작업치료	11:00-12:00 물리치료
12:30-13:30 점심 (스낵)	12:30-13:30 점심 (병원 제공)	12:30-13:30 점심 (병원 제공)	12:30-13:30 점심 (병원 제공)	12:30-13:30 점심 (병원 제공)
13:30-14:30 병원학교	13:30-14:30 병원학교	13:30-14:30 병원학교	13:30-14:30 병원학교	13:30-14:30 병원학교
14:30-15:15 작업치료	14:30-15:30 물리치료	14:30-15:30 수중치료	14:30-15:30 수중치료	14:30-15:30 치료목표 점검 및 검토
15:15-16:00 물리치료	15:30-16:30 언어치료	15:30-16:30 언어치료	15:30-16:30 언어치료	

자료: https://www.ouh.nhs.uk/childrens-rehabilitation/services/neurorehabilitation/
default.aspx

신경정형외과 재활

신경정형외과 재활은 소아뇌성마비 아동들에 대한 재활서비스다. 이들은 외과수술을 받는 경우가 많다. 수술 후 재활과정은 최고 2년까지 소요된다. 이 기간에 환자는 대학병원에서는 물론 거주 지역의 지역사회 의료팀으로부터 집중적 물리치료를 받게 된다.

수술 후 2년의 재활 기간 중 집중재활치료가 더 필요하다고 판단되는 경우, 담당 전문의나 물리치료사를 통해 대학병원 내 어린이재활서비스로 다시 이관될 수 있다. 이 경우, 너필드 정형외과센터에서 주 3일 혹은 5일간 연속으로 집중재활치료를 받게 된다. 환자 상황에 따라 작업치료사와 임상심리사의 도움을 받는다. 학기 중에는 학교 교사의 도움과 수

중치료도 받을 수 있다. 필요할 경우 정형외과 치료도 받게 된다.

추가적인 집중재활치료를 위해 물리치료사가 가족에게 연락을 취해 치료 시작일을 의논한 후 결정하고, 치료목표를 환자 및 부모와 사전에 논의한다. 그 후 관련 치료사들은 환자의 지역사회 담당자들에게 연락을 취해 현재까지의 진행 상황에 대한 배경정보를 수집하고 최적의 치료를 제공하기 위해 계획을 수립한다.

집중재활 기간 후에는 담당 전문의와 가족, 지역사회팀에게 치료 진행에 대한 종합보고서가 발행된다. 이 보고서에는 주간 진행사항 요약 및 향후 필요한 추천 내용이 포함된다.

학령기 아동 교육 서비스: 옥스퍼드주 병원학교

옥스퍼드주 지방정부에서는 주 전역에 걸쳐 다양한 형태로 옥스퍼드주 병원학교(Oxfordshire Hospital School)를 운영한다. 입원 또는 입원하지

병원 입구를 들어오자 마자 있는 계단측 벽면에는 옥스퍼드주 병원학교의 역사와 학생들의 여러 미술 작품들을 전시하고 있다.

않더라도 건강상의 이유로 학교에서 교육을 받을 수 없는 학령기 아동들에게 병원 내에서 직접 학교 교육 서비스를 제공한다. 입원치료를 받지 않는 학생들의 경우 교사가 학생을 직접 방문해 방문교육을 한다. 일반적으로 학생이 병원에 입원하면서 병원학교에 입학하게 되며, 병원학교에서 교육받더라도 원학교 등록상태는 계속 유지된다.

교육대상은 만 4세~만 18/19세 의료적 혹은 정신건강상의 욕구가 있는 학생이다. 등록 학생 수는 매년 변동되는데, 2017년 교육기준청 (Ofsted) 감사 자료에 따르면 총 50명이 등록돼 있다.[24] 특히 영국의 의무교육인 16세까지의 교육을 넘어 일반 중등교육 대입 준비 과정까지 제공한다는 점이 특징적이다.*

정규 교과 시간에 이루어지는 교육활동에 대해 학생이 부담하는 교육비용은 전혀 없으며, 모든 교과과정은 중앙정부와 지자체가 병원학교에 지원하는 재정으로 운영된다. 가정 방문교육의 경우, 옥스퍼드 병원학교에서 학생의 원학교에 교육비용을 청구한다.

병원 입원 중인 학생들의 경우 주로 옥스퍼드에 소재한 네 곳의 병원 (옥스퍼드 어린이병원, 존 래드클리프 병원, 너필드 정형외과 병원, 더글라스 하우스 호스피스)에서 교육이 이뤄진다. 교육방식과 내용은 학생 개별 특성이나 상황에 따라 달라진다. 어린 학생들의 경우 병원 내 입원 중인 침대에서 교육을 받기도 하고, 병원 내에 있는 교실을 이용하기도 한다. 병원학교 교실은 학생들의 다양한 욕구와 필요에 맞는 설비를 갖추고 있다.

---

* 영국에서는 모든 중등학교가 만 16세 이후에 이루어지는 대입준비과정을 제공하는 것은 아니다. 학교에 따라 대입준비과정을 제공하는 학교와 그렇지 않은 학교로 나뉜다.

숙박서비스

옥스퍼드주 외 지역에서 집중통원치료를 받기 위해 병원을 이용하는 환자 가족들에게 숙박서비스가 제공된다. 제공되는 숙소로는 지역 호텔과 연계하여 운영하는 무료숙박시설과 어린이병원 환자 전용 무료숙소가 있다.

너필드 정형외과센터 제공 무료숙박시설

너필드 정형외과센터에서는 집중재활치료 환자를 위해 필요하다고 인정되는 경우 지역 내 호텔(Holiday Inn) 2인실을 무료로 제공한다. 치료를 위해 너필드 정형외과센터 도착 후 직원에게 알리면 직원이 환자와 가족에게 호텔 예약번호를 제공한다.

객실은 월요일부터 금요일까지 예약할 수 있고, 체크인은 월요일 오후 2시 이후부터 가능하다. 소아환자 1인과 보호자 1인이 숙박할 수 있도록 트윈룸 혹은 더블룸이 제공된다. 숙박비용은 병원에서 직접 호텔로 지급하지만, 이용자는 보증금으로 50파운드를 지급하고 퇴실 시 돌려받는다. 호텔에는 수영장, 체력단련시설 등이 갖춰져 있다. 물리치료사의 처방에 따라 해당 시설을 이용해 운동할 수 있다.

옥스퍼드 어린이병원 로날드맥도날드하우스

옥스퍼드 어린이병원 내에는 로날드맥도날드하우스재단이 무료로 운영하는 환자 가족 숙소가 있다. 로날드맥도날드하우스재단은 1974년 미국 필라델피아에서 시작된 자선단체다. 병원 입원으로 제대로 된 휴식을 취할 수 없는 소아환자 가족들에게 휴식을 취할 수 있는 숙소를 제공한다. 현재 전 세계 64개국 이상에서 소아환자와 가족들을 지원하는 프로그램을 운영하고 있다. 한국의 경우 2019년 부산대학교 양산병원에 국내 1호 로날드맥도날드하우스가 설립됐다. 영국에서는 현재 총 11개의 로날드맥도날드하우스가 운영 중이며, 1989년 이래로 총 5만여 가족, 2018년 한 해에만 6천여 가족에게 무료 숙박서비스를 제공하는 등 소아환자와 가족의 편의를 돕고 있다.

옥스퍼드 어린이병원 내 로날드맥도날드하우스가 운영하는 가족 숙소에는 화장실이 딸린 객실이 17개가 있으며 공동화장실과 공동 빨래방, 모든 설비를 갖춘 주방 2개, 공동라운지가 있다. 이 숙소는 연중 365일 주말 휴일 없이 운영된다. 숙소에 머물게 될 경우, 숙소 열쇠 보증금 25파운드를 지급해야 하지만, 이 금액은 퇴실 시 전액 환급된다. 그 외 환자 가족이 지급해야 하는 숙박비용은 전혀 없다. 2019년에는 더 많은 가족들에게 숙소를 제공하기 위해 병원 부지 내 별도의 건물로 로날드맥도날드 하우스를 건설하는 공사가 진행되었다. 2020년 5월 총 62개의 객실을 갖춘 로날드맥도날드하우스가 완공되어 옥스퍼드대학병원의 어린이병원, 소아중환자실, 신생아중환자실 환자 가족들에게 무료 숙소를 제공하고 있다.

로날드맥도날드하우스에서는 환자 가족에게 정서적 지원서비스도 제공한다. 실질적인 조언을 제공하고, 필요할 경우 타 기관에 연계해 준다.

숙소의 수는 제한적인 데 반해 수요가 매우 높아서 소아집중치료센터에 입원한 소아환자 가족들에게 최우선으로 배정되고, 자택까지의 거리가 먼 환자 가족과 어린 자녀가 있는 환자 가족에게 우선 배치된다.

이처럼 옥스퍼드대학병원에서는 치료부터 재활, 병원학교를 통한 교육 지원 및 숙박서비스까지 함께 제공하고 있다. 특히, 추가적인 집중재활이 필요할 경우 병원에서 직접 지역사회와 연계해 환자의 상태를 파악하고, 향후 종합보고서를 통해 이를 다시 지역사회와 담당의에게 전달한다. 병원과 지역사회 연계가 매우 유기적으로 이루어지고 있음을 확인할 수 있다.

신규 로날드맥도날드하우스는 병원 부지 내에 자리잡고 있어서 어린이병원 건물까지 도보로 약 5분 거리에 있다. 위 사진에서 좌측 황색 건물이 로날드맥도날드하우스, 멀리 보이는 우측 흰색 건물은 옥스퍼드대학병원의 여성병동이다. 숙소 바로 뒷편에는 큰 나무와 푸른 잔디밭으로 이루어져 숙소에 머무는 가족들에게 휴식 공간을 제공한다.

어린이들의 재단 병원

어린이들의 재단 병원*은 국가에서 지정한 전문재활센터 중 하나로, 런던 남부 써리주 테드워스에 있다. 런던에서 약 30㎞ 떨어진 이곳은 런던 시내에서 이동할 경우 기차로 1시간, 자동차로도 1시간가량 소요된다. 이 병원은 0세에서 18세 사이 뇌손상으로 재활이 필요한 아동에게 전문재활서비스를 제공하고 있다.

1985년 영국 최초로 소아뇌손상 재활서비스를 시작한 어린이들의 재단 병원은 영국 내 최대 규모의 소아뇌손상 재활기관으로, 전국의 소아청소년을 위한 재활, 의학적 치료, 거주시설, 특수보육 및 교육을 제공한다. 그 외에도 지역사회서비스, 단기휴식서비스를 제공하며 뇌손상 관련 의료와 교육, 복지서비스에 대한 정보를 제공하는 전문 웹사이트도 운영한다.

어린이들의 재단 병원은 총면적이 9만 7,124㎡(2만 9,380평)로 숲을 끼고 있는 넓은 자연부지에 자리하고 있다. 부지 내 다양한 실내외 시설을 활용해 각 개인에게 적합한 재활서비스를 제공한다. 인구 9500명이 거주하는 작은 마을에 위치한 이 병원에 2018/19년 한 해 동안 활동한 자원봉사자 수는 1247명에 달하는 것으로 나타났다.[25] 이는 이 병원이 인근 지역 주민들과 얼마나 긴밀하게 교류하고 있는지를 보여 준다.

특징적인 것은 어린이들의 재단 병원은 국가에서 지정한 전문재활센터지만, 잉글랜드 NHS가 직접 운영하는 곳은 아니라는 점이다. 어린이

---

* https://www.thechildrenstrust.org.uk/

들의 재단 병원은 영국 정부에 등록된 자선단체로, 신탁방식으로 운영되는 비영리단체다. 잉글랜드 NHS와 계약을 맺어 전국을 대상으로 전문재활센터로서 임무를 수행하고 있다. 그런만큼, 잉글랜드 NHS의 기금에서 오는 재정이 주요 수입원이다. 따라서 NHS를 통해 정해진 절차를 거쳐 병원으로 오는 환자들에게 모든 서비스는 무상으로 제공된다. 또 옥스퍼드대학병원은 옥스퍼드주와 인접 주의 주민들을 대상으로 서비스를 제공하지만, 어린이들의 재단 병원은 전국의 뇌손상 재활이 필요한 소아기 환아를 대상으로 한다는 점에서 차이가 있다.

전국의 소아환자를 대상으로 하는 전문재활기관인 만큼 이곳에서 치료를 받거나 거주시설에 입소하기 위해서는 지자체 담당자나 담당 전문의 혹은 전담의를 통해 전원이 이뤄져야 한다. 그렇지 않으면 시설에 입소하거나 재활치료를 받기 위한 비용을 자비로 부담해야 한다.

어린이들의 재단 병원은 전문재활서비스를 제공할 뿐만 아니라 지역사회복지 활동 및 특수학교 운영도 한다. 그에 대해서는 각 서비스를 위탁하는 지자체로부터 재정을 지원받는다. 가령, 다른 지역에서 특수교육을 받아야 할 아동이 시설에 거주해 특수교육을 받게 될 경우, 해당 지자체에서 어린이들의 재단 병원으로 해당 학생에 대한 교육비용을 제공한다. 그 외에도 어린이들의 재단은 자선단체로서 자금모금활동을 진행하고, 자선단체 가게를 운영해 그 수익금으로 기금을 마련한다. 이러한 모금활동을 통해 마련되는 기금은 매년 약 700만 파운드(2020년 8월 29일 환율 기준 약 110억 원)에 달한다.[25] 모금된 기금은 뇌손상으로 인해 재활이 필요한 아동과 그 가족에 대한 다양한 지원사업에 사용된다. 기관의 운영활동과 연간성과, 재정수입, 지출에 대한 상세한 내역과 다음 연도의 사업 목표 등이 매년 연간보고서를 통해 발간되며, 어린이들의 재단 홈페이지를 통해 공개된다.

전문재활서비스

어린이들의 재단 병원은 기본적으로 뇌손상, 신경장애, 복합적 건강 욕구가 있는 0세에서 18세 아동에 대한 재활과 교육, 지역사회 돌봄, 정보제공 서비스를 제공한다. 재활서비스를 제공하는 대상은 △후천적 뇌손상 △기관절개술 △척추 손상 △뇌성마비 △뇌졸중 △발달지연 △운동장애 △신경 유전 장애 △연하곤란 △신경 대사 장애 △발달장애 △복합적 건강 욕구 등이다.

각 재활 프로그램은 아동의 욕구에 맞게 구성된다. 물리치료, 작업치료, 언어치료, 놀이치료, 음악치료를 포괄하는 다학제간 팀이 다양한 치료법을 활용해 재활서비스를 제공한다. 주요서비스는 △심각한 사고나 질병 후에 필요한 신경재활 △의료기관에서 가정으로 돌아가는 전환기 서비스 △중증 및 복합 학습장애 아이들을 위한 특수교육과 치료법, 건강 및 돌봄 서비스 △지역사회에 대한 전문가의 종합평가와 임상적 지원 △단기휴식프로그램 △온라인 정보제공과 지지 서비스 등이다. 뇌손상과 신경장애가 있는 모든 아동이 삶의 가능성을 최대한 펼칠 수 있도록 하는 것을 목표로 한다.

재활서비스 운영 현황을 살펴보면, 2018/19년 전문재활센터에서 입원 집중재활을 받은 아동은 89명이었다. 2018/19년에 입원한 아동 중 뇌손상 재활이 필요하게 된 이유로는 도로 교통사고로 인한 뇌손상으로 인한 입원이 32%로 가장 높게 나타났다. 그 외 뇌출혈 16%, 뇌종양 13%, 기타 비외상성 뇌손상 11%, 기타 외상성 뇌손상 7%, 심정지 5%, 뇌염 5%, 뇌막염 5% 등이었다.

어린이들의 재단 병원은 단일 부지 내에 최신식 재활센터와 수중치료를 위한 수영장, 헬스장, 특수 개조 장비, 놀이방, 감각실을 보유하고 있다. 아동들의 치료기간 동안 부모가 머물 수 있는 부모 숙박시설도 운영한다.

병원학교

어린이들의 재단 병원은 '어린이들의 재단 학교'라는 이름의 자체 특수학교를 운영한다. 대상 연령은 2세에서 19세로, 이들에게 교육과 건강, 각종 치료, 돌봄을 제공한다. 일반 정규 교육 대상 연령 이하의 영유아에게 특수보육을 제공한다는 점이 특징이다. 교육대상은 중증 복합 학습장애, 중증 신체장애, 감각 손상, 복합적 건강 욕구가 있는 소아청소년이다.

이 학교는 지자체에서 운영하는 학교가 아니라 자선단체인 어린이들의 재단 병원이 직접 운영하는 병원학교이자 특수교육 제공기관이다. 교과과정은 사우스햄튼의 공립 특수학교인 로즈우드 특수학교(Rosewood Free School)에서 설계한 과정인 'ImPACTS'를 따른다. 이 교과과정은 △의사소통 △인지기술 △환경통제기술 △사회적, 정서적 건강 △신체기술 등 다섯 가지 분야에 특화돼 있다.

연간 수업 기간은 최대 52주(연중 내내)로, 그중 교육활동이 제공되는 기간은 총 48주이다. 39주는 학업 교과과정이 제공되고 나머지 9주는 방학 기간으로 교과 외 활동과 각종 사회적 활동이 진행된다.

학교에 등록 가능한 최대 인원은 44명이며, 2018/19년에는 통학학생과 기숙사 입소 학생을 모두 합해 총 38명의 학생이 등록했다. 이 중 대학입시를 준비하는 교과과정에 있는 16~19세 학생이 10명이었다.

교육활동은 병원 대지 내 자리한 다양한 교육시설을 활용해 이뤄진다. 교육, 치료, 돌봄이 통합된 24시간 커리큘럼을 제공한다. 학생들은 통학도 가능하고, 기숙사에서 머물며 생활할 수도 있다. 기숙사 생활은 곧 거주시설 입소를 의미한다. 어린이들의 재단 병원에서는 효과적 재활과 치료를 위해 이곳으로 전원돼 오는 모든 아동에게 최소 1년은 입소해 생활하면서 교육받을 것을 권장한다.

학비는 지원 방법에 따라 다르다. 이곳에 입학하기 위해서는 지자체 교육 당국이나 의료진, 사회서비스 제공기관 등 전문가에 의한 전원 추천이 필요하다. 이 경우, 학비는 병원학교에서 각 지자체와 의료기관으로 청구하게 되고, 학생들은 학비를 지급하지 않고 무상으로 교육받게 된다. 전문가의 전원 추천 없이 개인적으로 입학하기를 희망할 때는 학비를 지급해야 한다.

학교에는 △교사(시각장애 및 다중감각 손상 분야 자격증 보유 교사 포함) △치료사(작업치료사, 물리치료사, 언어치료사, 음악치료사), 놀이전문가 △의료진(일반의, 전문의, 소아전문 간호사, 학습장애 전문 간호사, 아동지원보조사) △지원팀(특수교육 보조교사, 돌봄 보조직원) △교육심리사와 같은 다학제 전문가팀이 상주하고 있다. 전문가팀은 학교에 상주하면서 의료적 지원이 필요할 때에 직접 의료지원을 제공하거나 필요한 경우 소아정형외과, 정형외과, 언어병리학, 안과, 치과 등에 의뢰하기도 한다.

입소 생활하는 학생들의 경우, 각자의 기숙사 방을 개인 취향에 따라 꾸미도록 해 최대한 편안함을 느낄 수 있도록 지원한다. 또한, 각 학생의 욕구에 적합하게 개조한 맞춤형 화장실이 딸린 방을 사용하게 된다.

기숙사 내에서는 전담 소아전문의가 의료적 돌봄을 제공하고, 지역 내 일반의를 통해 진료시간 외 진료서비스를 제공한다. 전담 간호사가 각 학생에게 배정돼 학생 개개인의 건강 욕구를 관리한다. 또한, 전담 돌봄제공자가 학생의 가족과 함께 학생의 사회적 목표를 설정하고 상세 계획을 수립한다. 기숙사 시설 직원들은 학생들의 돌봄과 학업 프로그램이 연속성을 가질 수 있도록 학교 내 팀들과 긴밀하게 협력한다.

교과시간 이후에는 거주시설 내에서 다양한 놀이와 레저, 학습활동을 이어간다. 학교는 학생들이 거주시설을 넘어 지역사회와 그 이외의 지역에서도 다양한 활동을 할 수 있도록 적극적으로 지원한다. 각 개인의 관심사와 취미에 맞게 개별화된 활동을 할 수 있도록 지원한다. 각 학생은 두 가지 사회적 목표를 세우고, 이를 달성하기 위해 다양한 활동을 진행한다. 매니저와 전담 돌봄제공자는 이러한 목표를 매달 점검한다. 거주시설팀은 치료 및 놀이팀과 협력해 아이들의 아침 활동, 음악, 예술활동, 외부 활동(볼링, 휠체어 아이스 스케이팅, 유명 공원과 동물원 방문 등)을 조직한다.

학교는 △최신식 수중치료 수영장 △운동장 △자연 산책로 △숲 산책로 △기숙사 △단기휴식시설 △엑스레이 시설 △야외 악기 △감각놀이 정원 △미로 △휠체어로 올라갈 수 있는 나무 위의 집 △농구코트 △센터 내 교통팀 △가족에게 개방된 장애인이 접근 가능한 구내식당 등 다양한 시설을 갖추고 있다.

이상과 같이, 어린이들의 재단 학교에서는 넓은 부지 내 마련된 실내외 환경을 활용해 다양한 연령대의 아동 청소년에게 각자의 상황에 따라 개별화·전문화된 통합적 돌봄과 교육활동을 제공하고 있다.

기타 서비스: 지역사회 돌봄, 토들러 그룹, 온라인 정보제공

어린이들의 재단 병원은 재활서비스와 특수교육 외에도 지역사회 돌봄서비스, 학령기 이전 아동 대상의 무료재활수업, 단기휴식프로그램, 정보제공 서비스 등 다양한 서비스를 제공한다.

지역사회 돌봄서비스

어린이들의 재단 병원에서는 병원이 위치한 지역사회 내에서는 물론 영국 전역에 뇌손상으로 치료나 돌봄이 필요한 아이들을 직접 방문해 서비스를 제공한다. 2018/19년 총 471회 의료방문이 이뤄졌다. 가정방문 219회, 학교 방문 182회, 기타 장소(병실이나 스카우트 그룹 등의 사회활동) 방문 70회 등이다. 지역사회 돌봄서비스는 아동이 최대한 회복해 일상 활동에 충분히 참여하고 즐길 수 있도록 돕는 것을 목표로 한다.

토들러 그룹, '토디스(Toddies)'*

정규 특수교육 프로그램과 별도로 '토디스'라 칭하는 유아-부모 동반 모임을 운영한다. 매주 금요일 2시간 동안 교내 숙련된 직원이 다중감각

---

* '토디스(Toddies)'라는 명칭은 '아장아장 걸어 다니는 유아들'을 칭하는 'toddler'라는 단어를 변형한 것이다.

세션을 진행한다. 참가비는 무료다. 실내외에서 여러 종류의 촉감놀이, 소프트 플레이, 음악활동, 요리, 모래놀이 등을 진행해 아이들에게 다양한 경험을 제공한다. 2018/19년 총 33명의 유아들이 이 모임에 참여했다.

단기 휴식프로그램

주중과 주말에 0~18세 소아청소년을 대상으로 단기입소 휴식프로그램을 제공한다. 프로그램 기간 참가자들은 간호사의 주도로 건강 돌봄 서비스를 받는다. 가족들이 돌봄 의무에서 벗어나 편안한 휴식을 취할 수 있도록 돕는다.

참가 가능한 아동들은 복합장애가 있고, 간병인이나 간호사의 건강 돌봄서비스가 필요하거나, 급성기 질환에 취약해 24시간 돌봄이 필요한 아동이다. 단, 어린이들의 재단 병원에 입소 중인 아동을 보호하기 위해 공격적 행동이 심한 아동의 참가는 제한된다.

프로그램이 진행되는 동안 아동은 다양한 레저 활동에 참여한다. 야외 감각 가든, 자연 산책로, 휠체어로 접근 가능한 나무집, 야외 농구코트, 운동장 등의 시설을 활용해 참가한 아동에게 맞춤형 휴식 패키지를 제공한다. 매주 다른 주제로 프로그램을 제공하며, 다양한 미술 활동, 기타 여러 단체 및 개별 활동을 진행한다. 센터 내 시설을 활용한 활동뿐 아니라 야외 외출 활동을 진행하기도 한다. 단기 휴식으로 체류하는 기간이 학기 중일 경우에는 병원학교에서 진행되는 프로그램에 참여할 수 있다.

가족 모두가 참여할 수 있는 토요일 프로그램과 방학 프로그램도 연중 운영된다.

온라인 정보제공

어린이들의 재단 병원에서는 뇌손상 아동과 가족에 대한 정보, 조언 및 지지 서비스를 제공하기 위해 전문 정보제공 웹사이트*인 '뇌손상허브(Brain Injury Hub)'를 운영하고 있다. 뇌손상에 대한 의학적, 전문적 자료부터 실제 개인의 생생한 경험담과 실용적 정보까지 하나의 웹사이트를 통해 손쉽게 접근할 수 있다.

해당 웹사이트에서 제공하는 정보와 어린이들의 재단 병원에서 발행하는 출판물, 각종 소책자의 내용은 현재 진행 중인 근거기반 연구를 바탕으로 한다. 제공되는 전문 의학 자료들은 어린이들의 재단 병원에 종사하는 의료진들의 기여로 만들어졌다.

이상에서 살펴본 바와 같이 영국 어린이들의 재단 병원에서는 다학제 간 팀을 운영하여 전문화된 통합적 돌봄과 특수교육을 제공하고, 환자 가족을 위해 다양한 지원서비스도 제공한다.

병원 치료 후 다시 지역사회로

병원 치료를 종료한 아동은 다시 지역사회로 연계된다. 지자체의 종합적 평가를 거친 후 담당 사회복지사의 관리하에 지역사회 내 복지서비스로 연계되고 특수교육을 받게 된다.

---

* www.braininjuryhub.co.uk

법적 권리로서의 '종합적 평가'

　병원에서의 치료 종결 후에도 지역사회 내에서의 지속적 도움이 필요한 환자들을 지자체로 연계하는 것은 NHS의 의무규정 사항이다. 영국의 병원들은 공공의료기관이기에 지역사회 연계가 효과적으로 이뤄질 수 있다. 병원 의료진이나 지자체 사회복지사도 소속만 다를 뿐 모두 공무원이기 때문이다. 구체적으로 병원에서는 환자의 퇴원에 앞서 퇴원계획을 수립하는데, 이 과정에서부터 지자체의 사회복지사가 함께 참여한다. 퇴원계획 수립 시 지역사회 내에서 어떠한 돌봄 지원이 이뤄져야 하는지에 대해 환자를 포함해 병원 의료진과 각 치료 전문가들이 함께 의논한다.

　장애아동이 지자체로 연계되면 지자체에서는 가장 먼저 종합적 평가를 한다. 1990년에 제정돼 1993년부터 실행된 '국민보건의료서비스와 커뮤니티케어법(National Health Service and Community Care Act)'에 따라 각 지자체 사회서비스국의 사회복지사는 사례관리자로서 개인의 욕구를 평가하고 그에 따라 서비스를 제공하도록 의무화돼 있다. 이는 각 장애인의 '종합적 평가를 받을 권리'가 법적으로 보장된 권리임을 의미한다. 종합적 평가를 거부당하거나, 평가의 결과에 동의할 수 없을 때 법적으로 보장된 절차에 따라 불만을 제기하고 항소할 수 있는 장치 또한 별도로 마련돼 있다.[22]

　사례관리자 역할을 하는 지자체 담당 사회복지사는 종합적 평가를 거친 후 돌봄지원계획을 수립한다.[21] 영국 보건부는 법정 지침을 통해 지자체에서 개인을 사정할 시에 준수해야 할 일반적 원칙으로 개인의 '안녕을 추구할 것'을 명시하고 있다. 안녕의 구체적인 구성요소는 △개인의 존엄성 △신체적, 정신적 건강과 정서적 안녕 △학대와 방임으로부터의 보호 △개인에게 일상생활에 대한 통제권 부여(돌봄지원계획 수립 및 돌봄지원 제공방식에서도) △일, 교육, 훈련 혹은 취미 활동에 대한 참여 △사회적 경제적 안녕 △가정 내, 가족, 개인적 안녕 △주거환경의 적합성 △개인의 사회에 대한 기여 등이다.[26]

지자체의 종합적 평가를 거치고 나면 해당 아동들은 지자체에서 지속해서 모니터링을 하고, 매년 상황 변화에 맞게 돌봄지원계획을 수정한다. 지자체의 종합적 평가를 통해 아동과 그 가족이 받게 되는 대표적인 복지서비스는 △개인예산 △개인건강예산 △주거급여 △주택개조 지원 △교육과 건강돌봄 계획에 따른 지원 등이다. 현금급여로는 주당 35시간 이상 장애아동을 돌볼 때 67.25파운드(매달 약 42만 원)를 돌봄수당으로 받고 그 외 주거급여와 주민세 지원,* 세액공제, 기타 각종 소득지원 급여를 받을 수 있다.

개인예산제도는 장애인 복지서비스에 대한 장애인 당사자의 선택권과 통제권을 강화하기 위한 목적으로 도입됐다. 한국에서도 몇 해 전부터 논의되고 있는 제도다. 각 장애인에 대한 종합적 평가를 거쳐 장애인의 욕구에 맞게 필요한 예산을 설정하고 그 안에서 장애인 본인이 자신의 상황과 기호에 맞게 돌봄 및 지원 서비스를 스스로 선택해 구성할 수 있게 한 제도다. 영국은 2003년 첫 시범사업을 시행한 후 2014년에 전국적으로 확대했다. 이 제도는 영국에서 시작된 이후 독일과 호주, 스웨

---

* 영국의 주민세는 한국보다 매우 높아서 주민세 할인제도는 재정적으로 큰 도움이 된다. 같은 동네에서도 주거지별로 주민세 등급이 다르다. 잉글랜드 지역 D등급의 평균 주민세는 연간 약 1,750파운드(약 260만 원)다.

덴 등 서구의 다른 국가들로도 확산했다.[21] 이 제도는 장애인뿐 아니라 장기요양이 필요한 노인들과 장애아동도 이용할 수 있다.[27]

　개인건강예산은 지자체의 종합적 평가를 거쳐서 합의된 예산 범위 내에서 개인의 욕구와 달성하고자 하는 건강목표 및 선호에 따라 치료비와 요양비, 보장구 구입비 등에 자유롭게 지출할 수 있는 제도다. 개인예산제도와 유사하지만, 보건의료 영역에 한정된다는 것이 차이다.

　개인예산제도와 개인건강예산제도는 장애인 당사자가 선택권과 통제권을 갖는다는 점에서 장점이 있다. 그러나 이 같은 제도를 최대한 효과적으로 이용하기 위해서는 충분한 사전 정보가 있어야 하고 정보를 획득하기 위한 추가적인 노력도 필요하다. 신체장애인들은 상대적으로 이용하기 쉽지만, 발달장애인의 경우 스스로 정보를 수집해 선택하는 데 어려움이 있다는 단점이 있다.

특수교육 지원

　영국에서는 장애아동의 교육권이 훼손되지 않도록 병원 치료 중에는 병원학교나 방문교육을 통해, 병원에 입원한 상태가 아니더라도 치료 때문에 학교에 갈 수 없는 경우에는 교사가 직접 가정을 방문해 교육한다. 병원 치료 종결 후에는 지역사회 내에서 아동의 상황과 선택에 따라 특수교육을 받게 된다. 특수교육을 받기 위해서는 특수학교에 재학하거나, 일반학교에 재학하면서 특수교육 지원서비스를 받을 수 있다.

　특수교육대상자는 '특수교육욕구 및 장애'가 있는 아동으로, 장애로 진단받지 않더라도 특수교육 욕구가 있는 아동들을 포함한다. 영국에서는 특수교육 욕구와 장애가 있는 학생을 포괄적으로 규정한다. 사회화하는 행동이나 능력에 지장이 있거나, 난독증 등의 이유로 읽고 쓰기에 어려움이 있거나, 사물을 이해하는 능력에 어려움이 있거나, 주의력결핍과잉행동장애 등으로 집중력에 지장이 있거나, 신체적 능력에 제한이 있는 경우를 포함한다.[28] 2019년 잉글랜드 전체 학생의 14.9%인 약 132만 명이 특수교육 관련 지원을 받았다는 점에서 특수교육대상자 범위의 포괄적 특성을 알 수 있다.[29] 한국의 경우 전체 학령인구의 1.2%가 특수교육대상자인 것과 상당히 대조적이다.[30]

특수교육대상자 비중이 높은 만큼 영국의 특수학교 수 또한 한국과 비교하면 매우 많다. 영국 교육부의 자료에 따르면 2019년 기준 잉글랜드 지역의 특수학교는 1037개다. 한국의 경우 2019년 전체 특수학교 수는 177개에 불과하다. 잉글랜드와 한국의 인구밀도 차이를 고려하더라도 영국의 장애아동이 특수학교와 특수교육에 대한 접근성이 상대적으로 좋다는 점을 짐작할 수 있다. 영국에서도 일반학교로 통합해 교육하자는 움직임이 있었다. 그러나 부모들에 따라서는 특수학교가 학급당 학생 수가 더 적고, 교사들 또한 특수교육대상 아동에 대한 이해가 더 높고 전문화돼 있다는 이유로 특수학교를 선호하기도 한다.

영국에서는 각 학교와 어린이집에 특수교육욕구 및 장애가 있는 아동을 지원하는 직원을 둘 것을 의무화하고 있다. 이들은 '특수교육욕구 코디네이터(SEN co-ordinator)'라고 하며, 줄여서 '센코(SENCO)'로 불린다. 아동이 지자체에서 관리받지 않는 경우 센코가 지자체에 연결해 주기도 하고, 부모가 지자체에 직접 연락해 기타 도움을 요청할 수도 있다. 센코는 학교 내 특수교육 욕구 아동들이 충분한 지원을 받고 있는지 점검하고, 동료 학생들이 특수교육욕구 및 장애가 있는 아동들을 제대로 도울 수 있도록 지원하는 역할을 한다. 진행 상황과 욕구 관련 내용을 부모나 보호자에게 지속해서 업데이트하는 임무를 수행한다.

특수교육욕구와 장애가 있는 아동들은 언어치료 등의 특수교육지원을 받거나, 심화 통합 지원이라 할 수 있는 교육·건강·돌봄계획을 받는다. 교육·건강·돌봄계획에는 △학생과 부모가 추구하는 목표 △학생의 관심사 △특수교육 욕구 △학생을 지원하는 데 필요한 특수교육 장비 △이를 지원하기 위한 지원 금액 한도 등 교육과 건강, 돌봄 세 영역을 아우르는 지원 내용이 포함된다.[31] 계획서의 내용은 매년 부모와 교사의 논의를 거쳐 갱신된다. 이러한 지원은 학교 형태가 일반학교든 특수학교든 관계없이 동일하게 이뤄진다. 2019년 잉글랜드 지역의 전체 학령기 아동 중 특수교육욕구가 있는 132만 명 중 약 105만 명이 특수교육지원을 받았고, 그 외 27만 명이 교육·건강·돌봄계획을 받았다.

시사점

영국의 장애아동에 대한 의료와 돌봄, 교육 서비스는 포괄적, 종합적, 유기적이라는 특징을 갖는다. 의료와 돌봄, 교육이 유기적으로 연계돼 사회가 장애아동을 함께 돌보고 키운다는 인상을 준다. 특히 영국의 공공의료제도가 장애아동의 욕구를 중심으로 적절한 시기에 충분한 의료 개입을 가능케 하는 근간으로 작용하고 있다는 점에서, 국내 공공어린이재활병원 건립에 대한 기대치를 높여 주고 있다.

또 병원이 의료에만 한정하지 않고 병원학교를 통해 아동의 교육권을 보장할 뿐만 아니라 치료 종결 후 지역사회로의 복귀까지 매개함으로써 통합적 돌봄의 구심적 역할을 하고 있었다. 특히 지역사회에서 병원으로, 병원에서 다시 지역사회로, 지역사회 내에서는 지자체와 특수교육 담당자에 이르기까지 지점별로 서비스 연계를 담당하는 책임자를 명확하게 지정함으로써 포괄적 서비스를 효과적으로 작동시키고 있었다.

물론 영국의 사례가 장점만 있는 것은 아닐 것이다. 그러나 장애나 장기간에 걸쳐 영향을 미치는 건강문제가 있는 아동이라면 누구라도 충분한 의료서비스를 받을 수 있는 '공공의료제도', 그리고 의료와 연계돼 연속성 있게 제공되고 개인의 욕구에 기반한 '지역사회 돌봄' 이 두 가지만큼은 한국의 장애아동 복지가 지향해야 할 점이라 할 수 있다.

치료와 배움,
돌봄이 어우러지는
공공병원 만들기

정부는 재활치료 접근성을 개선하고 지역 격차를 해소하기 위해 권역별 공공어린이재활병원 건립을 추진하고 있다. 그러나 장애아동이 겪고 있는 어려움은 공공어린이재활병원을 한 곳 만든다고 해소될 수 있는 것이 아니다. 장애아동의 다양한 권리를 보장하기 위해 생애주기에 따른 치료와 교육, 돌봄을 아우르는 통합적인 계획과 정책이 마련돼야 한다. 공공어린이재활병원은 그 시작점이다. 지속적인 재활치료를 받을 수 있는 공공어린이재활병원을 기반으로 지역 내에서 치료와 배움, 돌봄을 통합적으로 제공하는 환경을 조성해야 한다.

이 장에서는 유엔 아동권리협약 내용을 근거로 아동 권리와 보건의료의 공공성 측면에서 공공어린이재활병원 건립의 정당성을 살핀다. 이후 공공어린이재활병원이 제대로 운영되기 위해 지향해야 할 기본 방향, 수행해야 할 주요 기능 및 서비스, 운영 모형을 제안한다. 공공어린이재활병원이 지역 내 성공적으로 안착하고 지속적으로 운영되기 위해 해결해야 할 과제들을 살펴본다.

1. 공공어린이재활병원의 정당성

아동의 건강권과 권리 보장

아동의 건강권

국제인권협약* 중 하나인 '경제적·사회적 및 문화적 권리에 관한 국제 규약' 제12조는 건강권(Right to Health)을 '도달할 수 있는 최고 수준의 건강을 누릴 권리'로 규정하고 있다. 국가는 의료와 보건체계를 조성해 모든 국민이 도달할 수 있는 최고 수준의 건강을 누릴 권리를 보장해야 한다. 세계인권선언에 명시된 최소한의 생존권과 연관된 신체 안전에 대한 권리 차원을 넘어선 것이다. 인권으로서의 건강권은 최소한의 생존이라는 최소주의를 넘어 보다 나은 삶을 영위할 수 있는 사회적 조건에 대한 요구로 방점이 이동하고 있다.[1)]

건강권은 아동에게도 똑같이 적용된다. 아동은 특별한 보호와 도움이 필요한 취약한 집단이기 때문에 별도의 협약으로 아동의 권리를 다루고 있다. '아동권리협약'(Convention on the Rights of the Child)이 그것이

---

* '경제적·사회적 및 문화적 권리에 관한 국제규약'은 세계인권선언에서 파생된 시민·정치적 권리에 관한 국제규약과 함께 대표적인 국제인권협약 중 하나다. 이를 줄여서 '사회권 규약'이라고도 한다.

다. 아동권리협약은 4대 기본 원칙(생존과 발달권, 아동의 이익 최우선, 비차별, 아동의견 존중) 아래서 생존과 보호, 발달, 참여 등의 아동권리를 규정하고 있다. 이 협약은 국제사회에서 아동의 권리를 인정하고 선포했다는 데 의미가 있다. 또한, 가입한 국가들이 공공기관, 교육, 의료 등 다양한 영역에서 협약의 내용을 잘 이행하는지 모니터링한 뒤 이행을 권고하고 있다. 선언적 차원뿐 아니라 실천적 차원에서도 의미가 있다. 유엔아동권리협약 제24조(건강 및 의료)에서 의하면, 아동은 도달 가능한 최고 수준의 보건 및 의료서비스를 받을 수 있는 권리를 가진다. 그리고 국가는 이러한 서비스 이용 권리를 박탈당하는 아동이 없도록 힘써야 한다. 이 권리를 완전히 이행하기 위해, 국가는 아동의 사망률을 감소시키는 한편 모든 아동의 기초건강관리를 보장하는 의료지원 등의 조치를 취해야 한다.

유엔 아동권리협약 원칙과 소아재활치료

유엔 아동권리협약에서 중요하게 다루는 4대 기본 원칙을 장애아동의 재활치료 이용과 관련해 생각해야 한다.

첫째 생존과 발달권 보장 원칙이다. 모든 아동은 고유한 생명권이 있으며 국가는 아동의 생존과 발달을 보장할 의무가 있다. 필요한 재활치료를 정기적, 지속적으로 받지 못하면 운동과 인지, 정서 등 아동의 건강한 발달이 저해되고 생명이 위협받는 상황이 발생하기도 한다. 필요한 재활치료를 지속해서 받는 것 자체가 장애아동의 생존과 발달에 필수적인 조건이다. 또한, 다양한 영역의 균형 잡힌 발달이 중요하다. 교육과 놀이, 여가,

정보를 누릴 권리는 생존이나 신체적 발달에 뒤처지는 권리가 아니다. 장애아동의 치료와 교육, 돌봄을 통합적으로 고려하고 지원해야 한다.

둘째 아동 이익 최우선 원칙이다. 정부나 사회복지기관, 법원 등 아동에 관한 활동을 하는 모든 기관은 아동에게 무엇이 이익인지를 가장 먼저 고려해야 한다. 소아재활 의료기관이 부족해 병원을 옮겨 다니며 치료해야 하거나 병원에 입원해 있는 동안 제대로 교육받지 못하는 현실, 장애가 발견돼도 조기에 필요한 정보와 지원을 받지 못하는 현실은 의료와 특수교육, 복지 등 관련된 모든 영역에서 아동을 최우선으로 고려하지 않은 결과다.

셋째 비차별의 원칙이다. 아동은 성별이나 연령, 종교, 가정환경 등 어떠한 이유로도 차별받지 않아야 한다. 국가는 차별로부터 아동을 보호하고 아동권리의 증진을 위해 적극적 조치를 취할 의무를 지닌다. 그러나 현실은 다르다. 장애아동은 나이가 많아서, 가정의 경제적 형편이 어려워서, 의료서비스 공급이 부족한 농어촌 지역에 살고 있어서 등의 이유로 필요한 재활치료를 제대로 받지 못하고 있다. 장애아동에게 차별적이고 불평등한 상황이다.

넷째 아동의견 존중 원칙이다. 아동은 자신에게 영향을 미치는 일에 대해 자유롭게 의견을 말할 수 있어야 하고, 그 견해는 존중돼야 한다. 이 원칙은 아동이 단순히 보호의 대상이 아니라 자기결정권을 가진 주체임을 강조한다. 무조건 부모의 가치관과 견해에 따라 치료나 교육이 선택되는 것이 아니라 아동의 의견도 함께 존중돼야 한다. 넓게 보면 부모는 인지나 의사결정 능력이 미약한 장애아동을 대신해 아동의 건강과 재활에 대한 가장 중요한 의사결정권자다. 따라서 부모의 의견도 존중돼야 한다. 앞으로 건립될 공공어린이재활병원의 건립과 운영에서 정부나 운영 주체가 일방적으로 결정하는 것이 아니라 장애아동, 부모와 협력해 이들의 의견을 수렴하고 반영하려 노력해야 한다.

유엔 아동권리위원회가 본 국내 소아재활치료 현실

우리나라 아동 관련 제도와 정책의 수준은 유엔 아동권리위원회에 제출한 국가보고서를 통해 가늠해 볼 수 있다. 우리나라는 1991년 유엔 아동권리협약을 비준했다. 5년마다 아동권리 상황과 협약이행 정도를 담은 국가보고서를 유엔 아동권리위원회에 제출해 심의받는다. 우리나라는 1994년에 1차 보고서를 제출한 이후, 2000년 2차, 2011년 3·4차 통합, 2017년 5·6차 통합 국가보고서를 제출했다.

2011년 제출한 3·4차 통합 국가보고서에 대해 유엔은 △실질적으로 장애아동의 건강과 직결된 '물리치료'와 같은 재활치료 서비스가 충분히 제공되고 있지 않고 △가족이 제반 비용을 부담하고 있다며 우려를 제기했다.[2][3] 하지만 2017년 12월에 제출한 5·6차 통합 국가보고서에는 소아 응급환자를 위한 어린이병원에 관한 내용*만 담겼고 소아재활치료

---

* 정부는 어린이병원 건립을 지원하고 있으며, 2016년 기준 총 5개의 어린이병원을 운영하고 있다. 소아 응급환자를 위한 응급의료체계 구축을 위해 소아전문응급센터 설치를 법제화했고, 9개의 센터가 개소 준비 중이다. 또한, 경증 소아환자의 야간 휴일 진료를 위한 '달빛어린이병원'을 2017년 현재 18개 의료기관에서 운영하고 있다. 정부는 2016년 민간 부문에서 공급이 부족한 어린이병원 지원을 위해 어린이 공공전문진료센터 7개소를 지정했다.

에 대한 정부 정책은 빠졌다. 이후 유엔은 국가보고서 쟁점 목록*에서 '양질의 보건서비스에 대한 각 지역의 접근권 개선 및 지역 격차 해소'에 대한 구체적인 조치를 제시해달라고 요청했다. 이에 대해 정부는 "한국의 병의원 접근성은 양호하나 재활 등 전문적 진료에 대한 지역적 격차가 있다. 정부는 아동에 대한 지역별 진료 불균형 해소를 위해 2018년 7개소였던 어린이 공공전문진료센터를 2019년 8개소 이상으로 확대하고 장애아동을 위한 공공어린이재활병원을 확충할 예정이다. 향후 2022년까지 재활병원은 3개소, 의원급 센터는 6개소로 증설해 장애아동이 가정과 학업을 병행하면서 치료받을 수 있도록 할 계획"이라는 답변서를 제출했다. 일단 5·6차 통합 국가보고서 쟁점목록에 공공어린이재활병원 확충을 담았다. 현재 공공어린이재활병원 건립이 시작됐고, 어린이 재활치료 건강보험 수가 개선 방안을 마련하기 위해 어린이재활의료기관 시범사업도 추진되고 있다. 유엔의 권고대로 재활치료에 대한 접근권 개선 및 지역 격차 해소를 위한 조치들이 추진되고 있으나, 아동권리협약의 기본 원칙에 따른 장애아동의 권리를 보장하기에는 기대에 못 미친다. 장애아동의 생애주기와 치료와 교육, 돌봄을 아우르는 통합적인 계획과 정책이 마련돼야 한다.

---

* 정부는 2017년 제출한 5·6차 통합보고서에 대한 쟁점 목록과 함께 가능한 최신 정보를 포함한 추가 서면 답변을 2019년 5월 15일 이전에 제출해야 했다.

보건의료의 공공성*

　우리 사회에서 공공보건의료는 흔히 소유 주체와 재원이 공공인 경우를 의미한다. 공공보건의료의 강화는 거의 지방의료원과 같은 공립의료기관의 증설 문제로 귀결돼 왔다. 그러나 공공성은 보건이나 의료가 지니는 특성을 가리키는 것으로, 공적 소유 주체 이상의 넓은 의미다. 김창엽(2019)은 보건의료의 공공성을 '건강과 보건의료를 대상이자 목표로 삼아 행위자 또는 주체인 공적 주체가 체계와 그 구성요소의 상호작용을 통해 공적 가치를 실현하려는 과정'으로 정의하였다.[4] 공공성은 소유와 운영에만 한정되거나 결과나 정책 내용에만 적용되는 것이 아니라, 행위 주체와 과정까지 고려한 폭넓은 개념이다.

　공공성은 크게 △공공성의 내용 △공적 주체 △공적 지배로 구분할 수 있다.

　우선 내용 측면에서 접근하면, 공공성은 건강이나 양질의 보건의료서비스라는 결과를 얻기 위한 투입이나 과정의 특성을 의미한다. 따라서 공공성의 내용은 접근성 포괄성 지속성 형평성 적절성 등 다차원적 개념으로 구성된다. 공공성의 내용은 주어지는 것이 아니라 일상경험을 통해 사회적으로 만들어지는 것이다. 어떤 가치를 지향하는지가 중요하며, 현실적인 문제를 해결하기 위한 방식으로 구성돼야 한다.

---

* 김창엽(2019)의 〈건강의 공공성과 공공보건의료〉의 제2부(공공성의 이론)의 내용을 중심으로 공공어린이재활병원에 적용해 정리했다. 저자는 공공성을 건강과 보건의료, 공공(공적) 주체, 공공(성)의 내용, 공공의 지배로 나누어 분석했다. 본 글에서는 공공어린이재활병원의 운영에 초점을 두고, 보건의료와 건강의 공공성 개념에 대한 논의는 제외했다.

소아재활치료는 그동안 수익성 측면에서 민간 의료기관이 제대로 제공하지 못한 서비스 영역이다. 특히 대체로 청소년기 아동은 의료기관에서 재활치료를 받기 어렵고, 수도권 이외의 지역에 거주하는 아동의 상당수는 거주 지역에서 서비스를 이용하지 못한다. 장기간 재활치료를 받아야 하기에 저소득가정에 상당한 경제적 부담을 초래한다. '연령과 장애 중증도, 거주지, 경제적 상태를 이유로 차별받지 않고 재활치료가 필요한 아동은 누구나 치료를 받을 수 있어야 한다'는 가치를 실현하려면 아동의 건강권 보장에 대한 국가의 책임을 강화해 소아재활치료의 공적 인프라를 구축하는 것이 중요하다. 그 시작점이 공공어린이재활병원이다. 재활치료가 필요한 아동 누구나 차별받지 않고 이용할 수 있고(형평성), 거주하고 있는 지역 내에서 치료받을 수 있으며(접근성), 재활이 필요한 시점에서 필요한 양의 치료를 받을 수 있어야 한다(적절성). 또한, 다양한 욕구를 가진 장애아동과 가족이 치료뿐 아니라 교육과 돌봄 등 다양한 서비스를 연계해 이용할 수 있어야 한다(통합성). 공공어린이재활병원을 통해 실현할 공공성은 이러한 가치로 구성돼야 한다.

둘째 공적 주체의 측면은 공공성을 소유 주체가 공공부문인 경우로 보는 것이다. 여기서 '공공'어린이재활병원을 지자체가 소유하는 것으로 전제할 때, 소유 주체의 논의는 불필요하다. 그러나 한 가지 분명히 할 점은, 소유 주체와 공공성이 일치하지 않을 수 있다는 것이다. 공공부문이 소유하더라도 반드시 공공성 내용을 실현할 수 있는 것은 아니다. 공공부문에 속한 주체가 아니더라도 공공성을 실천하고 실현할 수 있다. 국립대학병원과 민간대학병원의 의료서비스에 얼마나 공공성의 차이가 있는지, 지방의료원이 수익을 기준으로 폐쇄될 수 있다면 공공성이 있다고 볼 수 있는지 등을 따져 보면 명확히 이해된다. 따라서 공공성을 실현하기 위해서는 공적 지배 구조를 어떻게 형성하는지가 더 중요하다.

셋째, 공적 주체와 공공성 실현 사이에는 간극이 있다. 이 두 요소를 매개하는 제3의 요소가 공적 지배(또는 통제)다. 공적 지배는 '공공성을 실현할 목적으로 공적 주체에 영향을 미치는 한편 공적 주체가 실천하고 활동하는 전체 과정에 개입하는 것'으로 정의할 수 있다. 공적 주체와 대상의 관계에는 권력이 작동하고, 이에 따라 행동이나 실천의 과정에서 상호 영향을 주고받게 된다. 공적 지배는 결과적 공공성을 실현하는 과정에서 도구와 수단의 의미가 강하다. 자본주의 시장경제에서는 시장의 실패가 존재한다. 따라서 국방과 경찰, 도로, 공원 같은 공공재가 필요하다. 여기서 공적 지배의 정당성을 확인할 수 있다.

공적 지배에는 △직접 소유와 서비스 제공을 통한 직접 지배 △재정지원을 통한 공적 지배 △규제와 의무 부여를 통한 간접 지배 △사회적 주체의 참여 등 다양한 방법과 유형이 있다. 단 하나의 방식이 단독으로 작동할 수는 없다. 공공어린이재활병원에 적용하면, 직접 지배는 지자체가 병원을 소유하고 직접 운영하는 직영 방식을 의미한다. 공공성을 추구하기 위한 가장 적극적인 형태의 공적 지배다. 특히 전염병이나 재난 같은 위기상황에서 공공병원과 민간병원의 역할과 대응은 명확한 차이를 보인다. 공적 소유에서는 병원의 경영이나 수익을 고려하지 않고 즉각 행동할 수 있다. 그러나 민간병원은 여러 경로와 단계를 거쳐 공공성에 부합하는 행동을 시작할 수 있다.

공공성 실현에 가장 핵심적인 역할을 하는 것은 재정이다. 서비스와 재화를 공급하는 것이 목표일 때, 시장과 민간의 비중이 클 때 재정을 통한 공적 지배는 중요한 역할을 한다. 보건의료서비스가 그렇다. 민간 병원의 경우 국가가 공적 지배를 행한다. 공적 실천을 대행하는 주체인 학교나 병원은 공적 지배의 대상이 된다. 재정 지원 규모가 크지 않을 때 공적 지배는 부분적인 영향력을 미칠 수 있다. 인건비나 시설비를 일부 또는 일시적으로 지원하면 전체 서비스의 특성이나 병원 운영에 영향을 미치기 어렵다. 또 운영 주체가 사적 이익이나 부정을 저지르는 도덕적 해이를 유발할 수 있다. 공공어린이재활병원의 운영을 민간위탁하는 경우 재정지원 규모가 충분해야 공적 지배가 작동할 수 있다. 민간에 위탁한 뒤 알아서 수익을 내라고 하거나 일부 지원에 그친다면, 공공성을 실현하는 데 제약이 따른다. 서비스의 제공 방식과 내용이 운영 주체에 좌우되기 때문이다.

공공어린이재활병원 운영의 재원을 부담하는 주체가 광역자치단체인지 국가인지도 공적 지배의 양상에 영향을 미친다. 국가가 부담하는 재정의 비중이 클수록 지자체의 재정이나 사업추진 역량, 지자체장의 의지에 좌우되지 않고 공공성 실현을 강화할 수 있다. 국가가 공공어린이재활병원 건립비 외에 운영비도 지원해야 하는 이유가 여기에 있다.

규제나 보조금 지급을 전제로 의무를 부여하는 간접 지배는 공공과 민간 주체 모두에 적용될 수 있다. 예를 들어 민간법인에 위탁 운영하는 경우 특정 공공의료사업을 운영하도록 요구하는 것이 의무 부여에 해당한다. 규제와 의무 부여를 뒷받침할 법률과 지자체 조례, 운영지침, 평가체계 등의 장치가 마련돼야 한다.

마지막으로 공적 지배의 또 다른 중요한 형태는 사회적 주체의 참여다. 사회적 주체의 공적 지배 방식 중 하나는 협력 거버넌스다. 사회적 주체가 병원의 운영에 영향을 미치는 대표적인 방식으로 △병원 이사회에 시민대표가 참여하는 방식 △별도의 시민참여위원회를 구성하는 방식 △병원 운영 정책을 다루는 민간위원회에 참여하는 방식 등이 있다. 공공어린이재활병원이 공공성의 가치를 충실히 이행하도록 지역사회나 주민, 장애아동의 부모가 병원 운영에 참여해야 한다.

다른 하나는 사회적 주체가 직접 소유해 공적으로 지배하는 협동조합 방식이다. 협동조합의 하나로 병원 직원(의사, 치료사, 간호사, 교사, 사회복지사 등)과 장애아동 부모, 지역사회 등 다중이해관계자가 조합원으로 참여하는 사회적 협동조합을 검토할 수 있다. 공공어린이재활병원의 지향점과 기능에 동의하는 의료진들이 설립 초기 단계부터 병원 운영에 직접 참여해 공공성을 추구할 수 있다.

공공성은 단순한 개념이 아니다. '공공'이 소유하고 '공공'의 재원으로 운영되는 병원을 건립하는 것만으로는, 공공성이 자연스럽게 확보되지 않는다. 서비스 제공의 과정과 결과에서 공공성을 실현할 수 있도록, 시민사회가 참여하고 공공과 민간이 협력하는 한편 적절한 규제 장치도 마련해야 한다.

2. 공공어린이재활병원의 기본 방향

공공어린이재활병원 운영의 목표는 치료와 교육, 돌봄을 통합적으로 제공해 아동의 전인적 발달을 도모하는 데 있다. 이를 실현하기 위해 공공어린이재활병원 운영과 관련해 세 가지 기본 방향(공공성 강화, 이용자 중심, 거점기능 강화)을 제안한다.

공공성 강화

공공어린이재활병원은 현행 수가체계에서 재활치료를 충분히 이용하기 어려운 아동을 대상으로 공공병원의 임무를 수행한다. 누구나 필요와 욕구에 따라 치료받고, 소득수준이나 거주 지역에 따라 차별받지 않아야 한다. 이러한 공공성 실현은 서비스 제공의 과정과 결과에서 접근성, 형평성, 통합성, 적절성, 지속성을 확보하려는 노력과 함께 아동과 가족, 지역주민의 참여 보장이 전제돼야 한다.

공공어린이재활병원은 재활치료 공급 부족으로 가장 큰 곤란을 겪고 있는 장애아동을 우선순위에 올려 재활치료와 서비스를 제공해야 한다. 주요 대상으로 △재활 효과를 최대화할 수 있는 장애 발생 초기, 집중적인 치료가 필요한 중증장애아동 △합병증이나 신체변형으로 생명에 위협을 받는 상황을 막기 위해 매일 지속적인 의료 개입과 재활치료가 필요한 최중증장애아동 △현재 건강보험수가체계에서 수익이 보장되지 않아 충분한 의료서비스를 받지 못하는 이른둥이와 청소년기 장애아동 등이 있다. 또 재활치료와 별도의 서비스를 지원할 때 소득수준에 따라 서비스 이용의 결과가 달라져서는 안 된다. 저소득 가정의 아동이 경제적 어려움으로 치료를 받지 못하거나 중단하는 상황이 벌어지지 않도록 다양한 의료비 지원을 제공, 연계해야 한다. 한편 저소득 가정뿐만 아니라 일반 가정도 장기적인 치료에 투입되는 치료비와 보조기구 구매 비용에 큰 부담을 느낀다. 장기적, 집중적 재활치료로 가정 경제에 위기가 닥치기도 한다. 이들의 경제적 부담을 덜어주는 지원책이 마련돼야 한다. 마지막으로 공공병원이 수익에 상관없이 장애아동 및 지역사회에 필요한 서비스를 지원하도록 장애아동 및 그 가족, 지역주민이 병원 운영에 참여할 수 있어야 한다.

이용자(아동·가족) 중심

장애아동이 가진 복합적 욕구를 해소하려면 체계적인 계획을 세워 다양한 자원을 연계·지원해야 한다. 장애아동의 가장 기본적이고 큰 비중을 차지하는 욕구는 재활치료다. 집중재활치료를 위해 아동은 병원에 머무는 시간이 길다. 병원이 생활의 중심이 된다. 재활치료를 중심으로 하되 장애로 인해 파생되는 다양한 발달 저해요인까지 해소하려면 공공어린이재활병원이 통합적 서비스 제공의 장이자 구심점 역할을 해야 한다. 진료 및 치료 기능과 함께 교육과 복지 영역이 통합된 지원체계를 마련해야 한다. 치료받는 동안에도 또래와의 놀이 및 학습, 병원 밖 사회에 대한 체험 등 아동의 교육권을 보장해야 한다. 나아가 장애아동이 지역사회에서 일상적인 삶을 살아갈 수 있도록 복지 및 돌봄 지원체계를 마련해야 한다.

병원 내에서 치료와 교육, 돌봄이 지원되는 체계를 마련하면, 장애아동의 균형적 발달에 도움이 될 뿐 아니라 장애아동의 부모와 가족의 부담도 덜 수 있다. 특히 소아재활치료의 또 다른 이용자는 장애아동의 보호자와 가족이다. 장애아동과 그 가족은 치료와 돌봄을 중심으로 서로에게 중대한 영향을 미치는 관계다. 따라서 가족이 겪는 어려움을 떼어내 생각할 수 없다. 보호자와 가족에게 지워진 육체적, 심리적, 경제적 돌봄 부담을 줄이고 가족 구성원이 각자의 일상을 살 수 있도록 추가적인 지원이 필요한 이유다. 서비스 이용의 첫 단계이자 가장 중요한 단계로 통합적 정보제공 체계를 마련해야 한다. 그래야 자녀의 장애가 발견된 후 혼란을 겪을 부모나 보호자가 개별적으로 일일이 정보를 찾아다니는 시행착오를 피할 수 있다. 그 외에 △장애아동 치료와 돌봄에 대한 부모교육 △장애아동 가족 간 정서적 지지를 위한 자조모임 △24시간 아동을 돌봐야 하는 부모의 돌봄 부담을 줄이기 위해 입원 시 간병지원이나 휴식지원 등이 제공돼야 한다.

거점기능 강화

권역별로 건립되는 공공어린이재활병원은 권역의 '거점병원' 구실을 해야 한다. 한 곳의 공공어린이재활병원이 건립된다고 해도 권역 내 모든 아동 재활 수요를 충족시킬 수는 없다. 권역 내에서도 이동 거리가

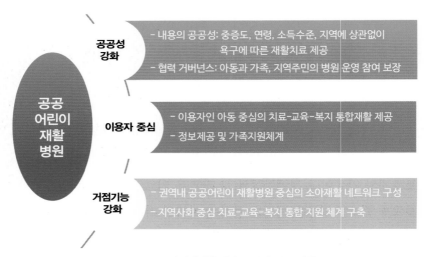

공공
어린이
재활
병원

공공성 강화
- 내용의 공공성: 중증도, 연령, 소득수준, 지역에 상관없이 욕구에 따른 재활치료 제공
- 협력 거버넌스: 아동과 가족, 지역주민의 병원 운영 참여 보장

이용자 중심
- 이용자인 아동 중심의 치료-교육-복지 통합재활 제공
- 정보제공 및 가족지원체계

거점기능 강화
- 권역내 공공어린이 재활병원 중심의 소아재활 네트워크 구성
- 지역사회 중심 치료-교육-복지 통합 지원 체계 구축

그림 4. 공공어린이재활병원 운영의 기본 방향

먼 지역에 사는 아동은 병원을 정기적으로 이용하기 어렵다. 권역 내에서 재활치료 접근성을 높일 수 있도록 지역사회 민간 의료기관의 소아재활치료 공급을 확대해야 한다. 공공, 민간의료기관이 상호 협력하는 소아재활 네트워크를 구성하고, 그 중심에 공공어린이재활병원을 둬야 한다. △장애진단과 치료계획수립, 치료, 평가 등 일련의 과정 관리 △의뢰·되의뢰 △기관 간 정보 공유 및 역할 조정 등이 거점기관으로서 공공어린이재활병원의 역할이다. 지역 내 인력의 소아재활치료 전문성을 높이기 위해 임상과 통합재활 관련 연구 및 교육 기능도 수행해야 한다.

장애아동과 가족 중심의 통합적 접근을 위해 병원과 학교, 복지서비스 제공기관 등 다양한 기관과 서비스를 연계하는 아동통합재활 네트워크도 구축해야 한다. 네트워크를 통해 장애아동 및 가족 중심의 통합

사례관리와 통합적 정보제공, 서비스 연계가 이뤄져야 공공어린이재활
병원이 구심점 역할을 수행할 수 있다.

3. 공공어린이재활병원의 주요 기능 및 서비스

공공성 강화와 이용자(아동·가족) 중심 접근, 거점기능 강화를 지향하는 공공어린이재활병원은 재활의료와 교육, 복지, 지역사회 협력 등의 영역에서 다음과 같은 기능을 수행하고 서비스를 제공해야 한다.

재활의료 영역

공공어린이재활병원은 입원·외래·낮병동을 통한 재활치료와 관련해 다음의 요소를 포함해야 한다.

다학제 전문가팀을 통한 포괄적 평가 및 치료계획 수립

공공어린이재활병원은 의사와 간호사, 재활치료사(물리, 작업, 언어), 사회복지사, 사례관리자, 특수교사 등으로 다학제 전문가팀을 구성한다. 팀 접근을 통해 포괄적으로 진단·평가하고 개별 아동의 발달적 특성과 기능 상태에 따라 치료계획 및 교육, 복지를 통합한 서비스 계획을 수립한다.

한편 아동의 생애주기에서 주요 전환기인 △초기 진단 △초등학교 입학 전 △청소년기 도입 직전 △성인기 도입 직전 시기에 장애아동에 대한 포괄적인 평가를 해 치료와 교육, 복지서비스 계획을 재수립한다.

장애아동 및 보호자와 치료계획을 공유한다. 필요에 따라 장애아동 및 보호자가 참여하는 가족회의 형식으로 팀 회의를 운영하며 치료계획을 함께 수립한다.

생애주기별 재활치료

현재 건강보험수가체계에서 지원하지 않더라도 장애아동의 생애주기에 따라 필요한 재활치료를 제공한다. 영유아기 고위험 환아나 이른둥이는 △조기치료 △학령기 집중치료 △청소년기의 유지기 치료 △치료적 사건 후 집중치료 등이 필요하다. 학령기 아동의 경우 교육과 치료를 병행할 수 있도록 방과 후 치료와 방학 중 집중재활치료 등 아동의 교육 참여 여건을 고려해 최대한 적합한 치료 방식을 모색해 맞춤관리를 제공한다.

타 진료과와의 협진

공공어린이재활병원 내 진료과들은 아동을 중심으로 긴밀한 협조체계를 구축해야 한다. 장애아동의 신체, 인지, 정서적 발달을 통합적으로 진료할 수 있도록 재활의학과-정신건강의학과 협진 등 여러 진료과의 의료진이 협력하는 다학제 진료서비스를 제공한다.

부모교육 및 상담서비스

치료의 연속성을 높이고 부모의 돌봄 부담을 줄이기 위해 교육과 상담서비스가 필요하다. 이를 통해 부모나 보호자가 아동의 장애, 병원에서 진행하는 재활치료를 이해하고 가정에서 할 수 있는 치료적 놀이 및 돌봄 방법 등을 배울 수 있다. 즉 병원에서 가정으로 치료적 돌봄을 이어갈 수 있다. 아동에게 필요한 돌봄을 제대로 제공하게 되면 부모의 돌봄 부담을 줄일 수 있다. 필요할 경우 장애아동 부모를 대상으로 정신건강의학과 의료진을 통한 개별 심리상담 또는 가족치료 서비스를 제공한다.

의지보조기 상담 및 처방

상담을 통해 의지보조기에 관한 환자의 욕구를 파악하고 평가해 환자에게 맞는 의지보조기를 처방하고, 기기 구입처 등 다양한 정보를 제공한다. 또한, 의지보조기에 충분히 적응할 수 있도록 환자 적응훈련 및 보호자에 대한 교육을 제공한다.

가정기반 치료 제공

퇴원단계에서 가정 내 환경에 적응할 수 있도록 가정기반 재활치료를 제공하거나 병원을 이용하기 힘든 중증의 장애아동을 대상으로 방문재활치료를 제공한다.

교육 영역

교육 영역은 입원·외래·낮병동 이용 아동을 대상으로 병원학교(급)를 운영한다. 이들이 퇴원해 지역사회 학교에 적응할 수 있도록 지원하는 역할까지 포함한다. 또 특수교육 관련 전반의 정보를 제공하고 행정처리가 원활히 진행될 수 있도록 지원한다.

병원학교(급) 운영

병원 내 병원학교(급)를 운영해 재활치료 기간에도 지속적인 교육을 보장하고 아동 연령에 맞는 교육 기회를 제공한다. 기본적으로 유치원 과정(교사 1인당 학생 4명 이내), 초등 및 중학교과정(교사 1인당 학생 5명 이내)을 구분한다. 과정별 최소 1~2개 이상의 학급을 개설하며, 이용 아동수에 따라 학급을 편성한다. 병원학교(급) 운영에 필요한 교실, 상담실 등 공간과 기자재 등을 충분히 확보해야 한다.

병원학교(급) 운영 시 몇 가지 고려할 점이 있다. 우선 아동을 중심으로 병원 내에서 치료와 교육이 통합된 일과표가 수립돼야 한다. 입원이나 낮병동 이용 시 치료와 치료 사이의 대기시간을 최소화하고 병원학급(학교)의 교육을 효과적으로 운영할 수 있도록 치료사와 교사 간 교육 및 치료 일정 조율이 필요하다. 둘째, 아동 특성이나 장애 정도에 따른 개별 맞춤 교육과정뿐 아니라 또래관계 및 사회성 증진을 위해 학급별 활동과 같은 집단 프로그램을 운영해야 한다. 셋째, 교실뿐 아니라 병원 내 다양한 공간을 교육 환경으로 활용할 수 있어야 한다. 병실이나 가정처럼 실내 위주로 생활하는 장애아동이 자연환경과 바깥놀이 활동을 경험할 수 있도록 실외 교육 공간을 확보해야 한다. 아동 안전을 보장하기 위해 자원봉사자 등 인적, 물적 지원이 필요하다. 넷째, 아동발달 측면에서 아동에 대한 포괄적 이해를 토대로 교육을 운영해야 한다. 이를 위해 다학제 전문가팀과 상호의사소통이 필요하다. 치료과정의 포괄적 평가 및 치료계획 수립에 병원학교(급) 교사도 함께 참여해야 한다. 또 외부 인력인 병원학교(급) 교사와 병원 의료진이 상시로 소통하고 협조할 수 있는 구조를 마련해야 한다.

학교복귀 및 적응 지원

사회성이나 언어, 자조기술 등이 미숙한 아동이 학교 입학 전 진학을 준비할 수 있도록 지원한다. 학교에 진학하거나 치료 후 학교로 복귀하는 장애아동의 적응력을 높이기 위해 △학교복귀를 위한 부모 상담 및 정보제공 △학교 방문 평가(학교 환경 및 보조기기 활용 등) △아동 적응 훈련 △담임교사 및 학우 대상 교육 △사후 관리 등을 제공한다.

특수교육 행정 지원

아동의 장애 상태나 가정 상황 등에 따라 적합한 교육을 이용할 수 있도록 영유아기 어린이집, 유치원 및 학령기 아동 학교 복귀 등 특수교육 관련 정보를 제공한다. 특수학교 대상자 선정 및 배치, 학교복귀 등의 행정적인 절차가 원활하게 진행되도록 지원한다.

복지 영역

복지 영역에서는 기본적으로 장애아동 및 가족이 겪고 있는 경제적, 심리적, 사회적 어려움을 해소할 수 있도록 의료비 지원, 가족 지원, 정보제공 및 통합적 지원을 위한 사례관리 등을 제공한다.

의료비 및 보조기기 지원

경제적 이유로 재활치료를 중단하거나 의지보조기 이용을 단념하지 않도록 소득수준에 따라 제공되는 정부의 제도적 지원을 안내하고, 민간 자원을 연계해 치료비나 의지보조기 구매를 지원한다. 지원이 중복되거나 정작 필요한 사람이 제외되지 않도록 민간 자원 연계의 탄력적 운영이 필요하다.

가족지원

장애아동 가족의 돌봄 부담 경감 및 역량 강화를 위한 프로그램을 기획·운영한다. 가족지원에는 △장애아동 부모 건강관리 프로그램(근골격계 관리 등) △정서지원 프로그램 △일시적으로 양육 부담을 덜어 줄 수 있는 휴식지원 서비스 △부모 자조모임 △비장애형제자매 지원 프로그램 등이 포함된다. 장애아동 입원 시 24시간 간병해야 하는 보호자가 병원 생활에서 최소한의 일상을 유지할 수 있도록 공간이나 간병 지원, 프로그램 등을 지원한다. 장거리 거주자를 위한 숙박시설 운영이나 민간 시설 연계, 셔틀버스 운행 등을 통해 병원 이용의 편의를 높인다.

통합적 정보제공

장애아동 또는 장애가 의심되는 아동의 보호자들에게 재활치료 및 의료기관, 특수교육, 복지제도 및 서비스 등에 대해 통합적인 정보를 제공한다. 질환이나 장애상태, 아동의 생애주기에 따른 맞춤형 정보를 제공하는 것이 중요하다.

병원 이용 아동 보호자나 부모뿐 아니라 자녀의 장애가 의심되는 부모들도 장애 및 재활 관련 다양한 정보 및 교육을 받을 수 있도록 통합정보센터를 운영한다. 센터 위치는 누구나 쉽게 이용할 수 있도록 물리적, 심리적 접근성을 고려해 선정해야 한다. 장애 초기 대부분의 장애아동 부모들은 온라인을 통해 정보를 검색한다. 따라서 오프라인 센터와 함께 온라인 정보플랫폼을 구축·운영한다.

사례관리

복합적이고 장기적인 어려움을 겪고 있는 장애아동과 가족에게 필요한 재활치료와 교육, 복지서비스, 자원을 통합적으로 계획, 조정하고 연계하기 위해 사례관리를 제공한다. 사례관리의 과정은 △집중적인 지원이 필요한 장애아동 선정 △아동과 가족의 욕구 파악 치료 및 서비스 계획 △정보제공 및 상담 △치료 및 교육 서비스 조정 △퇴원계획 및 지역사회 자원 연계 △사후관리 등으로 구성된다. 사례관리 대상과 서비스 기관 및 범위, 제공 주체 등을 고려할 때 병원 중심 사례관리와 지역사회 중심 사례관리를 구분 지어 생각해야 한다.

병원 중심 사례관리(퇴원계획 및 지역사회 자원 연계)

병원 중심 사례관리는 병원 내에 별도로 지정한 사례관리자(의료사회복지사 등)가 주로 장애진단 초기 아동이나 입원·낮병동 이용 아동을 대상으로 제공한다. 사례관리자가 의료체계 안에 있으므로 아동의 질환이나 장애, 재활치료 특성에 대한 이해가 높고, 병원 내 부서 및 인력 간의 정보 공유, 서비스 제공과 조정이 쉽다.

병원 중심 사례관리의 주요 내용은 △병원 내에서 제공하는 치료, 교육, 복지서비스를 조정·연계하고 △퇴원할 경우 퇴원계획을 수립하며 △거주 지역의 자원을 연계하는 것이다. 구체적인 내용을 살펴보면, 사례관리자는 장애진단 초기 또는 입원·낮병동을 이용하는 시점부터 아동과 가족의 심리사회적 욕구를 파악해 다학제 팀과 함께 지원계획을 수립한다. 아동과 보호자에게 치료, 교육, 복지 관련 통합적 정보를 제공한다. 아동 치료에 필요한 의료비나 의지보조기 구매를 지원하기 위해 원내 후원금이나 외부 자원을 연계한다. 또한, 장애아동 치료 및 돌봄의 어려움, 그로 인한 신체적·정서적 소진, 경제적 어려움, 가족 간 갈등 등 가족마다 안고 있는 각기 다른 문제에 개별적으로 개입해 아동과 가족이 일상생활을 유지할 수 있도록 지원한다. 퇴원 시 퇴원계획 수립 및 지역사회 자원연계, 사후관리를 제공한다.

아동이 타 권역에 거주하거나 권역 내에서도 지리적으로 거리가 먼 경우에는 지역사회자원을 효과적으로 연계하기 어렵다. 따라서 병원 중심 사례관리는 병원 내에서 제공할 수 있는 서비스에 더욱 집중한다. 아동이 퇴원 후 거주 지역 내 다른 의료기관을 이용하는 경우 사례관리를 종결한다. 필요한 경우 지역사회 내 다른 사례관리 기관에 의뢰하고 일정 기간 사후관리한다.

지역사회 중심 사례관리 연계

지역사회 중심 사례관리는 공공어린이재활병원 이용과 관계없이 권역 내 장애아동을 대상으로 제공한다. 병원 중심 사례관리와 달리, 병원 밖에서 독립적으로 운영하는 기관이 그 역할을 담당한다. 장애인복지관이나 장애아동지원센터 등에서 사례관리자(지역사회복지사 등)를 지정해 운영한다. 이 경우 공공어린이재활병원은 아동에게 필요한 의료 영역 자원의 하나가 된다. 병원 내 의료사회복지사와 긴밀히 협력하고 병원 내 팀접근 시 사례관리자 자격으로 참여한다. 지역사회 사회복지 관련 기관, 학교 등 자원과 연계한 서비스 지원 네트워크 체계를 구축하고 지역재활협의체, 희망복지지원단, 장애인 민관협의체 등과도 협력한다.

지역사회 협력 영역

공공어린이재활병원은 지역 거점기관으로서 아동 통합재활을 위한 지역사회 협력체계를 구축하고 교육과 연구 및 지식 전달사업을 수행한다.

치료 인력 지원 및 전문 기술 공유

소아재활치료는 3년 이상의 숙련도가 필요하며, 영유아 및 장애아동 부모와의 커뮤니케이션 기술이 요구된다. 거점기관으로서 소아재활치료 전문가를 양성하고 실무역량을 강화하기 위해 소아재활치료의 기본적인 매뉴얼과 표준 지침을 개발한다. 공공어린이재활의료기관의 컨트롤타워 구실을 하는 기관(예: 국립재활원)에서 운영매뉴얼 개발 및 보급 등 기술 지원 임무를 수행한다. 따라서 공공어린이재활병원에서는 지역이나 현장 특성에 맞게 이를 적용하거나 특화된 프로그램을 개발한다. 개발된 매뉴얼과 콘텐츠를 기반으로 지역의 소아재활 전문의, 재활간호사, 물리치료사, 작업치료사, 언어치료사, 임상심리사, 사회복지사 등 소아재활영역의 인력을 대상으로 정기적인 교육 및 세미나를 개최한다.

지역연계 교육훈련

지역사회 유관기관의 종사자(어린이집, 특수학교 교사, 장애인복지관 사회복지사 등)를 대상으로 장애아동의 질환 및 치료에 관한 교육을 제공하며, 장애아동 보호자 및 지역주민을 대상으로 장애와 재활에 대한 교육프로그램을 운영한다.

지역사회 소아재활 의료기관 네트워크 구축

지속적인 재활치료가 이뤄질 수 있도록 국립재활원, 권역재활병원, 지방의료원, 지역장애인보건의료센터, 지역의 대학병원, 지역사회 민간 의료기관 등과 소아재활의료 네트워크를 구축해 의뢰·되의뢰, 각종 자원 연계 등을 시행한다.

지역사회 치료-교육-복지 통합재활 네트워크 구축

지역사회 내 의료기관뿐 아니라 아동, 장애인, 교육, 복지, 재활과 관련된 다양한 공공 및 민간 기관과 연계해 협력체계를 구축한다. 지역 내 네트워크를 통해 장애 조기발견 및 지원, 병원(재활치료)-특수학교(교육) 간 협력, 지역사회 장애아동 통합사례관리 등을 활성화할 수 있다. 장애 조기발견 및 지원 네트워크를 구축해 지역 내 어린이집, 유치원, 영유아가 있는 가정을 대상으로 발달지연이 의심되는 영유아에게 선별검사를 시행, 조기에 장애를 발견할 수 있다. 지역사회 장애인복지관, 보건소, 육아종합지원센터 등과의 협력을 통해 어린이집 파견, 장애아동 부모 교육 상담, 보육교사 교육 등을 지원한다. 필요하면 재활병원 및 지역 내 병의원에 정밀진단을 의뢰한다. 서울재활병원-우진학교 사례처럼, 의료진을 특수학교에 파견해 재활치료를 제공하는 재활치료-교육 협력체계를 구축할 필요가 있다. 또한, 장애아동에 대한 통합적 서비스 제공 및 민관협력을 활성화하기 위해 협의체를 구성하고 장애아동에게 필요한 자원을 연계할 수 있도록 사례관리를 강화한다.

병원을 이용하는 장애아동 및 가족을 지원하기 위해 지역 민간 자원을 적극적으로 활용한다. 예를 들어 지리적으로 먼 거리에서 치료받으러 오는 장애아동 및 가족을 돕기 위해 병원 인근 숙박시설을 이용할 수 있도록 지원할 수 있다. 장기 입원으로 병실에 상주해야 하는 장애아동 보호자의 경우 협소한 병실 공간에서 일상생활을 제대로 유지하기 어렵다. 영국 옥스퍼드 대학병원 어린이재활서비스에서 제공하는 인근 호텔 무료 이용과 같이 병원 인근에 있는 공공기관이나 민간 숙박시설을 이용할 수 있도록 지원한다. 비영리법인인 로날드맥도날드하우스재단에서 운영하는 로날드 맥도날드 하우스와 같이 민간 자원을 활용해 숙박시설을 건립할 수도 있다. 이는 장기입원하는 중증 환아를 둔 가족이 병원 인근에 머무르며 치료에 집중할 수 있도록 숙소를 제공하는 사업이다. 국내에서는 로날드 맥도날드 하우스 재단 한국지부가 2019년 9월 경남 양산 부산대학교병원 대지 내에 로날드 맥도날드 하우스 1호점을 건립해 운영하고 있다. 개별 욕실이 있는 방 10개와 식당과 부엌, 도서관과 놀이방, 활동 공간 등이 포함돼 있다.

중증장애아동 의료-교육-복지의 통합 거점 기능 강화로 확장

공공어린이재활병원에 필수적으로 포함돼야 할 주요 기능과 서비스는 △대상을 병원의 입원, 낮병동, 외래 치료를 이용하는 아동으로 한정하거나 △서비스 제공 공간을 병원으로 제한하거나 △서비스 범위를 의료, 교육, 복지 각 영역의 개별 서비스 제공으로 분절하는 것이 아니다. 서비스 대상은 병원 입원·낮병동 이용 아동에서 퇴원 후 외래 이용 아동, 권역 내 중증장애아동을 포괄한다. 서비스 제공 공간은 병원에서 가정과 학교, 지역사회로 확대된다. 서비스 범위는 의료, 교육, 복지 영역별 서비스의 분절적 제공에서 영역 간 연계·협력으로 이뤄진다. 공공어린이재활병원은 권역 내 중증장애아동의 의료-교육-복지의 통합적 거점기관으로서 기능을 강화해야 한다.

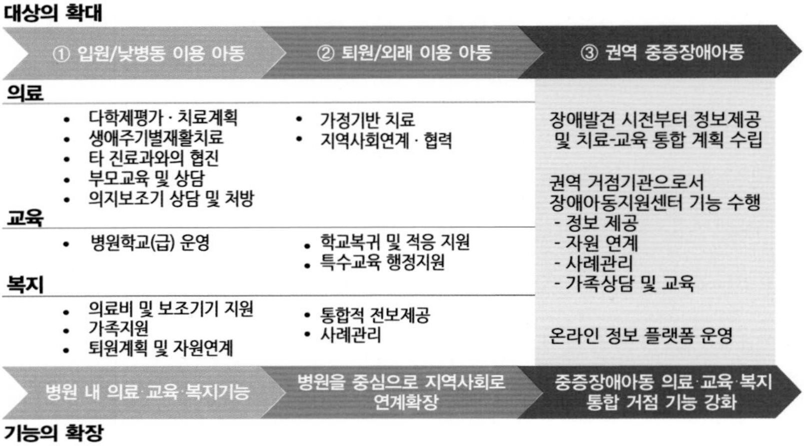

대상의 확대

① 입원/낮병동 이용 아동	② 퇴원/외래 이용 아동	③ 권역 중증장애아동
의료		장애발견 시전부터 정보제공 및 치료-교육 통합 계획 수립
• 다학제평가 · 치료계획 • 생애주기별재활치료 • 타 진료과와의 협진 • 부모교육 및 상담 • 의지보조기 상담 및 처방	• 가정기반 치료 • 지역사회연계 · 협력	
교육		권역 거점기관으로서 장애아동지원센터 기능 수행 - 정보 제공 - 자원 연계 - 사례관리 - 가족상담 및 교육
• 병원학교(급) 운영	• 학교복귀 및 적응 지원 • 특수교육 행정지원	
복지		
• 의료비 및 보조기기 지원 • 가족지원 • 퇴원계획 및 자원연계	• 통합적 전보제공 • 사례관리	온라인 정보 플랫폼 운영
병원 내 의료·교육·복지기능	병원을 중심으로 지역사회로 연계확장	중증장애아동 의료·교육·복지 통합 거점 기능 강화

기능의 확장

그림 5. 대상 아동별 의료-교육-복지 기능의 확장 및 강화

4. 공공어린이재활병원의 운영 모형

여기서는 앞서 제시한 영역별 주요 기능과 서비스를 통합적으로 제공하기 위해 기능과 시설의 분화에 따른 조직의 형태를 4개의 모형으로 제안한다. 의료를 중심으로 교육과 복지 기능을 합한 병원 중심의 단일시설 모형(모형 1)과 의료와 교육, 돌봄 기능의 각 기관이 긴밀한 협력하에 모인 다기관 복합시설(모형 2)을 양극단에 놓고, 중간에 있는 2개의 모형을 생각해 볼 수 있다. 하나는 의료와 복지 기능을 결합한 병원과 별도의 특수학교가 함께 있는 병원-교육 혼합시설 모형(모형 1.1)이고, 다른 하나는 의료와 교육 기능을 결합한 병원과 별도의 복지기관을 함께 두는 병원-복지 혼합시설 모형(모형 1.2)이다.

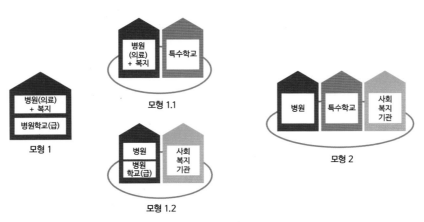

그림 6. 공공어린이재활병원의 운영 모형

궁극적으로는 영역별 기능이 분화되고, 인력 및 시스템 간의 연계 협력을 통해 통합을 증진하는 모형 2가 돼야 한다. 영역별 전달체계의 주체가 소관 업무를 수행할 때 전문성을 발휘할 수 있다. 특히 단순히 병원을 이용하는 아동뿐 아니라 권역 내 중증장애아동에게도 의료-교육-복지를 통합적으로 제공하는 거점기관의 기능을 강화하기 위해서는 모형 2의 복합시설 모형을 지향해야 한다.

모형 1: 병원 단일시설 모형

모형 1은 의료, 교육, 복지의 기능이 병원이라는 단일 기관 내에서 이뤄지는 모형이다. 일반적인 병원 조직 내에 아동발달에 필요한 교육과 복지 기능을 강화한 형태다. 병원 내에 진료부서와 별도로 공공재활의료사업이나 복지업무를 담당하는 통합재활지원부(가칭)가 존재한다. 대학병원의 공공의료사업단과 비슷한 조직으로 볼 수 있다. 순회교육의 한 형태인 병원학교(급)를 설치해 특수학교에서 파견된 교사가 상주해 교육을 수행한다. 〈대전 어린이재활병원 건립 및 운영방안 연구〉에서 제안한 병원 운영 모형 안과 비슷한 형태이다.

모형 1은 전인적 관점에서 통합적인 서비스를 제공하는 병원 모델이라는 점에서 의의가 있다. 지금도 국내 소아재활 의료기관에서 활용될 수 있는 모형이다. 국내 유일의 어린이재활병원인 푸르메재단 넥슨어린이재활병원은 사회복지 인력과 서비스 기능을 강화했지만 특수학교(급)를 갖추지는 못했다. 특수학교(급)가 설치된 일부 재활병원엔 사회복지서비스 기능이 크지 않다.

그러나 이 모형은 모든 서비스가 병원 이용 아동을 중심으로 제공된다. 퇴원 이후 지역 내 아동 중심의 통합적인 정보제공, 지역사회 자원 연계에는 어려움이 있다. 소아재활치료 운영의 적자 문제나 수익 논리에 따라 공공재활사업을 확대하는 데에도 어려움이 있다. 소아재활 네트워크 내 '거점병원'으로서 충분한 역할을 할 수 있지만, 통합재활 네트워크의 '거점기관'으로서 역할과 기능엔 한계가 있다. 또 병원학교(급)의 교사는 교육청에서 파견된 외부 인력이기 때문에 의사나 치료사, 사회복지사 등 병원 내부 인력과의 의사소통이나 병원 내 공동 사업 수행에서 제약이 따른다.

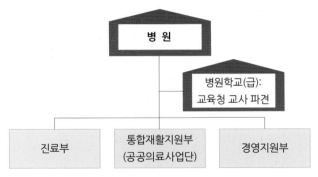

그림 7. 병원 단일 기관 모형(모형 1)

진료부

기본적으로 △장애아동에게 필수적인 재활의학과, 소아청소년과, 소아정신건강의학과, 치과 등 진료과 △물리치료, 작업치료, 언어치료를 담당하는 재활치료실 △입원·외래 간호 서비스를 제공하는 간호과로 구성된다. 그 외 진료과는 지역 내 공공, 민간 의료기관과 연계한 의뢰시스템을 활용한다. 추후 병원 이용 수요를 고려해 진료과를 확대할 수 있다.

통합재활지원부

지역거점 공공병원의 기능을 원활히 할 수 있도록 의료-교육-복지의 통합서비스와 지역사회 자원 연계 및 협력을 담당한다. 타 병원의 사회사업실과 공공의료사업단의 기능을 포괄하며, 주로 의료사회복지사와 간호사 등으로 구성된다. 사회복지사는 재활의학과 담당 1명, 정신건강의학과 담당 1명, 공공재활 담당 2명 등 최소 4명이 필요하다.*

- •진료지원 파트: 각 진료과에 필요한 개인력 조사, 사회사업상담, 가정방문을 수행한다.
- •사례관리 파트: 입원·낮병동 환자의 초기상담을 통해 아동 및 가족의 욕구를 파악해 케어플랜을 수립하고 필요한 교육 및 복지서비스를 지원한다. 퇴원계획을 수립해 지역사회 공공, 민간 자원을 연계한다. 의사와 간호사, 치료사, 의료사회복지사, 특수교사 등으로 구성된 다학제 전문가팀이 공동으로 참여해 포괄적 평가 및 통합재활계획 수립, 퇴원계획을 마련해야 한다.

---

* 사회복지사 수의 경우 〈어린이재활의료 확충 방안 연구〉에서는 재활의료기관 시범사업 기준으로 임상 담당 1명과 공공재활프로그램 담당 1명으로 총 2명을 제안했고, 〈경기도 어린이재활병원 건립을 위한 연구〉도 2명의 사회복지사를 제안했다. 푸르메재단 넥슨어린이재활병원은 사회복지사 4명(정신보건사회복지사 1명, 치과 담당 1명 포함), 서울재활병원은 사회복지사 3명이 근무한다.

- 의료비 지원: 환자의 소득수준에 따라 원내외 자원을 활용해 의료비를 지원한다.
- 교육지원: 학교 진학 시 학교 적응, 학교 복귀 지원 등 교육 관련 제반 지원을 담당한다. 병원학교(급)의 특수교사와 협력한다.
- 복지 및 가족지원: 장애아동 보호자 대상의 심리상담 서비스, 부모교육, 휴식지원서비스, 장애아동 형제 지원 프로그램 등을 기획, 운영한다.
- 지역사회 협력: 특수학교 진료지원, 이동치과 등 지역사회와의 협력 사업과 지역사회 인적, 물적 자원을 활용한 자원봉사 및 후원 프로그램을 기획·운영한다.

병원학교(급)

순회교육 형태의 병원학교(급)를 운영하며, 특수학교 소속의 파견 교사가 상주한다.

모형 2: 의료-교육-복지 다기관 복합시설 모형

모형 2는 같은 부지 안에 장애아동 재활에 필요한 치료, 교육, 복지를 통합적으로 제공하는 복합시설을 형성하는 모형이다. 재활의료를 제공하는 병원, 병원 이용 아동에게 교육 및 행정지원을 담당하는 특수학교, 아동중심의 복지 및 가족지원서비스를 제공하는 별도 사회복지기관의 설치를 기본으로 한다. 병원, 특수학교, 사회복지기관이 각각의 주요 기능을 수행하며 독립적으로 운영하되, 정보공유와 인력 간 긴밀한 협력을 바탕으로 아동 중심의 통합적인 서비스 지원체계를 구축한다. 장애아동과 가족의 욕구와 필요에 따라 직업재활시설, 평생교육시설 등 다양한 서비스로 확장될 수 있다.

이 모형은 의료와 교육, 복지의 영역별 고유 기능을 강화해 전문성과 독립성을 보장한다. 동시에 기관 간 정보공유와 연계, 협력을 통해 공동사업 운영이 쉽고 서비스를 통합적, 효율적으로 제공할 수 있다. 이동에 제한이 있는 장애아동과 보호자가 한 장소에서 통합적 서비스를 받을 수 있다는 장점이 있다. 단, 각 기관 간, 인력 간 긴밀한 협력을 위해 정보 공유, 공동 사업운영 시스템을 구축하는 것이 중요하다. 그렇지 않으면 이동의 편의성 외의 강점이 발현되기 어렵다.

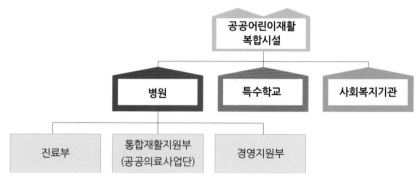

그림 8. 의료-교육-복지 다기관 복합시설 모형(모형 2)

병원

기본적으로 진료부와 통합재활지원부(가칭), 경영지원부로 구분된다.

진료부는 장애아동에게 직접적인 의료서비스를 제공하는 진료과(재활의학과, 소아청소년과, 소아정신건강의학과, 치과)와 재활치료실, 간호과로 구성된다. 그 외 진료과는 지역 내 공공, 민간 의료기관과의 의뢰시스템을 활용하며, 추후 병원 이용 수요를 고려해 확대할 수 있다. 의사와 간호사, 치료사, 의료사회복지사 등으로 구성된 다학제 전문가팀이 개별 아동에 대한 팀 콘퍼런스를 진행하며, 이때 담당 특수교사와 사례관리자도 참여한다.

공공의료사업단은 의료사회사업과 공공재활의료사업을 수행하며, 특수학교 및 복지기관과 연계하는 역할을 담당한다. 공공의료사업단 조직 대신 사회사업실로 운영할 수도 있다. 병원 내 의료사회복지사는 주로 병원 이용 아동을 대상으로 진료지원, 의료비 지원 등 의료사회사업 업무와 병원 중심 사례관리(퇴원계획 포함)를 수행한다. 또 병원과 지역사회를 연계하는 매개 구실을 한다. 병원 퇴원 아동 및 지역사회 장애아동을 대상으로 한 사례관리와 교육지원, 복지 및 가족지원, 지역사회 협력 등은 주로 사회복지기관에서 수행한다.

특수학교

특수학교가 독립적으로 운영되지만, 재활병원과 특수학교의 긴밀한 협력체계 구축이 전제돼야 한다. 학교와 병원이 같은 대지 안에 있어서 아동이 수업과 재활치료를 병행하기에 시간적, 물리적 접근성이 높다. 병원과 학교 간 아동에 대한 정보 교류 및 자문을 통해 아동에 대한 통합적 의료-교육 제공이 쉽다. 또한, 특수학교가 독립적으로 운영되면, 교육 이용 아동이 병원 입원이나 낮병동 환자로 국한되지 않고 확대될 수 있다. 장애아동이 치료와 교육의 연속적 스펙트럼에서 각각의 비중을 줄이거나 늘리는 방식으로 치료와 교육을 병행하는 연계모형*을 개발해 시범적으로 시행하는 장이 될 수 있다. 특수학교를 새로 설립하는 방식과 기존 특수학교의 분교 형태로 운영하는 방식이 가능하다.

사회복지기관

사회복지기관의 주요 기능은 의료-교육-복지 통합재활 네트워크의 거점기관 역할이다. 병원 퇴원 아동 및 지역사회 장애아동을 주요 대상으로 한다. 장애아동과 가족에게 필요한 각종 재활치료와 교육, 복지 관련 맞춤형 정보제공, 장애아동에 대한 사례관리, 장애아동과 가족에 대한 복지서비스 제공, 지역사회 장애아동 재활협의체 운영 등을 수행한다. 지역사회에서 발달이 느리거나 장애가 의심되는 아동을 조기에 발견, 개입하고 장애 발견 시점부터 장애아동 사례관리를 시작해 치료-교육 통합 계획을 수립하고 지속적으로 모니터링한다.

시·도립 장애인복지관 부서나 복지관의 분관 형태로 운영할 수 있다. 장애인복지관에 '장애아동 통합재활 사업'(가칭)으로 사업비와 인건비를 지원해 별도의 부서(분관)를 두는 형태다. 또는 유사한 업무수행을 목적으로 법적 근거가 마련돼 있는 지역장애아동지원센터를 설립해 운영하는 방안도 고려할 수 있다. 2012년 법이 제정된 이래 2020년 현재까지

* 4. 치료와 교육 중 하나, 선택의 기로(p.48) 참고

전국에 지역장애아동지원센터를 설치한 지역은 단 한 곳도 없다.

모형 1.1: 의료-교육 혼합시설 모형

모형 1.1은 병원 대지 내 병원과 특수학교가 독립적으로 운영되며, 병원 내 별도 부서가 복지 기능을 수행한다. 기존 재활병원에 특수학교(급)가 설치돼 교사를 파견하는 형태에서 특수학교 기능이 분화된 것으로 이해할 수 있다. 병원이 복지 기능까지 담당하는 형태는 모형 1의 특성을, 병원과 학교가 독립된 형태는 모형 2의 특성을 띤다.

이 모형은 장애아동이 치료와 교육을 병행할 수 있어 교육권을 보장한다는 강점이 있다. 그러나 지역사회 연계·협력이나 재활·복지 정보제공 등 통합재활 거점기관으로서 역할 수행에 한계가 있다.

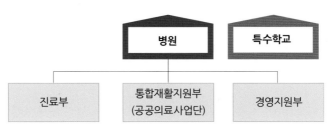

그림 9. 의료-교육 혼합시설 모형(모형 1.1)

모형 1.2: 의료-복지 혼합시설 모형

모형 1.2는 병원 대지 내 병원과 사회복지기관이 독립적으로 운영되며, 교육기능은 병원 내에 설치된 순회교육의 한 형태인 병원학교(급)를 통해 수행된다. 병원에 병원학교(급)를 설치한 형태는 모형 1의 특성을, 병원과 사회복지기관이 독립 운영되는 형태는 모형 2의 특성을 띤다.

이 모형은 재활치료가 필요한 지역사회 아동과 가족에 대한 통합적 정보제공과 지역사회 자원 연계 강화 등 통합재활 거점기관으로서 구실을 한다는 강점이 있다. 그러나 병원 입원이나 낮병동 이용 시 교육이 축소되는 한계가 있다. 권역 내 특수학교와 재활치료-교육 협력체계를 구축해 치료지원을 수행하는 방식으로 치료-교육 연계 기능을 보완할 수 있다.

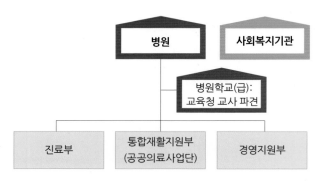

그림 10. 의료-복지 혼합시설 모형(모형 1.2)

5. 공공어린이재활병원의 성공적 운영을 위한 과제

공공어린이재활병원 건립 및 운영에 관한 법률 제정

정부에서 건립을 추진하고 지방자치단체에서 사업을 수행하는 공공어린이재활병원은 아직 건립이나 운영에 관한 법적 근거가 되는 법률이나 조례가 없다. 사업 추진의 법적 근거는 「장애인 건강권 및 의료접근성 보장에 관한 법률」(이하 장애인건강권법) 제4조(국가와 지방자치단체의 책무), 「장애인복지법」 제18조(의료와 재활치료), 「공공보건의료에관한법률」(이하 공공보건의료법) 제6조(공공보건의료기관의 설치·운영)이다. 근거가 되는 법률의 조항은, 장애인의 기능과 건강 회복을 위해 국가와 지방자치단체는 진료와 재활의료를 제공해야 할 책무가 있고, 보건의료 수요를 형평성 있게 충족시키기 위해 공공보건의료기관을 설치·운영하고 필요한 비용을 보조할 수 있음을 명시하고 있다.

그동안 법안 마련의 노력이 없었던 것은 아니다. 「지방어린이재활병원의 설립 및 운영에 관한 법률안」(일명 건우법, 박범계의원 대표 발의)이 2015년 제19대 국회, 2016년 제20대 국회에서 발의됐으나 통과되지 못하고 임기 만료로 폐기된 바 있다. 2020년 7월 8일에는 「장애인건강권법 개정안」(강선우의원 대표 발의)이 발의됐다. 이 법안*은 국가나 지자체가 공공

---

* 제18조2(공공어린이재활병원의 설치 등)

어린이재활병원을 설치 또는 지정하고, 운영 경비를 보조할 수 있도록 명시하고 있다.

법안 마련의 핵심은 정부의 운영비 지원에 있다. 민간병원의 낮병동 폐쇄 및 축소 현상, 소아재활치료의 저수가 문제 등으로 볼 때 국가나 지자체의 재정지원이 없다면 건강보험 의료수익만으로는 공공어린이재활병원을 운영하기 어렵다. 높은 수준의 공공성을 실현하기 위한 공공재활의료사업을 충분히 수행하기 어렵다. 특히 소아재활 의료기관은 지출 중 인건비 비중이 높다. 숙련된 전문 의료 인력을 확보하고 공공재활의료사업을 수행할 추가 인력을 확보하기 위해서는 인건비 지출을 늘릴 수밖에 없다. 공공의료재활 전달체계의 주축이 돼야 할 권역재활병원은 정부의 비용지원이 없는 소아재활치료를 소극적으로 제공하는 형편이다. 공공어린이재활병원의 지속적이고 안정적인 운영을 위해 국가와 지방자치단체의 재정적 지원이 반드시 수반돼야 한다.

공공어린이재활병원 운영에는 특히 중앙정부의 지원이 필요하다. 지역별 아동의 의료서비스 접근성을 강화하고 지역사회 중심 통합재활 체계를 구축할 책임은 일차적으로 지자체에 있다. 그러나 재정적으로 열악한 지역일수록 의료서비스 접근성이 취약한 현실을 고려하면 지자체 책임으로만 떠넘길 수 없다. 국민의 건강권 보장 및 지역 균형발전이라는 측면에서 중앙정부의 역할이 매우 중요하다.

그러나 「장애인건강권법 개정안」이 통과되더라도, 공공어린이재활병원 건립 및 운영에 관한 독립 법률의 필요성은 여전히 남아 있다. 공공어린이재활병원은 소아재활 의료체계에서 중심적인 구실을 한다. 지역 내 치료와 교육, 복지(돌봄)를 통합적으로 제공하는 거점기관으로서 기능해야 한다. 이를 위해 국가와 지방자치단체의 책임과 운영비 지원뿐 아니라 △소아재활의료 전달체계 구축 △컨트롤타워의 지정 및 역할 △권역별 공공어린이재활병원의 기능과 사업내용 △권역별 네트워크의 구성 및 타 기관과의 협력 △우수한 인력확보 △수행기관(위탁)의 역할 및 준수사항 △관리감독 △주민이나 환자·보호자 대표의 참여 등에 관한 명확한 규정과 지침이 마련돼야 한다. 공공어린이재활병원이 공공성의 가치를 실현하기 위해서는 병원 운영 및 서비스 제공과정에 적절한 규제 장치가 필요하기 때문이다.

소아재활의료 수가 개선 및 소아재활 네트워크 구축

공공어린이재활병원이 건립, 운영된다고 하더라도 지역 내 재활치료 공급 부족, 지역별 불균형이 바로 해소되지는 않는다. 권역 내에서도 지리적 거리 문제, 병원에서 수용 가능 환자 수의 제한 등으로 인해 공공어린이재활병원을 이용하지 못하는 미충족 수요가 발생할 수밖에 없다. 또한, 아동이 거주하는 지역사회에서 장기적이고, 상시적인 치료를 이용할 수 있도록 접근성이 중요하므로 권역별 병원만으로는 공급이 충분하지 않다.

소아재활치료 접근성을 높이고 지역 격차를 해소하기 위해서는 공공어린이재활병원 건립과 더불어 지역 내 소아재활 의료기관이 확충돼야 한다. 이를 위해 소아재활의료 수가를 개선해야 한다. 또한, 공공어린이재활병원을 중심으로 지역 내 소아재활 의료기관이 협력할 수 있는 공공·민간 소아재활 의료기관의 네트워크가 구축돼야 한다.

소아재활치료는 소아재활전문 치료사의 일대일 전담 치료가 필수적이고, 성인재활에 비해 많은 인력과 시간이 소요된다. 현행 수가는 이러한 특성을 반영하지 못하고 있다. 소아재활치료의 낮은 수가로 인해 발생하는 만성적 운영적자 문제는 의료기관이 소아재활치료를 피하는 근본적인 원인이다.

수가의 문제는 이뿐만 아니다. 환자와 그 가족에도 직접적인 영향을 미친다. 소아재활의료에는 △장애 상태에 대한 다학제 전문가팀의 평가 △치료계획 수립 △집중적인 재활치료 △퇴원계획 △지역사회 자원 연계 등 치료 효과를 높일 수 있는 체계적인 치료 과정이 빠져 있다. 관련 수가가 개발돼 있지 않기 때문이다. 장애상태나 재활치료 욕구와 상관없이 일괄적으로 입원기간체감제가 적용된다. 따라서 재활환자는 한 병원에서 오래 치료받지 못하고 여러 병원을 옮겨 다니는 재활 난민이 된다. 가산수가가 적용되지 않는 6세 또는 8세 이상 학령기 및 청소년기 아동의 경우 집중적인 재활치료를 받기 어렵다. 건강보험급여가 적용되는 항목이 제한적인 데다 정작 장애아동에게 필요한 여러 치료는 비급여 항목으로 지정돼 있어 장애아동 가정에 경제적 부담을 안겨주고 있다.

따라서 △소아재활치료에 대한 가산수가 마련 △입원료 체감제 개정 △소아재활치료 체계를 구축하기 위한 신규 수가 개발 △장애아동이 많이 이용하는 비급여 치료의 급여화 등의 개선이 이뤄져야 한다.

보건복지부는 2020년 8월 〈어린이 재활의료기관 지정·운영 시범사업〉 공모 계획을 발표했다.[5] 권역별 어린이 재활의료기관 지정, 전문재활팀의 체계적인 치료서비스 제공, 이에 적합한 수가 개선이 골자다. 수도권 외 8개 권역 병원·의원급 의료기관을 대상으로 하며, 심사를 거쳐 권역별 1~3개의 시범기관을 선정한다. 시범 수가 적용과 관련해 △치료기간의 완화(만6세 미만은 집중적인 재활치료가 필요한 연령임을 고려해 치료기간에 제한을 두지 않고, 만 6세 이상~18세 이하는 별도의 세부 적용기준을 마련) △치료 프로세스 마련(환자상태 평가, 치료계획 수립, 치료계획 기반 집중재활치료, 지역사회 연계 등) △신규 수가 도입(통합재활기능평가료, 통합계획교육상담료 등) △일부 비급여 재활치료의 급여화 등의 내용이 포함됐다. 아직 시범사업 단계라 결과를 지켜봐야 하지만, 장애아동이 거주 지역의 의료기관에서 지속해서 재활치료를 받을 수 있는 초석을 마련했다는 점에서 긍정적이다.

공공어린이재활병원은 지역 내 민간 재활치료를 제공하는 의료기관과 연계, 협력체계를 구축해 거점기관으로서의 구실을 해야 한다. 거점기관으로서 △공공과 민간의 소아재활 의료기관 전문인력에 대한 교육 및 슈퍼비전 제공 △치료 가이드 개발 및 공유 △공공재활프로그램 개발 및 공동 수행 △환자 의뢰·되의뢰 체계 구축 등을 수행해야 한다. 또 지역 특성에 맞는 기관 간 연계 협력 모델을 모색해야 한다.

공공어린이재활병원은 치료를 중심으로 보육과 교육, 돌봄, 가족지원 등 장애아동에게 필요한 자원을 통합적으로 연계, 제공할 수 있도록 지역 내 공공·민간 보건의료서비스 및 각종 지역사회 서비스 기관과 긴밀한 연계 체계를 구축해야 한다. 응급환자이송 등 공공어린이재활병원이 갖추지 못한 진료과나 의료서비스는 타 공공의료기관의 서비스 연계를 통해 보완할 수 있다.

공공성 강화를 위한 거버넌스 구축

병원 건립 준비단계에서 이해관계자의 참여 보장

공공어린이재활병원이 공공성을 확보하기 위한 첫걸음은 병원 건립 준비단계부터 소아재활 관련 이해관계자의 참여를 보장하는 것이다. 우선 병원의 공간, 인력, 서비스 구성 등 운영 전반과 관련해 재활의료와 특수교육, 복지 영역의 전문가 및 현장실무자의 의견 수렴을 거쳐야 한다. 실제 병원을 이용할 고객인 장애아동과 보호자로부터 병원 내 공간 배치, 편의시설 설치, 이용절차, 서비스 제공에 관한 의견을 충분히 청취해 계획에 반영해야 한다.

준비단계에서 주요 인력을 채용해 운영준비팀을 구성한 뒤 병원 운영 계획 구상 및 실제적인 준비 과정에 참여시켜야 한다. 기존에 없던 소아재활 프로세스를 마련해야 하고, 치료-교육-복지를 긴밀하게 연계·제공하는 시스템을 구축해야 하므로 준비단계부터 다학제적 접근이 중요하다. 특히 재활의료뿐 아니라 특수교육과 복지서비스 제공 인력도 포함돼야 한다. 이들은 병원의 기존 의료 인력에 비해 소수에 불과하므로 이들이 운영준비팀에 포함돼야 각 영역에서 필요로 하는 시설과 장비, 인력, 서비스 제공 절차에 대한 의견을 충분히 반영할 수 있다. 또 영역별 원활한 정보공유와 서비스 연계를 위해 법률적, 제도적으로 풀어야 할 과제들을 미리 점검하고 검토할 수 있다.

병원 운영에 장애아동 및 부모, 지역주민의 참여 확대

건립 이후 운영과정에서도 장애아동과 보호자, 지역사회의 의견을 수렴하고 반영하는 장치가 마련돼야 한다. 장애아동과 보호자는 아동의 재활과 건강에 관한 가장 중요한 의사결정권자다. 병원 운영 시 상시로 장애아동 및 가족과 협력하고 그들의 의견을 경청해야 한다.

이를 위해 공공어린이재활병원 이사회와 운영위원회에 장애아동의 보호자 및 지역주민 대표를 참여시켜 의사결정의 전문성과 투명성을 높여야 한다. 또 별도의 시민참여위원회나 가족자문위원회 등을 구성해 장애아동 당사자와 보호자가 지속해서 병원 운영 및 서비스 개선에 참여할 수 있게 해야 한다. 예를 들어 서울시는 시민과 환자의 권리보장에 관한 사항을 자문하기 위해 시립병원에 시민참여위원회를 두고 있다. 위원회 구성 및 설치, 운영에 관한 내용을 「서울특별시립병원 설치 및 운영에 관한 조례」를 통해 규정하고 있다. 영국 옥스퍼드대학병원 어린이 재활서비스 등 해외 병원에서도 장애아동 및 가족이 병원의 정책과 프로그램, 서비스 운영 및 개선에 직접 참여할 수 있도록 가족자문위원회, 아동청소년 자문위원회, 청소년 이사회를 두고 있다.

한편 지방자치단체의 예산편성권을 지역주민들과 함께 행사하는 주민참여예산제도와 같이, 장애아동 부모와 지역주민들이 병원의 공공재활 서비스 사업에 대해 충분한 정보를 받고 사업의 우선순위 결정 등에 의견을 제시해 정책 결정 과정에 참여할 수 있도록 보장하는 방안도 고려해 볼 수 있다.

서비스 질 향상 노력

우수한 의료 인력 확보를 위한 처우 개선

소아재활은 다른 진료 분야보다 인건비 비중이 높다. 치료사의 숙련도와 역량에 따라 서비스의 질과 환자의 만족도가 좌우된다. 따라서 치료 인력의 전문성을 확보하고 유지하려는 방안이 마련돼야 한다.

소아재활치료사는 하루 최소 9명에서 최대 14명에 달하는 많은 환아를 치료하고 그 외 행정업무와 보호자상담을 수행한다.[6] 과도한 치료업무로 인해 체력소모가 크지만, 교육훈련 기회는 제한적이다. 전문성 향상을 위해 개인의 시간과 비용을 투자해야 하는 경우가 대부분이다. 낮은 소아재활수가로 업무요구도에 비해 급여가 낮아서 경력이 높아지면 사설 치료기관으로 이직하는 경향이 발생한다.

치료 인력이 소아재활치료의 전문성을 향상하고 숙련된 인력이 이탈하지 않도록 여건을 조성해야 한다. 과도한 업무 부담으로 인한 체력적, 정서적 소진을 예방하기 위해 일일 적정치료 환자 수를 보장해야 한다. 그러기 위해서는 충분한 인력이 확보돼야 하고, 재활치료 및 공공재활사업 인건비가 추가로 지원돼야 한다. 기존 제도를 활용해 예산을 확보하는 방법도 고려할 수 있다. 예를 들어 「장애인복지법」상 장애인의료재활시설*로 지정되면 관리운영비 및 시설 기능보강사업비 등을 지원받을

---

* 「장애인복지법」 제58조 제1항 제4호에 따라, '장애인을 입원 또는 통원하게 하여 상담, 진단·판정, 치료 등 의료재활서비스를 제공하는 시설'로 정의되며, 장애인복지시설의 하나로 분류된다. 동법 제59조 제5항에 따라 의료재활시설의 설치는 「의료법」에 따른

수 있다. 전국 11개 시도에 19개 병·의원이 장애인의료재활시설로 지정돼 있다. 서울시의 경우 안전요원 및 시설관리인(6급 5호봉 기준) 2명에 대한 인건비를 지원하고 면적 및 병상 수 등을 기준으로 운영비를 지급하고 있다.

또 전문적 역량을 향상할 수 있도록 병원 내·외부의 교육훈련 기회를 적극적으로 제공해야 한다. 자발적으로 학습하고 임상적 경험을 축적할 수 있도록 소그룹 스터디 모임이나 타 공공어린이재활병원 인력 간 세미나, 국내·외 학회 참여 등을 지원할 수 있다. 그 외 치료사의 전문성에 대한 인정, 소통을 기반으로 한 민주적인 조직문화 조성 등에 노력해야 한다.

근거중심 서비스를 위한 자료 수집 및 연구개발

장애아동 및 보호자의 특성과 욕구에 기반한 서비스를 제공하고 서비스 및 제도의 개선방안을 도출하기 위해 임상적, 정책적 자료 수집 및 연구개발이 수행돼야 한다. 소아재활치료를 위한 평가 가이드 및 표준 프로토콜, 매뉴얼 개발 등의 임상적 연구개발은 컨트롤타워 역할을 하는 중앙기관을 통해 수행될 것이다. 그러나 지역 및 기관의 특성과 이용아동의 욕구를 반영한 다양한 현장 밀착형 연구들은 지역 내에서 이뤄져야 한다. 프로그램을 개발하거나 프로세스 개선을 위한 연구를 지속

다. 의료법 제3조 제2항 제3호에 따라 요양병원으로 분류되며, 제3조의 2에 따라 30개 이상의 요양병상(요양병원만 해당하며, 장기입원이 필요한 환자를 대상으로 의료행위를 하기 위하여 설치한 병상을 말한다)을 갖추어야 한다.

적으로 수행하면서 서비스 질을 향상하고 이용자의 만족도를 높일 수 있다.

한편 연구개발의 시작은 자료 수집부터 시작된다. 병원 내에서 생산되는 다양한 자료 및 기록을 프로그램 개발 및 프로세스 개선에 활용할 수 있도록, 임상자료를 구조화된 형태로 관리해야 한다. 주요 자료에 대한 데이터베이스 구축이 필요하다. 또 수집한 데이터를 정기적으로 분석해 근거중심 서비스를 위한 자료를 축적, 프로그램 및 서비스 개선에 반영해 나가야 한다.

통합적 정보제공 및 복지 체계 구축

지역장애아동지원센터 설치

장애아동 부모의 시행착오와 돌봄 부담을 줄일 수 있도록 치료와 교육, 복지에 관한 통합적인 정보제공과 자원연계가 중요하다. 그러나 장애아동에 대한 정보제공이나 지원이 영역이나 기관별로 산발적으로 이뤄지고 있으며 아직 통합적 정보제공 및 자원 연계의 창구가 부재하다. 장애아동의 부모가 병원이나 구청, 장애인복지관, 보건소 등 관련 기관에 일일이 연락해서 정보를 수집하고, 필요한 서비스를 선택 결정해야 하는 상황이다. 장애 진단 시점부터 아동의 장애상태나 생애주기에 따라 적절한 정보를 제공하고 필요한 지원과 서비스를 연계할 수 있는 전문적인 지원체계가 필요하다.

이미 장애아동 정보제공과 지원에 관한 업무를 수행하는 기관을 설치할 수 있는 법률적 근거가 마련돼 있다. 2011년 8월 제정된 「장애아동 복지지원법」은 특별자치도·시·군·구에 지역장애아동지원센터를 설치·운영할 수 있다고 규정하고 있다. 법률에 규정된 지역장애아동지원센터의 주요 업무는 △장애아동의 복지지원 사업에 관한 정보 및 자료 제공 △장애아동과 그 가족에 대한 복지지원 제공기관의 연계 △장애아동의 사례관리 △장애아동 및 그 가족을 지원하기 위한 가족상담 및 교육의 실시 등이다. 법률이 제정된 지 10년이 다 됐지만 지역장애아동지원센터를 설치한 지역은 단 한 곳도 없다.

지역 내 장애의 조기발견, 정보제공, 기관 연계, 사례관리 등 장애아동 중심의 통합적 복지를 효과적으로 지원하기 위해 지역장애아동지원센터 설치를 적극적으로 논의해야 한다. 지역장애아동지원센터 설치 및 운영은 장애아동과 가족을 위한 통합적 복지 지원체계의 장을 여는 첫 관문이 될 것이다.

공공어린이
재활병원
건립을 위한
시민사회의 노력

1. 공공어린이재활병원 건립을 위한
   시민사회의 노력

사단법인 토닥토닥 김동석 대표와의 대담

대전 공공어린이재활병원 설립은 장애아동 당사자 가족뿐만 아니라 대전의 시민사회 열망이 투영된 과정이다. 대전의 공공어린이재활병원 설립 운동을 추진한 사단법인 토닥토닥은 그러한 열망들을 구체적인 시민운동으로 결집했을 뿐만 아니라 구체화된 공공어린이재활병원이라는 성과를 이끌었고, 현재는 대전을 넘어 전국의 장애아동과 부모가 연대한 전국어린이재활병원설립 시민T.F를 통해 전국 단위의 운동을 주도하고

최권호 교수와 김동석 대표의 대담 (2020.8.12.)

있다. 이러한 설립 운동은 특정 개인이나 단체의 노력만으로 추진된 것은 아니다. 그러나 그 설립 운동의 과정을 직접 몸으로 부딪치며 이끌었던 당사자인 사단법인 토닥토닥 김동석 대표의 경험은 앞으로의 장애 당사자 운동뿐만 아니라 시민운동에도 함의를 줄 수 있으리라 생각된다.

본 장은 사단법인 토닥토닥 김동석 대표(이하 김)와 경북대학교 사회복지학부 최권호 교수(이하 최)의 대담을 정리한 것이다. 대담은 2020.8.12.(수) 10:00에 경북대학교 교수연구실과 2020.8.19.(수) 09:30에 토닥토닥 사무국에서 두 번에 걸쳐 진행되었다. 본 장에서는 대담을 녹취하고 녹취 내용을 보완하여 정리한 내용을 담았으며, 대화체의 내용을 통해 대전 공공어린이재활병원 건립 과정과 그 운동의 의의, 앞으로의 운동 방향 등에 대해 다루었다.

최: 사단법인 토닥토닥이 2015년 설립된 이후 지금까지 공공어린이재활병원 건립 운동의 중심에 서 있었다. 토닥토닥은 어떻게 만들어졌나?

김: 처음부터 이 토닥토닥이라는 사단법인 형태의 단체를 만들려고 했던 것은 아니다. 장애아동 가족끼리 자조모임 비슷하게, 말 그대로 서로를 토닥토닥 위로해 주고 힘을 서로 북돋울 수 있는 가족 모임으로 시작했던 것이었다. 그 가족 모임의 공통점 중 하나는 아이들 모두 의료적 문제가 있었다는 점이었고, 이 때문에 자주 병원을 이용했어야 했다는 것이었다. 당시 함께 하던 가족들은 장애아동을 위

한 어린이 재활병원이 없다는 사실을 우리가 알려야 한다는 생각을 갖고 2014년 4월에 마라톤 대회 참여를 결심하게 되었다. 당시 마라톤 대회 참여를 위해 장애아동과 가족, 그리고 시민이 함께하는 취지로 서포터즈를 결성하게 되었고 81명이 뜻을 같이하게 되었다. 당시 여섯 장애 어린이 가족이 함께했고, 모임의 취지에 공감하는 대전 시민들이 참여하게 되며 81명까지 이르게 된 것이다. 그날이 정확히 2014년 4월 12일이다. 우리 아이들이 처음으로 세상 밖에 나온 것이었고, 건우(김동석 대표의 아들) 역시 사고 이후 세상 밖으로 처음 나온 날이다.

최: 건우가 세상에 나오게 된 게 몇 년 만인가? 그리고 건우가 세상 밖으로 처음 나오게 되었다는 것은 어떤 의미인가?

김: 건우는 2009년 10월 말에 교통사고를 겪었다. 2014년 4월은 건우가 5년 만에 처음으로 세상 밖으로 나온 날이었다. 건우가 뛰면서 우리가 알게 된 것은 함께하면 건우도 뛸 수 있다는 것이었다. 혼자면 할 수 없는 것이 모이면 할 수 있다는 그 사실 말이다. 그날 우리가 함께한다면 불가능하다고 말하는 공공어린이 재활병원 건립도 가능하겠다는 생각을 하게 되었다. 그래서 그 이후 몇 번을 더 뛰게 되었고 산에도 함께 올랐다. 가족들과 함께 아이들을 데리고 산에 가면서 공공어린이 재활병원이 필요하다는 것을 알렸다. 그러자 조금씩 사람들이 관심을 보여 주기 시작했다. 사실 그 당시 우리는 사회적으로 어떤 조직을 만들 엄두를 내지 못했다. 항상 아이들은 아프

건우가 처음으로 세상 밖으로 나온 날 - 대전어린이재활병원 설립을 위한
첫 번째 마라톤 참가 (2014.4.12.)

“

건우가 뛰면서 우리가 알게 된 것은
함께 하면 건우도 뛸 수 있다는 것이었다.
혼자서는 할 수 없는 것이 모이면 할 수 있다는 그 사실 말이다.

우리가 함께한다면
불가능하다고 말하는 공공어린이재활병원 건립도
가능하겠다는 생각을 하게 되었다.

”

고, 이 병원 저 병원을 떠돌아다녀야 하는 일명 재활 난민의 상황이기 때문에, 부모 중 한 명은 전적으로 아이에 매달려야 하고, 다른 한 명은 생계 문제에 매달려야 하는 게 우리의 현실이다. 그러다 보니 사회적 목소리를 내는 것이 현실적으로 쉽지 않았다.

최: 그러한 상황에서 기존의 많은 시민단체나 장애단체들을 통해 목소리를 내는 전략을 선택할 수도 있었으리라고 본다. 그런데도 토닥토닥이라는 단체를 만들어야 한다는 생각을 어떻게 갖게 되었는가?

김: 건우를 비롯한 중증장애아동의 문제는 아이 개인의 비극으로 끝나는 것이 아니다. 왜 이렇게 시민들에게 아이들이 나서서 호소해야 하는가? 이게 사회문제라는 생각이 들었다. 아이들과 우리 가족들만의 문제가 아니라 우리 사회와 공동체의 문제라는 생각이 들었다. 그렇기에 여러 단체에 목소리를 대변해 달라고 부탁하기도 했다. 하지만 나름의 자체 사업들과 이슈가 있었다. 공공어린이재활병원의 문제가 우선순위로 올라오지 않았다. 시민단체나 인권단체 역시 이에 관한 관심을 보였지만, 그 단체의 핵심 이슈로 포함되지는 않았다. 우리를 대신하여 어린이재활병원과 관련하여 목소리를 낼 수 있는 단체가 있을 것이라는 기대가 있었으나 없었다. 일부 모금기관이나 후원단체에서는 우리를 시혜나 동정의 대상으로 바라보기도 하였다. 답답함을 느꼈다. 그래서 2014년 9월 기자회견을 하게 되었다. 당시 시민들에게 장애 어린이를 위한 공공어린이재활병원 설립을 위해 시민들이 설립자가 되어 달라고 호소를 했다. 함께하겠다고 모인

시민들이 천 명가량 되었다. 그 과정을 통해 대전어린이재활병원 추진 시민모임이 만들어지게 된 것이다.

최: 초기부터 어린이재활병원 설립을 들고 나왔다. 재활병원을 짓는다는 것이 틀림없이 쉬운 일은 아니라는 것을 알고 있었으리라 본다. 좀 더 쉬운 방안들, 예를 들어 병원 접근성을 높일 방안을 마련해달라거나, 지원을 확대해달라거나 등을 주장할 수 있었을 텐데 초기부터 재활병원이 필요하다고 목소리를 낸 것은 어떤 이유인가?

김: 초기부터 어린이 재활병원이 공공이 주도하는 방식으로 설립되지 않는다면 아이들의 치료 문제는 요원하다고 판단했다. 당장 병원이 만들어질 것을 기대하지는 않았다. 그러나 이런 목소리를 누군가 꾸준히 내야 할 필요가 있다고 보았다. 그래서 초기에 대전 내 소아 낮병동을 확대해 달라는 주장을 했던 것이다.

최: 사실 푸르메재단 넥슨어린이재활병원 설립을 추진하던 당시에도 시민들이 이러한 목소리를 냈던 것이 사실이다. 그러나 당시에는 어린이재활병원 앞에 '공공'이라는 것을 붙이지 않았다. 토닥토닥에서 강조했던 '공공' 어린이재활병원이라는 것을 내세웠던 이유는 무엇인가?

김: 푸르메재단 넥슨어린이재활병원과 토닥토닥에서 말한 공공어린이재활병원은 둘 다 치료기관이 절대적으로 부족한 어린이들을 위해 치

료시설을 확충하기 위한 시도였다는 점에서 공통점이 있다. 시장에 포섭된 의료 전달체계 속에서 과연 시장성 있는 어린이재활병원이 만들어질 수 있을까? 그렇지 않았기에 푸르메재단도 기적의 어린이 재활병원 설립 운동을 벌였던 것이고, 우리도 그러하다. 푸르메재단은 민간 차원에서 시민과 기업의 참여를 통해 직접 병원을 설립하는 방식으로 접근했다면, 우리는 시민의 힘으로 국가가 주체가 되어 공공성을 갖춘 병원을 만드는 것이 필요하기에 정부가 나서야 한다고 보았다. 그렇기에 우리의 운동은 초기부터 정치적 목소리를 낼 수밖에 없었다. 여론을 만들어내야 하고, 그 여론을 통해 대전시와 대전시 의회, 국회, 중앙정부까지 움직이게 하기 위한 작업을 해야 했다. 시민이 요구하면 국가는 이에 응답하는 구조를 만들기 위해 애썼다.

최: **운동의 방향이 달랐던 것은 중요한 차이라고 생각한다. 그렇다면 병원의 모델 역시 달랐던 것 아닌가?**

김: 그렇다. 푸르메재단 넥슨어린이재활병원 역시 전인적 치료를 강조하는 병원임이 틀림없지만, 어쨌든 병원이다. 우리가 꿈꿨던 것은 병원을 넘어서 장애아동과 가족을 위한 지역사회 내 하나의 연계된 전달체계를 구축하는 것이었다. 보건의료와 돌봄 및 복지, 그리고 교육이 함께 이뤄질 수 있는 통합적 체계 말이다. 이는 절대로 시장에 포섭된 의료체계 속에서 구현될 수 없는 것이다. 나아가 병원 하나를 만드는 것을 넘어 대한민국 전역에 걸친 소아재활 및 돌봄, 교육 등의 시스템을 구축하는 것이 중요하다고 보았다. 그러한 점에서 우리

는 우리에게 필요한 공공어린이재활병원의 모습을 고민했던 것이다.

최: 초기에 그러한 방향설정을 하고 추진하는 과정에서 여러 편견에 부 딪혔으리라 생각한다. 어떤 점들이 처음에는 어려웠나?

김: 장애아동을 바라보는 동정의 시선은 이들을 세상 밖으로 나가는데 높은 장벽처럼 느껴졌다. 초창기에 자주 연락 왔던 곳들은 주로 후 원단체들이었다. 방송 쪽에서도 모금 프로그램 같은 곳에서 연락이 왔다. 물론 지원이 필요한 아이들과 가족도 많다. 하지만, 우리는 개 인의 문제가 아니라 사회문제라는 인식을 견지하고자 노력했다. 아 이들을 동정의 대상으로 만드는 순간, 우리는 시혜의 대상이 되고, 누군가에게 늘 고마움을 강요받아야만 한다. 누군가의 도움을 받음 으로써 당장 눈앞의 불을 끌 수 있을지 모른다. 그러나 우리 아이가 사회에서 평등한 존재로 받아들여지지 못한다는 것을 받아들일 수 없었다.

최: 또한, 이 운동이 갖는 특성 중 하나는 시민들이 주체성을 확보했다 는 것이라고 생각한다. 이에 대해 어떻게 생각하나?

김: 우리 운동의 핵심 중 하나는 항상 아이들이 자신의 목소리를 내도 록 했다는 것이다. 물론 중증장애아동들이 스스로 목소리를 내기 는 어렵다. 과연 건우를 비롯한 장애가 있는 아이들이 바라는 것이 무엇일까? 세상의 동정이 아니라 박탈된 인권이자 권리를 되찾는

것이다. 그렇기 때문에 두려웠지만, 우리 아이들이 국회 앞이나 시청 앞, 언론 앞에 항상 함께했다. 때로는 곱지 않은 시선이 있었던 것이 사실이다. 그러나 우리 아이들은 여느 아이들과 다를 바 없는 대한민국 국민이자 미래 시민이라는 것을 말하고 싶었을 것이라고 믿는다.

최: **공공어린이재활병원이라는 이슈가 어떻게 시민들에게 파장을 일으켰다고 보는가? 대전이라는 지역사회 내 어린이재활병원 이외에도 다양한 시민적 요구들이 경합하게 되는데, 대전의 공공어린이재활병원의 이슈는 끊임없이 시민들에게 소환되었다. 그 이유는 무엇이라고 생각하는가?**

김: 장애아동에게 필요한 것은 많다. 지금도 우리는 장애아동에게 미충족된 권리와 욕구는 무엇인지 찾고 이를 해결하기 위해 노력하고 있다. 사실 공공어린이재활병원은 모든 시민에게 체감되는 삶의 문제는 아닐 수 있다. 그래서 어떻게 이 이슈를 시민들에게 전달할 수 있을지가 큰 고민이었다. 초기에 일본은 200여 개의 어린이재활병원이 있고, 우리나라에는 하나도 없다는 것을 시민들에게 알렸던 것이 주효했다. 일본은 어린이재활병원이 200개나 있는데 한국은 하나도 없다는 것을 시민들은 믿을 수 없다는 반응이었다. 누구든 아플 수 있고, 그때 국가가 제대로 기능하지 못하고 있다는 사실이 시민들의 움직임을 일으켰다고 생각한다.

최: 초기에 언론의 역할도 중요했으리라고 본다.

김: 2014년 무렵 시사매거진 2580에서 이 문제에 관심을 두고 직접 일본에 가서 취재해 이러한 사실을 드러냈던 것이 큰 역할을 했다. 당시 왕종명 PD가 시사매거진 2580을 통해 장애아동 재활병원 문제를 수면 위로 끌어올렸다. 그러나 이것이 오래가지는 못했다. 하지만 대전에서 우리의 목소리에 대해 많은 지역 언론들이 관심을 보였다. 중도일보나 굿모닝 충청, 충청투데이와 같은 지역 언론, 그리고 대전 MBC, KBS, TJB 등과 같은 방송사들도 큰 힘이 되었다. 특히 2016년에는 TJB와 함께한 "기적의 새싹" 캠페인은 장애어린이가 치료를 받을 수 없다는 현실이 대전만의 문제가 아니라 전국 장애아동의 문제임을 일깨우는 계기가 되었다. 이러한 노력을 통해 시 의원, 국회의원, 지자체장 후보들, 교육감 등이 관심을 두게 되고 설립 약속을 하게 된 것이다.

최: 2015년의 일명 '건우법' 제정 노력도 주목할 필요가 있을 것이다. 언론을 통한 여론의 형성뿐만 아니라 정치권에도 지속해서 이슈를 제기해 왔던 것이 사실이다.

김: 2015년 10월 대전이 지역구인 박범계 국회의원은 「지방어린이재활병원 설립 및 운영에 관한 법률」(일명 건우법)을 대표 발의하였다. 법 제정까지 이어지지 못했지만, 앞으로도 법제화를 위한 노력은 계속할 것이다. 2016년에 국정감사에서 어린이 재활병원의 문제가 처음

으로 국회에서 제기되었다. 당시 김광수 의원은 전국의 어린이 재활 치료기관이 절대적으로 부족한 현실과 정부의 해결방안에 대해 보건복지부 장관에게 질의하며 정부의 책임을 다할 것을 요구하였다. 이러한 과정을 거치며 촛불혁명 당시 대통령 후보들이 관심 두고 공약을 하게 되었던 것이다. 이러한 모든 변화는 시민의 힘에서부터 나온 것이다. 시민의 힘이 언론을 움직였고, 이것이 정치권을 움직이고 나아가 정부의 약속까지 연결된 것이다.

최: 2016년 겨울 촛불혁명과 함께 19대 대선 후보 중 당시 문재인 대통령 후보는 2017년 봄 대전에 와서 어린이재활병원 설립을 약속했다. 2015년, 나아가 2014년 4월 건우가 세상 밖으로 나온 시점부터 약 3년간의 운동이 성과를 보게 된 것이라고 평가할 수 있을 것 같다. 그 과정은 어떠하였나?

김: 2017년 봄 문재인 대통령 후보가 건우의 이름을 부르면서 "어린이재활병원을 임기 내 완공하겠다."라고 약속했다. 이것이 100대 국정과제로 되었을 때 많은 가족은 감격했다. 우리 아이들이 대한민국 국민으로 처음 인정받았다고 느꼈다.

최: 하지만 이후 기대했던 병원의 설립과는 거리가 멀었던 과정이 있었다. 대선공약으로 채택된 이후 왜 어린이재활병원이 기대했던 것과 거리가 멀어지게 되었다고 보는가?

문재인 대통령 후보 시절 어린이재활병원 설립 약속 (2017.2.7.)

66

2017년 봄 문재인 대통령 후보는
"어린이재활병원을 임기 내 완공하겠다."라고 약속했다.

정부 출범 초기에 전국 9개 권역에 병원을 설립하겠다고 했지만,
2018년 보건복지부의 병원 설립 공모계획에서
어린이재활병원 3개, 어린이재활센터 6개로 축소되었다.

99

김: 2017년 정권이 출범하고 기다려도 아무런 소식이 없었다. 5년 임기 내에 어린이재활병원을 완공하려면 사실 임기 첫해부터 부지런히 움직여도 쉬운 일은 아니라고 보았다. 2017년 10월 나는 참고인 자격으로 박능후 보건복지부 장관을 국회 국정감사장에서 마주하며 왜 이 상황에서 정부가 나서지 않고 있는지에 관해 물었다. 이후 정보공개청구를 통해 확인한 것은 정부가 2017년에 설립을 위한 아무런 시도도 하지 않았다는 것이었다. 결국, 2017년 마지막 국회에서 어렵게 설립추진을 위한 예산이 통과되었고, 2018년 설립 공모안이 공개되었다. 당시 설립 공개안은 절망적이었다. 문재인 정부 초기 전국 9개 권역에 병원을 설립하겠다고 약속했지만, 2018년 보건복지부 병원 설립 공모계획에서 3개로 줄었고, 그마저 의료법상 병원이라고 할 수 있는 최소 병상 기준인 30병상으로 제한되었다. 병원 설립비 역시 비현실적으로 낮게 책정되어 있었다. 운영비 역시 어떻게 지방정부에서 감당해야 할 것인지에 관한 내용도 없었다. 이를 보며 과연 국가가 의지가 있는지 의문이 들지 않을 수 없었다. 솔직히 비참했다. 장애아동이라 약속을 안 지켜도 된다고 생각하는 건가? 실망감과 자괴감이 동시에 밀려 왔다. 이것을 받아들여도 문제고 거부해도 문제인 상황이었다.

최: 그래서 그 이후의 운동이 '제대로 된' 공공어린이재활병원이 된 것인가?

김: 그렇다. 2018년 여름 무척 더웠다. 당시 청와대 앞에서 1004배를 하

는 고통을 통해 우리의 절박함을 호소할 수밖에 없었다. 당시 더위가 이루 말할 수 없었는데, 취재하던 기자가 두세 시간 있다가 2도 화상을 입었다. 2018년 7월 어린이재활병원 설립 공모가 진행되던 중 우리는 제대로 된 어린이병원을 국민들에게 호소할 수밖에 없었다. 이 과정을 통해 운동은 두 갈래로 가게 된다. 제대로 된 병원을 설립하는 것, 그리고 제대로 된 병원이 대전뿐만 아니라 전국으로 확산할 수 있도록 하는 것이다. 이에 힘입어 2018년 9월 국회 공청회가 있었고, 전국 공공어린이재활병원 설립을 위한 시민 T.F가 결성되게 되었다.

최: 당시 병원 설립 공모안을 보면 30병상으로 되어 있다. 그러나 병상 규모가 임의로 추정된 것이 아니라 당시 연구보고서에 근거를 두고 있었다. 당시 전문가의 역할은 어떻게 보나?

김: 사실 전문가의 역할에 큰 실망을 했었다. 2016년 국정감사 때 당시 보건복지부 정진엽 장관은 공공어린이재활병원을 추진하겠다고 답변했던 바 있다. 그렇지만 2016년 당시 가톨릭대학교 산학협력단을 통해 수행된 연구용역 결과를 보니 공공어린이재활병원 설립보다는 소아재활수가 개선이 우선이라고 되어 있었다. 당시 이 보고서는 대외비였다. 2017년에도 동일한 기관에서 동일한 연구진으로 다시 연구가 진행되었다. 그 연구결과 적정 병상 수가 30병상으로 결정된 것이다.

최: 병원 건립비도 문제지만 병원 건립 이후 매년 발생하는 운영비 적자
  분을 어떻게 해야 할 것인지도 사실 명확하지 않은 면이 있는 것처
  럼 보였다.

김: 현재 추진 중인 소아재활 시범사업이 소아재활 수가 개선을 위한 근
  거마련을 목적으로 하고 있다. 소아재활수가는 개선될 필요는 있다.
  하지만 어린이재활병원 설립 및 운영은 또 다른 문제이기 때문에 이
  는 달리 볼 필요가 있다. 운영비를 국비로 할 것인지, 혹은 시비로
  할 것인지에 대한 근거가 부족하다. 보건복지부에서는 대통령 공약
  사항이기 때문에 문제없다고는 하지만, 예산지원의 법적 근거가 마
  련될 필요가 있다고 생각한다. 박범계 의원실에서 대표발의한 일명
  건우법이 반드시 제정되어야 한다.

최: 다시 병원 건립비의 문제로 돌아와서 병원 건립비가 턱없이 부족한
  상황에서 설립추진이 난항을 겪게 되며 푸르메재단 넥슨어린이재활
  병원 설립을 후원했던 기업 넥슨 측에서 100억을 대전시에 2019년
  기부를 결정하게 되었다. 100억의 기부금은 어떻게 쓰이나?

김: 2020년 공모안을 보면 정부가 2018년에서 하나도 진일보한 것이 없
  다. 그 사이에 최소한 건축비가 자연 인상된 부분도 있을 텐데 하나
  도 반영되지 않았다. 일단 현재 대전 공공어린이재활병원은 입원 30
  병상, 낮병동 20병상을 기준으로 156억 원의 건립 비용이 책정되어
  있다. 대전에서 지금 건립 중인 규모는 입원 50개 병상, 소아 낮병동

20개 병상으로 총 70개 병상 규모인데, 이 예산확보가 이뤄져야 한다. 건립비가 총 447억 원이다. 책정된 예산규모를 고려하면 약 291억 원이 부족한 규모이다. 넥슨의 100억 원 기부금을 건립비용으로 그대로 활용해도 여전히 191억 원이 부족한 상태이다. 운영비는 차치하더라도 현실적인 건립 비용 마련이 되어야 하는데 현재 중앙정부는 이에 대해 손 놓고 있는 실정이다. 대전시에서는 부족분 마련을 위해 자체시 예산으로 80억 원을 추가 책정해 둔 상태인데, 중앙정부는 방안을 마련하지 않고 있는 상황이다. 이게 대한민국의 첫 공공어린이재활병원 건립의 현주소다. 대통령의 100대 국정과제 일환으로 추진되는 병원이 이러한 상황이다.

최: 지금까지의 운동 단계를 보면 공공어린이재활병원 설립의 필요성을 시민에게 알리고 설립까지 끌어냈던 2014년부터 2017년까지의 1단계, 보건복지부 공모로 추진되며 제대로 된 병원이 아니라는 점을 알리기 위한 2단계, 그리고 현재 대전에서 난항을 겪고는 있으나 가시적 성과들이 보이는 상황에서 전국적인 공공어린이재활병원과 재활센터 건립을 추진하기 위한 운동의 전국화라고 볼 수 있는 3단계로 나누어 볼 수 있을 것 같다.

김: 사실 지금도 2단계가 완성된 운동은 아니라고 본다. '제대로 된' 공공어린이재활병원 설립을 위해서는 해결해야 할 과제들이 많다. 전국적 의제로 끌어내기 위해서도 전국의 각 장애부모 단체나 대한물리치료사협회, 관련 유관 단체들과 연대하고 협력해야 할 사안들

도 많다. 무엇보다 제대로 된 병원이 운영될 수 있도록 예산확보 운동을 함께 해 나갈 것이다. 아울러, 현재 국회의원들을 만나면서 공공어린이재활병원과 관련한 국회의원 포럼을 추진하고자 한다. 현재 준비 단계에 있다.[*]

최: 사단법인 토닥토닥의 이름 앞에 항상 수식어로 따라붙은 것은 '대전 공공어린이재활병원 설립을 위한'이다. 조직의 정체성이 어린이재활병원 설립에 있다면, 역설적으로 설립추진이 완료되는 시점에서 단체의 운동 방향은 어떠하여야 할지에 대한 고민, 그리고 정체성을 어떻게 해야 할지에 대한 고민이 있으리라 생각한다.

김: 처음부터 이 운동은 단순히 병원 하나만을 짓는 것이 목표가 아니었다. 우리의 비전은 장애아동도 제대로 치료받고 교육을 받을 수 있어야 하며, 아이들과 가족이 제대로 돌봄을 받는 것이다. 즉 치료, 교육, 돌봄이 제대로 이뤄질 수 있는 하나의 시스템을 만들고 그것이 우리나라에 작동하도록 하는 것이다. 그러기 위해서는 병원 건물을 짓는 것에 그쳐서는 안 되며, 아이들이 대한민국의 시민으로서 동등한 권리를 갖고 살아 숨 쉴 수 있는 사회적 환경을 만드는 게 중요하다. 일단 현재 집중하는 것은 대전에서 어린이재활병원이 더

---

[*] 이 원고를 작성하고 있는 2020.8.26.(수) 오전 사단법인 토닥토닥 이사회의 단체 카톡방에 강선우 의원실로부터 운영비 예산안이 기획재정부를 통과했다는 소식이 김동석 대표로부터 전달되었다. 어린이재활병원 건립 운동의 전환기를 맞이해야 하는 현시점에서 21대 국회가 더욱 많은 역할을 할 수 있기를 기대해 본다.

욱 제대로 설립되고 앞으로도 잘 운영될 수 있도록 하는 것이다. 아울러 전국 단위에서 시민T.F 등을 통해 대한민국 전역에서 장애아동이 치료받을 수 있는 권리를 보장받도록 하는 게 중요하다. 동시에 치료뿐만 아니라 특수교육의 문제와 돌봄 등의 이슈, 아이들의 이동권, 문화적 권리, 놀 수 있는 권리 등 다양한 문제에 대해 다룰 계획이다. 누군가 장애아동의 권리를 옹호하고 대변할 수 있어야 한다. 이들이 우리 사회에서 동정의 대상을 넘어 권리의 주체로 설 수 있어야 한다. 우리가 주도하는 것이 아니라 시민과 장애아동이 주체로 설 수 있도록 고민하다 보면 자연스럽게 이후의 방향이 모색될 수 있으리라 생각한다.

최: 지금까지는 어린이재활병원 설립 운동에 관한 논의를 했다면, 두 아이의 아빠이자 남편으로서 자연인 김동석의 고민이 있을 것이라는 생각이 든다.

김: 사실 처음에 이 일을 시작할 때 3년을 목표로 했다. 3년이 내가 할 수 있는 최대치라고 생각했다. 3년을 뛰고 나면 다른 방안이 열릴 것이라 생각했다. 그런데 지금까지 오게 되었다. 나 역시 가장이고 건우 말고 동생도 있기에 둘을 고르게 돌보는 것도 중요하다. 그런데 이제 와서 멈출 수는 없다. 이 운동은 내가 한 게 아니라 건우가 한 것이다. 건우의 십여 년 삶에서 절반 이상을 이 운동에 함께 해 왔다. 건우가 노력했던 것의 결실을 보고 싶고, 그게 내 뜻이 아니라 건우 뜻이라고 생각한다. 이제는 생업을 접고 뛰어든 상황이기에 두

렵기도 하다. 두려움을 누르며 아이와 함께 길에 나섰는데, 과연 이 것이 어떻게 끝날지 두렵다. 아픈 아이를 앞에 세운다는 사회적인 비난도 무서웠다. 처음에 아이가 장애를 갖게 되었다는 것도 인정하 기 어려웠는데, 이제는 김동석이라는 정체성보다 건우 아빠로서의 정체성이 더 크다. 아이와 가족 덕분에 지금까지 왔기에 어떻게든 끝을 보고자 한다.

최: 공공어린이 재활병원 설립을 위한 5년여간 틀림없이 성과를 이루 었던 것이 사실이다. 언급한 바와 같이 이 운동은 김동석 대표를 비 롯한 장애아동 당사자, 가족, 그리고 대전 시민과 온 국민이 함께했 던 것이다. 길다면 길지만, 상대적으로 짧은 기간 사이에 이렇게 공

제4회 제대로 된 공공어린이재활병원 건립을 위한 기적의 마라톤 (2018.4.21.)

제5회 제대로 된 공공어린이재활병원 건립을 위한
기적의 마라톤 (2019.4.20.) 홍보 포스터

66

제대로 된 공공어린이재활병원 건립을 위한

기적의 마라톤은 계속되고 있다.

당신의 심장이 함께 뛰면 기적은 현실이 된다!

99

공의료와 관련한 성과를 냈던 것은 틀림없이 주목할 만한 사안이다. 그 성과가 어떻게 도출되었는지 이해할 수 있는 시간이라고 생각한다. 마지막으로 아이들이 더욱 건강하게 살아갈 수 있는 세상을 위해 덧붙이고 싶은 이야기를 듣고자 한다.

김: 성서 누가복음 15장 4절에 잃어버린 양의 비유가 나온다. 양 백 마리 중 하나를 잃으면 아흔아홉 마리를 들에 두고 잃은 것을 찾아내기까지 다닌다는 예수님의 말씀이다. 아흔아홉 마리 양들은 잃어버린 양을 찾아 나선 목자를 보며 만약 자신이 길을 잃거나 승냥이를 만나게 되었을 때 우리 목자가 나를 찾아 나설 것이라는 확신을 하게 되지 않을까? 우리 사회에서 장애아동은 지금까지 배제되었고 보이지 않는 존재로 여겨졌다. 이 아이들이 우리 사회에서 권리를 인정받고 살아갈 수 있는 세상을 만드는 것은 장애아동만을 위한 것이 아니다. 장애아동이 살기 좋은 세상은 모든 아이들이 살기 좋은 세상일 것이다. 여러 질병과 장애로 고통받는 아이들 모두에게 대한민국이 희망이 되었으면 한다. ♧

대전어린이재활병원 설립을 위한 두 번째 마라톤에 참가한 건우네 가족 (2014.5.25.)

"

"이 아이들이 우리 사회에서 권리를 인정받고
살아갈 수 있는 세상을 만드는 것은
단순히 이들만을 위한 것이 아니다.

여러 질병과 장애로 고통받는 아이들 모두에게
대한민국이 희망이 되었으면 한다."

"

국정과제 42번
공공어린이재활병원 건립 사업에서 '공공'을 살려주세요.

저는 11살 중증장애아동 건우의 아빠입니다. 건우는 2살 때 사고로 인한 뇌손상으로 9년째 병원을 찾아 떠돌며 재활치료를 받고 있습니다. 아직 입으로 밥을 먹지 못하고, 말을 하지 못하고, 사지를 움직이지 못하는 건우에게 재활치료는 생명을 유지하는 최소한의 방법입니다. 또한, 치료 때문에 학교를 다니지 못하는 건우에게 병원은 세상을 배우고 재활의 꿈을 꾸는 곳입니다. 하지만 대한민국은 건우에게 이마저도 쉽게 허락하지 않았습니다. 일본에 200여 개 있는 어린이재활병원이 대한민국에는 단 1개뿐입니다. 대다수 재활병원은 수익성이 없다고 소아재활치료를 피했고, 소수의 재활병원에서도 대기를 걸고 기다려야 했습니다. 중증장애라고, 나이가 많다는 이유로 입원 등 치료를 거부당하기도 했습니다.

절대 아빠의 힘만으로는 건

청와대 앞 1004배 (2018.7.9.~7.16.)

우의 생명을 지킬 수 없었습니다. 그래서 6살 건우의 손을 잡고 세상에 나와 '공공어린이재활병원 설립'을 요구해 왔고, 그 건우는 벌써 11살이 됐습니다. 작년 문재인 대통령님은 대전에 오셔서 건우 앞에서 임기 내에 공공어린이재활병원을 완공하겠다고 약속하셨습니다. 박능후 보건복지부 장관님도 국정감사에 참고인으로 참석한 건우 아빠에게 전국 9개 권역에 공공어린이재활병원을 조속히 건립하겠다고 약속하셨습니다. 올해 공공어린이재활병원 1개소 설계비가 확정됐고 보건복지부는 지난 6월 15일부터 7월 16일까지 공모를 하고 있습니다. 그러나 그동안 애타게 기다려온 장애아동가족들은 믿을 수 없는 공모 내용에 충격과 상처를 받았습니다.

1. 보건복지부가 추진하는 공공어린이재활병원은 설립 목적인 '현재 민간에서 제공하기 어려운 중증장애아동의 집중재활치료서비스를 제공'하는 병원의 모습이 아닙니다.

   1) 중증장애아동의 입원 등 집중재활치료보다는 기존 민간 병원의 외래 중심 병원으로 추진하고 있습니다. 보건복지부가 전국에 건립하려는 총 입원 병상은 100개가 되지 않습니다. 이것도 3개 권역(충남권, 전남권, 경남권)으로 쪼개 각 입원 병상 30개로 건립하겠다고 합니다. 다른 4개 권역은 외래 중심의 공공어린이재활의료센터로, 수도권과 제주권은 건립 없이 기존 병원을 공공어린이재활의료기관으로 지정한다고 합니다. 보건복지부 장관님이 약속한 9개의 병원 설립에서 3개로 줄었고, 6개는 외래 중심의 센터로 바뀌었습니다. 이는 민간에서 제공하기 어려운 재활

서비스를 제공하지 않고 민간 병원의 외래 중심 모델을 따라가는 것입니다. 보건복지부는 자신이 정한 공공어린이재활병원의 설립 목적을 저버리고 있습니다.

2) 보건복지부가 추진하는 병원은 최소 규모로 중증장애아동의 재활치료서비스 제공 기능을 감당하기 어렵습니다. 의료 현장에서는 의료법상 최소 규모인 입원 병상 30개 정도의 규모로 중증장애아동에 대한 입원 등 집중재활치료시스템을 구축하는 것은 불가능에 가깝다고 말합니다. 이 정도로는 장애아동 조기진단 및 조기개입이 어려울 뿐만 아니라 중증장애아동이기에 반드시 대비해야 할 응급상황에 대처하기도 힘듭니다.

➡ 전국 9개의 모든 권역에 재활의료센터 건립이나 기존 병원의 지정이 아닌 집중재활서비스를 제공하고 응급시스템을 갖춘 병원을 건립해 주십시오.

2. 실제 수요를 무시한 병원 규모로는 부족한 소아재활치료 공급을 해소할 수 없습니다.

보건복지부는 용역 결과를 근거로 병원 1개소당 입원 병상 30개, 소아낮병동 20개를 결정했습니다. 하지만 동일 용역 결과를 살펴보면 이 근거가 현재의 수요 공급을 바탕으로 하여 추산한 것으로 한계가 있다고 인정합니다. 그런데 보건복지부는 이를 숨기고 재활치료를 받지 못하는 아이들의 수요를 무시하고 있습니다. 작년 국정감사에서 지적됐듯이

재활치료를 받지 못하는 장애아동이 25%(약 5,250명)나 된다는 사실, 지역에 치료기관이 없어 이용을 못 하거나 입원 등을 거부당하는 장애아동들이 있다는 사실을 알면서도 이런 규모를 제시하는 것은 이해가 되지 않습니다. 또한, 수요가 적은 지역에 입원 병상을 아예 두지 않는다는 발상은 지역 간 치료격차를 좁히기 어렵고 '공공성'을 거부하는 것으로 보입니다.

➡ 현재 공모 중인 1개소 병원은 우선 입원 병상 100개 이상으로 건립하고, 나머지 권역은 공공병원의 기능과 권역별 수요를 다시 고려하여 병원 규모를 결정하기를 바랍니다.

3. 운영비 지원 없이 위탁 운영을 유도하는 공공어린이재활병원은 의료의 공공성을 확보하기 어렵습니다.

보건복지부는 사업 공모를 통해 건립비의 50%만 지원하고 운영비는 아예 언급도 하지 않았습니다. 민간 병원에서 수익이 나지 않아 중증장애아동 재활치료를 피하기 때문에 공공병원으로 건립하자고 했던 것인데, 운영비를 지원하지 않는다면 제대로 된 공공재활치료서비스가 제공될지 심히 우려됩니다. 여기에다 국립 운영은 기본적으로 배제하고 지자체를 통한 위탁 운영을 유도하고 있는데, 의료 공공성 강화를 국정과제로 하는 문재인정부의 추진 방향이 맞는지 의심스럽습니다.

➡ 공공어린이재활병원 운영비를 정부와 지자체가 공동으로 부담하고

운영하되 위탁 운영이 불가피할 시에 의료공공성을 보장할 대책을 마련해 주십시오. 최소 1개소는 국립 운영으로 하여 전국에 세워질 어린이재활병원의 컨트롤타워 기능을 하길 바랍니다.

4. 보건복지부는 장애아동가족들과 시민단체의 의견을 반영하려 노력하지 않습니다.

보건복지부는 공모를 준비하는 과정에서 전문가집단의 용역이란 이름으로 장애아동가족들과 시민단체의 의견은 무시했습니다. 그런데 그 전문가집단이 박근혜 정부 때 관련 용역을 맡아 공공어린이재활병원 설립을 부정적으로 결론 냈던 기관입니다. 당시 보건복지부는 이 결론을 근거로 공공어린이재활병원 설립의 필요성을 인정하지 않았습니다. 그럼에도 불구하고 또다시 똑같은 기관에 용역을 주며 의견을 수렴하면서 왜 장애아동가족들과 시민단체의 의견은 받아들이지 않는지 정말 모르겠습니다.

➡ 권역별로 장애아동가족들을 비롯한 지역사회의 의견을 수렴할 수 있는 위원회를 구성·운영해 주시길 바랍니다.

문재인 대통령님! 작년 3월 건우의 이름을 직접 부르며 약속하신 공공어린이재활병원은 이런 모습이 아닌 것으로 압니다. 국정과제로 약속하신 공공어린이재활병원의 모습은 '경제 논리'가 기본이 아닌 국민의 기본생활을 보장하는 맞춤형 '사회보장'입니다. 민간에서 제공되기 어려운 중증장애아동에 대한 공공재활치료서비스를 제대로 제공할 수 있는 병원을 세워 주십시오. 운영비 지원을 기본으로 의료공공성이 강화된 병원을 세워 주십시오. 보건복지부의 공공어린이재활병원 건립 사업에서 '공공'을 살려 주십시오.

건우에 대한 대한민국의 약속! 제대로 지켜 주십시오.

2018년 7월 9일
대전에서 건우 아빠 김동석 올림

청와대 국민청원 링크 주소
https://www1.president.go.kr/petitions/300479?navigation=petitions

<사단법인 토닥토닥>이 걸어온 길

　사단법인 토닥토닥은 공공어린이재활병원 건립을 위해 장애아동가족을 비롯한 시민들이 뜻을 모아 만든 비영리단체입니다. 중증장애아동의 치료와 재활, 교육과 돌봄을 한 곳에서 받을 수 있는 공공병원 건립과 장애가 장벽이 되지 않는 환경을 만들기 위해 노력하고 있습니다. 또한, 시민의 힘으로 문재인정부의 공공어린이재활병원 건립 공약, 어린이재활병원설립 및 운영에 관한 법률 발의 등을 끌어냈으며, 전국에 제대로 된 공공어린이재활병원 건립을 위해 전국 시민T.F연대를 조직해 함께 활동하고 있고 장애인부모단체, 현장의료계, 복지계 등과 협력을 하고 있습니다.

2013	12.03	대전충청권역 재활센터의 소아 낮병동 조속한 운영 촉구 서명(10월 25일~) 및 재활센터장 면담
	12.29	토닥토닥 장애아 가족모임 결성
2014	03.07	중증장애아동에 대한 공공재활서비스 확대를 위한 토론회
	04.12	대전어린이재활병원 설립을 위한 첫 번째 마라톤 참가 (81명)
	05.25	대전어린이재활병원 설립을 위한 두 번째 마라톤 참가 (235명)
	06.28	토닥토닥 대전어린이재활병원 설립을 위한 첫 산행 (장태산, 100명)
	07.01	권선택 대전시장 취임식 – '시민에게 듣는다' 의견전달
	08.15	토닥토닥 대전어린이재활병원 설립을 위한 두 번째 산행 (계족산, 220명)

	09.13	대전어린이재활병원 설립을 위한 세 번째 마라톤 참가 (250명)
	09.25	'대전 어린이재활병원 시민추진모임' 제안 기자회견
	11.09	대전어린이재활병원 시민추진모임 발족식 및 토닥토닥 걷기 대회(1000명)
	12.20	시민이 만드는 대전어린이재활병원 '제1회 기적의 저금통' 행사
2015	03.04	전국 최초 병원파견학급 입학식(건양대병원, 대전보람병원)
	04.19	제1회 대전어린이재활병원 건립을 위한 '4.19 기적의 마라톤' 개최
	04.23	어린이재활병원 설립 추진을 위한 정책토론회(대전시의회)
	07.17	창립 총회 - '대전어린이재활병원시민추진모임'을 〈사단법인 토닥토닥〉으로 전환
	10.07	어린이재활병원 설립 및 운영 방안을 위한 정책토론회(새정치민주연합 대전시당)
	10.19	토닥토닥 기적의 문화제 개최
	10.26	〈지방 어린이재활병원 설립 및 운영에 관한 법률 (일명 건우법)〉 박범계 의원 대표 발의
2016	03.28	2016 대전어린이재활병원 건립을 위한 행복콘서트(서구청)
	04.24	제2회 대전어린이재활병원 건립을 위한 '4.24 기적의 마라톤' 개최
	05.28	대전어린이재활병원 건립을 위한 토닥토닥 산행 및 기적의 새싹캠페인' 전개
	09.19	지방어린이재활병원 설립 국회토론회
	09.23	〈지방 어린이재활병원 설립 및 운영에 관한 법률(일명 건우법)〉 재발의
	10.04	기적의 새싹 1004데이 건우법 통과기원 1004배(대전시청)
	11.11	국내외 사례로 본 어린이재활병원 세미나
	11.12	기적의 새싹 페스티벌 - YB윤도현 공연 등(보라매공원)
	12.30	대전어린이재활병원 건립을 위한 토크콘서트 (오페라웨딩홀)
2017	01.06	장애인콜택시 개선 간담회(시의회)

02.07		문재인 더불어민주당 고문 간담회 (어린이재활병원 건립 최초 약속)
03.22		문재인 대통령 후보 '권역별 공공어린이재활병원건립' 대전 충청지역 공약발표
04.23		제3회 대전어린이재활병원 건립을 위한 '4.23 기적의 마라 톤' 개최
05.27		대전어린이재활병원 건립을 위한 토닥토닥 산행
07.13		공공어린이재활병원 디자인을 위한 열린토론 (대전예술의전당)
07.19		청와대 기자회견 〈중증장애아동아빠가 문재인대통령님께〉 편지 및 열린토론 결과 청와대 사회수석실 전달
08.24		장애인콜택시 관련 기자회견
09.08		대전시장 면담 및 푸르메재단 넥슨어린이재활병원 방문
09.21		국회기자회견 및 공공어린이재활병원 건립 관계기관 실무간 담회
09.29		공공어린이재활병원 건립 기원 1004배(대전시청)
10.31		토닥토닥 김동석 대표 보건복지위원회 국정감사 참고인으 로 출석
11.23		대전어린이재활병원 건립 시민대토론회(대전시청)
11.27		공공어린이재활병원 설계예산 통과를 위한 국회 1004배
12.04		설계비 통과 촉구 긴급기자회견(대전시청)
12.05		공공어린이재활병원 1개소 설계비 국회 통과
2018 02.28		공공어린이재활병원 운영 관련 토론회
04.09		공공어린이재활병원 조속한 설립 약속이행 촉구 1004배 (보건복지부 앞)
04.21		제4회 대전어린이재활병원 건립을 위한 '4.21 기적의 마라 톤' 개최(대통령축사)
05.01		청와대 사회수석실 면담
06.13		허태정 대전시장 핵심공약
07.09~16		청와대 앞 1004배 - 국민청원 〈국정과제 42번 공공어린이재활병원 건립사업 에서 '공공'을 살려주세요〉
07.26		공공어린이재활병원 대전 확정

08.25	○	제대로 된 공공어린이재활병원을 위한 대전시민 T.F 결성
08.25	○	전국시민 T.F연대(경기, 경남, 광주, 울산, 대전) 상임대표로 토닥토닥 김동석 대표 선출
09.10	○	제대로 된 공공어린이재활병원을 위한 국회 기자회견 및 토론회
10.09	○	공공어린이재활병원 대전확정기념 '10.9 대전 기적의 산행'
11.20	○	충남도의회토론회 〈지역의 중증장애아동 재활치료현실과 대책〉
11.26	○	공공보건의료페스티벌 토크쇼 김동석 대표 참여 〈보건복지부장관 질의 및 답변〉
12.27	○	2018 대전 10대 뉴스 1위 '대전시, 전국 최초 공공어린이재활병원 유치'(대전참여자치시민연대)
12.27	○	대전시청 기자회견〈공공어린이재활병원 도대체 누구를 위한 병원입니까?〉
2019 01.21	○	공공어린이재활병원 건립을 위한 시민 의견 청취 회의
03.18	○	공공어린이재활병원 민관협력 자문협의회 개최
03.28	○	넥슨재단 건립금 기부에 따른 감사패 전달
04.20	○	제5회 제대로 된 공공어린이재활병원 건립을 위한 '4.20 기적의 마라톤'
06.12	○	〈중증장애어린이의 재활치료 현황 파악 및 대안 모색〉 국회토론회
06.25	○	경북시민T.F 결성 간담회
07.01	○	한국장애인부모회 & 전국시민 T.F연대 업무협약 체결
07.02	○	공공어린이재활병원 민관협력 자문협의회 개최(70병상 규모로 확정)
07.20	○	제4회 토닥토닥 물놀이(대전가원학교)
08.12	○	전북 공공어린이재활병원(센터) 유치 촉구 기자회견
08.30	○	대한물리치료사협회 & 전국시민 T.F연대 업무협약 체결
09.05	○	충북장애인부모 간담회(공공어린이재활병원 필요성과 과제)
09.26	○	공공어린이재활센터 전주시, 춘천시(충북, 강원) 선정
10.07	○	제대로 된 공공어린이재활병원 건립을 위한 전북부모회 '한걸음' 출범식 및 기자회견

10.09		제대로 된 공공어린이재활병원 건립을 위한 '10.9 기적의 산행'
10.29		전국시민T.F연대 & 전국보건의료산업노동조합 업무협약 체결
11.26		성남시 공공어린이재활병원 설립을 위한 토론회
12.21		〈공공어린이재활병원 운영 모델 개발 연구용역〉 최종 보고회
12.23		김종필TV&토닥토닥&전국시민T.F연대_휴먼MOU체결
2020 01.15		성남공공어린이재활병원설립운동본부 간담회
01.17		공공어린이재활병원 민관자문협의회 개최
01.30		보건복지부 '소아재활치료 인프라 확충을 위한 간담회'
02.12		'충북공공어린이재활센터, 사람답게 자랄 권리' 전문가 토론회
02.14		전북한걸음부모회 간담회
05.21		장애등록 전 아동 및 성인 등 교통약자 이동권 확대 (대전복지재단)
05.29		청와대 〈국민과의 대화 그 후 이야기〉 유튜브 답변
06.02		소아재활수가 개선을 위한 5개 단체 간담회
06.09		청와대 제도개혁실 면담
07.15		충북권 공공어린이재활병원센터 건립을 위한 간담회(청주)
07.20		대전시 교육청 설동호 교육감 면담
07.20		김성주, 강선우 국회의원(보건복지위원회) 면담
07.30		(사)대한작업치료사협회 간담회
07.31		충남권 공공어린이재활병원 건립사업 중간설계완료에 따른 보고회
08.03		특수교육법개정을 위한 정책연구팀 면담
08.04		전국시민T.F연대 박범계국회의원 간담회(국회의원회관)
08.		전국 장애학생 순회교육대상자 급식지원 결정
09.09~25		도서출판 1004 바람편지 캠페인
09.21		대전시교육청 특수학교 치료실 설치운영 시작 (성세재활학교 운동발달프로그램)

10.	권역별 공공어린이재활병원 건립 추진 국회의원 모임 구성 (공동대표 박범계, 김성주, 간사: 강선우) - 공공어린이재활병원 건립비 추가 및 운영비 국비지원, '장애인 건강권 및 의료접근성 보장에 관한 법률' 개정안(강선우의원 대표발의) 조속한 통과 등 요구

§ 수상 내역

14.12.10	대전충남인권연대 〈올해의 나눔상〉 수상
15.01.15	대전참여자치시민연대 〈참여자치시민상〉 수상
17.12.11	대전광역시 인권증진 유공기관 표창(대전광역시장 표창)
18.12.18	대전충남인권연대 〈제3회 풀뿌리인권상 수상〉
19.11.13	제27회 대전광역시장애인부모대회 '대회장상' 수상 (김동석 대표)
20.10.29	제36회 전국장애인부모대회 특별공로상 수상

2. 공공어린이재활병원에 바람편지를 띄워요~

올해 대한민국 첫 공공어린이재활병원이 대전에서 착공에 들어갑니다.
6년 전 말 못 하는 한 아이의 바람은 기적처럼 현실이 되고 있습니다.
이제 당신의 1004바람편지를 띄워 주세요.

재활치료가 필요한 0~19세 미만 아동 약 29만 명 중 치료를 받는 아동은 고작 1만
9,896명으로 6.76%에 불과하다. 권역별로 평균 140명이 넘는 아이들이 집을 떠나
타지로 '떠돌이 생활'을 이어가고 있다.
모든 장애아동이 거주하는 지역에서 치료받기 위해 '권역별 공공 어린이재활병원
및 센터 건립'이 시급하지만, 구조적 운영적자가 뻔한 탓에 추진 속도는 더디기만
하다.
그래서 21대 국회가 나섰다. '건우법'을 이끌었던 박범계 의원을 필두로, 국회 보건
복지위원회 간사 김성주 의원이 대표의원을 맡았다. 정성호, 조승래, 강선우, 고영
인, 김원이, 김주영, 박영순, 서영석, 장철민, 최혜영, 허종식, 황운하, 신현영, 배진교
의원이 함께한다.
'어린이 재활 난민'이 사라질 때까지, 가장 든든한 지원군이 될 것이다.
ㄴ/대 국회 권역별 공공어린이재활병원 건립추진 의원모임

2020년 12월 착공되는 대전 공공어린이재활병원이 온전한 소아재활의료체계를 구축하고, 장애아동의 치료와 교육, 돌봄이 함께하는 통합시스템을 만들어 장애아동과 가족에게 희망이 되기를 기대해 봅니다.

박범계 국회의원, 더불어민주당 대전 서구을, 권역별 공공어린이재활병원 건립추진 의원모임 공동대표

이 책을 통해, 많은 분이 공공어린이재활병원 건립의 필요성을 함께 공감하고, 공공어린이재활병원 건립에 큰 힘을 보태주시기를 희망합니다. 또한, 공공어린이재활병원이 하루빨리 건립되어 장애어린이와 부모님들께서 바라는 형태로 운영될 수 있길 바랍니다. 저 또한 자라나는 미래 세대를 위해 함께 노력할 것을 다짐합니다.

김성주 국회의원, 더불어민주당 전주시병, 권역별 공공어린이재활병원 건립추진 의원모임 공동대표

아픈 아이를 키우고 있는 당사자로서, 또 국민 여러분을 대표하는 한 사람으로서 권역별 공공어린이재활병원 건립을 향한 여정의 가장 든든한 지원군이 되겠다는 약속을 드립니다.

강선우 국회의원, 더불어민주당 서울 강서갑, 권역별 공공어린이재활병원 건립추진 의원모임 간사

기적이 현실이 되고 있습니다.
불가능해 보였던 일들이 정성이 모이고 마음이 모이고 뜻이 하나로 이어져 희망으로 세워지고 있습니다.
'대전공공어린이재활병원'~!! 그 시작과 현재의 모습은 그 자체로 이미 감동 어린 기적입니다.
"함께 꾸는 꿈은 현실이 된다"라는 말이 공공어린이재활병원 건립의 역사처럼 꼭 들어맞는 예는 흔치 않을 것입니다.
그간의 과정을 옆에서 지켜본 한 사람으로서 그 생생한 기적의 역사를 담은 〈공공어린이재활병원이 시작하다〉의 출간을 진심으로 축하합니다. 이 책에는 지나온 과정과 함께 우리 공공어린이재활병원이 앞으로 걸어가야 할 방향이 제시되어 있습니다. 많은 이들에게 읽혀 의료 공공성의 확립, 장애아동 재활의 중요성, 함께 사는

세상의 아름다움이 널리 전파되길 응원합니다. 대전공공어린이재활병원 착공을 설레는 마음으로 기다립니다.

박영순 더불어민주당 대전광역시당위원장 대덕구 국회의원

공공어린이재활병원은 '30만 건우'가 꿈과 희망을 키우는 곳입니다.

건우는 올해 13살이 되었습니다. 2살 때 사고로 뇌 손상을 입고 재활치료를 위해 병원을 떠돌아다닌 지 벌써 11년째입니다. 건우는 다른 아이들처럼 학교에 다니지 못합니다. 치료와 재활을 받아야 하기 때문입니다. 그런 건우에게 병원은 단순히 아픈 몸을 치료하는 곳이 아닙니다. 학교 대신 세상을 배우고 꿈과 희망을 키울 수 있는 곳입니다. 건우처럼 재활치료가 필요한 어린이는 30만 명에 육박합니다.

국내 첫 공공어린이재활병원이 드디어 문을 열게 됩니다. 대전 서구에 들어서는 공공어린이재활병원은 아픈 몸을 치료만 하는 단순한 병원이 아닙니다. 사고로, 혹은 이런저런 피치 못할 사정으로 재활치료를 받아야 하는 어린이들이 세상을 배우고 꿈을 키울 수 있는 희망의 터전이 될 것입니다. 치료와 교육 중 하나를 선택하는 게 아니라 치료와 교육이 동시에 이루어지는 곳이 되기를 희망합니다.

공공어린이재활병원 건립을 뜨거운 마음으로 환영합니다. 병원 건립은 끝이 아니라 시작입니다. 그동안 공공어린이재활병원 건립 과정이 그랬던 것처럼, 앞으로도 시민 모두가 함께 관심을 기울이고 뜻을 모아야 합니다. 저 역시 치료와 재활, 교육과 돌봄이 동시에 이루어지는 꿈과 희망의 터전으로 만들어가는 데 힘을 보태겠습니다. 비록 불가피한 사정으로 몸은 아프고 불편하지만, 마음만은 덜 아프고 불편하지 않은 그런 세상을 그려 봅니다.

장종태 대전시 서구청장, 대전구청장협의회장

많은 이들이 어렵다고 했지만, 모두의 절박함이 기적을 이뤄냈습니다. 공공어린이재활병원은 장애 어린이와 부모에게 '재활 난민' 생활을 끝내는 유일한 희망이었습니다. 내년이면 그 꿈이 현실로 다가옵니다. 하지만 정부의 턱없이 부족한 병원 건립 예산 책정과 운영비 지원은 고된 시간을 인내하며 버텨온 이들의 얼굴을 다시 그늘지게 하고, 살림이 팍팍한 지자체에 재정 부담을 주고 있습니다.

국민의 건강을 지키는 것은 국가의 당연한 의무입니다. 장애 어린이와 부모의 든든한 버팀목이 되어 어린이 재활에 있어 가장 중요한 치료 환경을 조성하고, 사회적으로 단절된 장애 어린이들의 삶을 회복하기 위한 섬세하고 따뜻한 정부의 책임 있는 모습을 보여 주길 바랍니다. 장애 어린이들이 질 좋은 재활치료 및 교육·의료 서비스에서 소외당하지 않도록 함께 노력하겠습니다.
박정현 대전시 대덕구청장, 전 대전어린이재활병원시민추진모임 공동대표

7년여 전 어린이재활병원이 저조차도 그게 쉽지 않은 일, 되겠나 하는 마음이 한 구석에 있었지만 많은 분의 바람대로 또 같이 일구어감에 곧 현실로 착공을 앞두고 있습니다.
이것은 대전이 시작이고 곧 경남에서 강원도 등에서 다른 지역에서도 일어날 일들이라는 게 참으로 가슴 벅찬 일입니다.
건우 엄마 이은미, 대전

왕복 2시간 거리를 원정치료를 다니며 어린이재활병원이 절실했습니다. 아이의 치료와 교육문제로 이사도 했습니다. 공공어린이재활병원은 단순한 치료목적이 아니 아이의 미래를 바꿀 수 있는 중요한 병원입니다. 어린이재활병원이 건립될 수 있게 도와주신 모든 분과 토닥토닥에 진심으로 감사드리며 모두 평등하게 다닐 수 있는 공공어린이재활병원이 전국적으로 함께하길 바랍니다.
정숙, 대전

아프지만 우리 아이도 이 세상에 온 이상 마음껏 누릴 수 있었으면 좋겠습니다. 그게 교육이든 치료이든 문화생활이든 대한민국 어린이가 누리는 걸 우리 아이도 누리길 바라봅니다. 아프니까 장애가 있으니까 소외되지 않길 바라요.
그 첫걸음이 어린이재활병원이 되겠지요. 파이팅입니다^^
소연 엄마 김경애, 대전

말로 표현할 수 없을 만큼 좋은 일이네요. 우리 아이들이 치료할 수 있는 병원이 생긴다니 꿈같아요. 감사합니다 희망입니다 사랑입니다~~♡♡♡
제대로 된 공공어린이 재활병원은 장애가 있는 세상 모든 건우와 건우 엄마, 아빠의 꿈입니다.
장정익, 대전

오랜 시간 애쓴 만큼 좋은 결실이어서 더더욱 많이 생겼으면 좋겠어요.
중원 엄마 김영경, 대전

중증장애가 있는 우리 아이들이 편견이나 차별 없이 재활치료를 받을 수 있는 병원이 건립되길 간절히 희망합니다~
건휘 엄마 황진영, 대전

우리 아이들에게도 골든타임이 있습니다. 모두 공평하게 지킬 수 있도록 힘을 모아주세요.
이채민, 대전

우리의 꿈이 희망이 되고, 현실이 되고, 행복이 되게 해 주세요♡
엄희찬, 대전

우리의 마음속에 천사의 바람이 불어 모두가 마음만은 건강하고 행복하여 하루하루가 기쁘고 활기찬 날들이 되기를 바라봅니다.
김지현, 대전

내 아이가 한 발짝 더 세상에 디딜 수 있는 희망의 장소가 생겨나길 바라봅니다.
김용주, 대전

긴 시간 끝에 좋은 소식을 듣게 되어 감사한 마음과 기쁨을 전합니다. 지금까지 힘써 주신 모든 분께 감사드립니다. 장애아이들이 더 좋은 환경에서 생활했으면 하는 마음으로 대전어린이재활병원건립을 축하하며 토닥토닥을 응원합니다.
박은성, 대전

어린이재활병원을 짓기 위해 10년을 뛰었습니다. 대전에 지어질 공공어린이재활병원이 대한민국 구석구석 세워지는 그 날까지 뛰고 또 뛰겠습니다.^^
은총이 아빠 박지훈, 군산

장애 어린이들이 치료받을 곳이 없어 떠돌아다니는 재활 난민 없는 나라가 되도록 물리치료사들이 함께하겠습니다.
김두섭 대전물리치료사협회장

무에서 유를 창조하듯 공공어린이재활병원은 토닥토닥의 열정으로, 땀으로 처음으로 대전을 시작으로 전국에 뿌리를 내리고 있습니다. 고생하셨어요. 진심으로 응원하며 주인공 건우 파이팅! 토닥토닥 파이팅!
이선욱 대전시장애인부모회장

대전에서 시작하는 대한민국 최초의 공공어린이재활병원! 이제 우리 장애 어린이들의 제대로 된 치료와 재활, 교육과 돌봄을 위해 제대로 된 공공어린이재활병원으로 건립되기를 소망합니다.
홍종원 대전시의회 행정자치위원장

6년 전 한 아이의 바람과 아이의 바람을 실현하기 위한 부모의 사랑이 바람개비가되어 대한민국이 따뜻해지고 있습니다. 우리 모두 천사가 되어 공공어린이재활병원에 함께하길 소망합니다.
류재상 대전시교육청 장학사

참으로 긴 인고의 시간 끝에 그 많은 바람과 눈물이 모여 그리 크지 않은 병원이 건립되게 되었습니다. 앞으로 갈 길이 아직은 멀지만, 지금까지 잘해 오셨듯, 앞으로도 잘하실 거라 믿습니다. 아이들을 위한 진심으로 병원이 제대로 지어질 수 있도록 함께 노력하겠습니다.
노태화 대전시청 장애인복지과 주무관

지난 6년간 바랐던 기적이 현실이 되었습니다. 공공어린이재활병원이 완공되는 날까지 진심 어린 응원으로 힘을 더할 것을 약속합니다. 더불어 공공어린이재활병원 건립으로 대한민국 모든 장애 어린이에게 기적을 선물해 주길 소망합니다.
길종식 노피커뮤니케이션 대표

장애아동을 위한 대전공공어린이재활병원~!! 건우와 건우 아빠, 엄마의 작은 소리
가 큰 메아리로 번져 마침내 기적을 이루게 된 이면에는 눈물의 세월 6년이 있었습
니다. 기적이 현실이 되어 나타나고 있는 지금, 앞으로의 공공어린이재활병원의 새
로운 역사가 어느 누구나 세상은 살만한 가치가 있다는 든든함의 산 증인으로 쓰
이길 바라며 응원합니다.
서영완 박영순 국회의원 보좌관

건우와 선우가 이제 우리의 건우와 선우가 되었고 또 우리 모두의 희망이 되었습니
다. 건강하고 행복한 아이들의 미래가 우리의 미래이기도 합니다.
이진희 대전참여자치시민연대 상임대표

건우가, 전국의 수많은 건우와 건우의 가족이 평범한 일상을 누릴 수 있도록, 활짝
웃을 수 있도록 제대로 된 공공어린이재활병원의 건립과 운영을 희망하고 응원합
니다. 함께 울고 웃고 걷고 달리겠습니다.
홍미애 세종시청자미디어센터장

건우의 꿈이 이루어지길 바랍니다. 파이팅입니다.
양동철 박범계 국회의원 특보단장

아픈 몸을 이끌고 떠도는 아이들이 없는 온전한 세상, 치료를 이유로 가족이 해체
되지 않는 따뜻한 상식의 대한민국을 꿈꿉니다. 공공어린이재활병원 건립, 함께 하
겠습니다. 응원합니다!
김연주 강선우 국회의원 비서관

건우의 꿈이, 함께 달린 시민들의 바람이 온전하게 이뤄지길 소망합니다. 대전을
시작으로 전국 곳곳에 공공어린이재활병원이 세워질 수 있도록 다시 한번 마음을
모아주시면 좋겠습니다.
김신일 내일신문 기자

병원을 좋아하는 사람은 없습니다. 치료를 즐기는 사람도 없습니다. 하지만 병원을

간절히 원하는 아이들이 있습니다. 치료받지 못하면 절망에 빠질 수밖에 없는 가족이 있습니다. 그 여리고 뒤틀리는 몸으로 공공어린이재활병원을 외치던 건우가 벌써 어린이가 아니라 청소년이 됩니다. 늦었지만 이 땅의 건우들이, 건우의 동생들이 맘껏 치료와 교육, 상담받는, 제대로 된 대전어린이재활병원 꼭 지읍시다!
이지완 TJB대전방송 PD

시민 1004분의 바람 편지가 현실로 이루어지길 소망하며 처음부터 모든 바람이 현실이 되는 그날까지 함께할 것을 약속합니다.
김종승 대전세종오늘신문/내일신문 본부장

이 세상 모든 건우의 하루하루를 응원합니다.
문은선 대전MBC 기자

어린이재활병원을 향한 김동석 대표님의 열정과 추진력에 무한감동 받아 왔습니다. 모든 사람이 사람다운 생활을 누릴 수 있는 인권사회를 위해 노력하겠습니다.!!!
이상재 대전충남인권연대 사무국장

세상 모든 어린이가 아프지 않고 행복할 권리를 위해 앞장서시는 분들의 노고를 위로하며 그 긴 여정이 책으로 발행됨에 귀감이 되길 바라봅니다.
김인중 대전시교통약자이동지원센터

기적처럼 현실이 된 공공어린이재활병원. 이제 전국 방방곡곡에 제대로 설립되어 장애아동에게 건강을 선물하는 기적의 공간이 되기를 기원합니다.
노형일 항공우주연구원

늘 함께하며 응원하겠습니다. 작은 것으로 아이들에게 꿈과 희망이 싹틀 수 있는 밑거름이 되었으면 합니다.
차광호 논산시청 정보통신과장

전국에 공공어린이재활병원이 반드시 만들어지면 좋겠습니다.
나백주 서울시립대교수, 전 서울시시민건강국장

~~~~~~

건우 가족 늘 응원합니다^^ 토닥토닥 파이팅!!
왕종명 MBC뉴스 앵커

~~~~~~

어느 날 SNS에서 건우의 이야기를 보고 가슴 한편이 칼에 베인 듯 아팠습니다. 그러다가 뭔가 함께할 방법을 고민하기 시작했고, 뜻이 있는 분들과 재능기부 연주회를 기획하며 작은 힘을 보태게 되었습니다. 그렇게 인연이 되어 건우와 선우를 만났고 항상 마음이 무거웠습니다. 포기하지 않고 긴 시간 노력 끝에 얻은 '대전어린이재활병원' 건립 진심으로 축하드리며 사단법인 토닥토닥을 응원합니다.
오미숙 전 충남녹색어머니연합회장

~~~~~~

2020년, 코로나19 바이러스로 모두 힘드셨죠? 초유의 감염병 사태를 겪으며, "우린 늘 코로나 정국이었다."라고 말하는 장애인의 학부모 이야기를 듣고 굉장한 충격을 받았고, '내가 누리는 자유와 권리를 너무도 당연하게 생각했구나.'라는 반성을 했습니다. 감염병 시대에 더 주목되는 안전권, 건강권, 환경권, 교육권이 실현될 수 있도록 공공의료 서비스 확충이 시급하고, 무엇보다 장애아동들이 의료와 교육을 함께 보장받을 수 있는 제도적 장치가 마련되기를 강력히 촉구합니다. 모든 사람은 행복하게 살 권리가 있습니다. 모든 사람은 평등해야 합니다. 모든 사람은 차별받지 않아야 합니다. 이 기본적인 권리를 장애아동들도 누려야 합니다.
강영미 참교육학부모회대전지부장

~~~~~~

공공어린이재활병원을 통해 장애 아이들의 아픔이 아물고, 부모님들의 눈물이 멈추는 시작이 되었으면 합니다. 공공어린이재활병원이 민들레 홀씨처럼 전국으로 퍼지길 소망합니다.
문창기 대전시 대덕구청 대외협력보좌관

~~~~~~

대한민국에 계시는 거동이 불편한 어르신들이나 중증장애인들이 제대로 된 재활치료를 받을 수 있었으면 합니다. 특히 복합장애를 앓고 있는 아이들이 치료와 교육을 동시에 잘 받았으면 간절한 맘입니다.
성광순 비에스날빛 자원봉사후원회

건우야, 네 미소가 더 크고 더 큰 웃음이 될 때까지 적은 힘이나마 함께 응원하고 격려하며 가고 싶구나. 그리고 전국의 건우들, 건우 부모님들과도 마음을 함께하고 싶단다. 이 따뜻한 바람이 우리 모두를 감싸주기를 기도할게. 힘내, 그리고 우리 힘 내자.♥
송은실, 부천

공·공 어린이 재활병원 건립은 공·공재로서의가치를지닙니다/어·린이의중증장애 치료는국가가책임져야죠/린(인)·제다시시작!/이·세상중증장애인과가족들이O.K할 때까지/재·활병원건립의노력은/활·기차게계속될겁니다/병·들고아픈사람들이/원· 하는재활치료맘껏받아/건·강을회복하길/립(입)·모아응원,축복합니다.
이현석, 대전

우리 아이들이 좋은 환경에서 재활치료를 받고 더 나은 삶을 살아갈 수 있도록, 나아가 재활선진국이 되길 희망합니다.
이현주 작업치료사, 대전

더 이상 우리 아이들이 치료를 받기 위해 난민처럼 떠돌아다니지 않도록 하기 위 해 저희 병원에서도 소아재활센터를 운영하고 있습니다. 소중한 우리 아이들이 전 국 어디에서나 편하게 치료와 재활을 받을 수 있도록 도움이 되고 싶습니다. 공공 어린이재활병원건립을 적극 지지합니다.
서연식 세종새싹병원 행정원장

장애아동들의 치료받을 권리가 보장되었으면 합니다.
심제명 대한물리치료사협회 정책이사

유엔 아동권리협약 기본 원칙에서는 '장애아동의 생존과 발달을 위해서는 그들이 반드시 보호와 지원을 받아야 하며, 장애 및 나이에 따른 국가적 지원을 받을 권

리가 있다'라고 명시되어 있습니다. 중증장애 아이들 치료 문제는 국가가 책임져야 하는 일이기에 공공 어린이 재활병원 건립은 반드시, 조속히 추진되어야 합니다.
김복희, 서울

그동안 많은 장애아동은 치료 시기를 놓쳐 장애가 더욱 악화하는 경우가 많았습니다. 아이들이 충분히 보호받지 못하는 나라에 미래가 있을까요? 아이들이 행복한 나라, 건강한 성인으로 자랄 수 있는 나라가 되길 소망하며 그 발걸음에 공공재활병원이 큰 힘이 되길 바랍니다.
권지혜, 서울

공공재활어린이재활병원 시작을 응원합니다. 그동안 많은 어려움을 겪어왔고 애타게 기다려 왔을 장애아동 가족들에게 큰 힘이 되어 주세요! 도입된 취지를 이루고 성공적인 모델을 위해 소아재활을 위한 정책적인 개선 및 지원, 그 인력의 역할이 매우 중요할 것 같습니다.
정영지, 서울

고대하던 공공어린이재활병원의 건립을 축하드리며, 이번 건립을 발판 삼아 아이들의 날개를 넓게 펼칠 수 있는 세상이 오기를 바라봅니다. 아이들의 세상이 희망과 행복으로 가득하길 바라며 다시 한번 병원 건립을 축하드립니다.
김미영, 서울

의료는 공공영역입니다. 재활 난민이 더 이상 생기지 않게 국가에서 어린이공공재활병원을 꼭 설립하길 바랍니다.
박현희, 논산

대한민국의 미래를 위해서도 우리 아이들이 마음 편히 재활치료를 받아야 합니다. 공공어린이재활병원이 더 많아져야 하므로 우리는 꾸준히 관심을 가져야 합니다. 대한민국도 일본처럼 2,000개의 공공어린이재활병원이 건립되기까지 계속 관심을 가지며 응원하겠습니다.
윤여용 작업치료사, 인천

긴 휴가 동안 주변을 돌아보니 밖에서 자유롭게 다니지 못하는 몸과 정신이 불편한 아이들을 보지 못했습니다. 공공어린이 재활병원이 생겨 몸이 불편한 아이들의 치료와 휴식이 함께 병행된다면 미래엔 장애에 대한 우리들의 불편한 인식 없이 함께 어울려 사는 멋진 세상이 될 것입니다. 간절히 또 강력히 공공어린이재활병원 건립을 바랍니다.

이강산, 서울

수도권에 집중된 재활시설로 인해 장애아동과 가족들은 선택의 기회조차 없이 난민의 삶을 살고 있습니다. 장애아동을 위한 어린이병원을 공공에서 건립하여 가족들의 치료에 있어서 선택의 기회를 제공하고, 지역 간 차이를 줄일 수 있기를 희망합니다.

함형광, 서울

국내에서 아동을 대상으로 재활치료를 하는 곳은 많지 않아 가족들과 떨어져 지내며 한 병원에서 3~4개월씩 입원하여 치료를 받는 않는 가족과 함께 행복을 꿈꿀 수 있는 공공어린이병원이 건립되기를 기원합니다.

김영호, 서울

공공재활병원 설립으로 우리 사회에서 소외당하고 있던 중증장애 어린이들에게 재활치료를 제공할 수 있게 되어서 너무 기쁩니다. 이번 기회에 공공재활병원이 국민의 관심을 받아 전국에 생길 수 있도록 응원하겠습니다.

맹호경, 강릉

아이들의 미래에 빛을 비추어 줄 수 있는 병원이 될 것이라 믿습니다. 공공어린이병원의 건립을 환영합니다.

배선영, 광주

공공어린이재활병원 건립을 응원합니다. 제대로 치료조차 받지 못하는 아이들에게 한 줄기 빛이 되어 희망이 가득한 삶을 이룰 수 있게 되기를 기대합니다.

조현성, 광주

장애아동을 위한 병원 건립을 응원합니다. 아이들이 장애를 극복하고 사회의 한 일원이 될 수 있도록 도와주고 포기하지 않는 삶을 살 수 있도록 지지해주는 병원이 되기를 희망합니다.
공미희, 광주

단, 하루도 평범한 삶을 살 수 없는 우리 천사들에게 공공어린이병원의 건립으로 작은 희망과 꿈이 실현되길 간절히 바랍니다.
황호성, 광주

"공공어린이병원의 건립을 진심으로 환영합니다." 한 걸음 두 걸음… 그 걸음이 쌓이고 쌓여 아이들이 꿈꾸는 길로 인도해 주는 병원이 될 것이라 믿습니다! 공공어린이병원 파이팅!
이성희, 광주

"우리의 소원, 우리의 바람! 공공어린이병원의 건립을 환영합니다." 희망과 소망이 가득 찬 세상으로 이끌어줄 공공어린이병원이 되기를 진심으로 응원합니다!
손보영, 광주

식물이 꽃을 피운다는 것은 온 힘을 다해야 할 수 있습니다. 그때는 물도 충분해야 하고 여러 가지 상황이 잘 맞아서 진짜 온 힘을 다해서 쫙 피워내는 겁니다. 우리 아이들은 장애가 있든 없든 꽃을 피울 수 있게 어른들이 옆에서 물도 햇빛도 주면서 옆에서 좋은 말로 응원도 하면서 지켜줘야 합니다. 공공어린이재활병원은 우리 장애아동들이 새싹에서 꽃으로 자랄 수 있게 꼭 필요한 곳입니다. 비록 그 꽃이 모든 사람 눈에는 예쁘지 않더라도 그 꽃은 그 꽃만의 매력을 가지고 있지요. 우리 아이들은 이곳에서 잎이 나고 꽃을 피울 것입니다. 꽃이 필 수 있도록 도와주세요.
박경하, 인천

우리 주변에는 여러 가지 원인으로 장애를 아이들이 많지만, 재활치료를 받을 치료시설이 턱없이 부족하다고 알고 있습니다. 이번 대전에 생기는 대한민국 최초 공공어린이 재활병원은 우리의 아픈 아이들이 재활서비스를 좀 더 쉽게 받을 수 있는 초석이 될 것으로 생각합니다. 우리 천사 같은 아이들이 모두 건강해지는 그날까지 응원하고 지켜보겠습니다.

이주열, 인천

우리 아이들이 의료서비스를 차별 없이 치료를 받을 수 있도록 공공의료기관이 설립되어, 지역사회를 참여할 수 있고 더불어 살아갈 수 있도록 공공의료기관의 큰 발전이 있기를 무궁한 기원합니다!

이윤이, 인천

"아이들은 우리의 미래다." 누구나 행복할 수 있는 세상에서 살아가고 싶습니다. 재활치료가 필요한 친구들도 우리 사회의 구성원으로 역할을 할 수 있도록 하는 첫걸음, 공공 어린이 재활병원 건립을 응원합니다. 아이들의 미소가 넘치는 사회를 만들어 주세요!!

박진양, 인천

비장애인이 행복한 삶을 살 수 있게 재활이 필요한 시기를 놓치지 않고 갈 곳을 찾아 헤매지 않도록 공공어린이재활병원 설립을 기원합니다. 아이들이 희망과 용기를 얻어 앞으로 나아가 꿈을 이룰 수 있게 도와주세요.

정하늘, 인천

"선생님, 우리 언제 치료받을 수 있어요?", "선생님, 어린이재활은 돈이 안 돼서 병원에서 치료사를 더 뽑아주지 않는다면서요?" 이제 한국에 처음으로 학수고대하던 공공어린이재활병원이 개소한다. 장애아이들에겐 재활과정이 곧 생활이다. 이젠 돈 걱정 없이 장애아이들이 세상에 더불어 사는 법을 마음껏 배울 수 있는 희망 넘치는 많은 공공의료재활병원이 생겨나길 기대해 본다. 오늘은 퇴근길 발걸음이 참으로 가벼운 하루다.

정주희, 부천

우선 공공어린이재활병원의 건립을 축하드립니다. 이번 재활병원 건립이 전국으로 이어져 중증장애인 어린이들이 제대로 된 치료와 재활, 교육을 받을 수 있길 희망하며 다시 한번 건립을 축하드립니다.

김형택 작업치료사, 경기

~~~~~~

재활병원에서 근무하는 작업치료사입니다. 소아파트는 아니지만, 주변에 많은 장애 아동이 치료를 받을 수 있는 병원을 찾아 헤매는 안타까운 상황을 자주 지켜보고 있습니다. 치료 시기를 놓쳐 상태가 악화하는 아이들이 너무나 안타깝습니다. 우리는 이 아이들을 절대 외면해서는 안 돼요. 사랑으로 보듬어 주고 치료해 주고 응원해 줘야 합니다. 부모의 사랑만큼 지역사회와 나라의 도움이 절실합니다. 공공어린이재활병원이 꼭 이른 시일 내에 건립되길 바랍니다.

임지은, 경기

~~~~~~

공공어린이병원 건립을 응원합니다. 세 살 아기를 키우면서 작업치료사로 10년을 넘게 근무하면서 많은 것을 느낍니다. 왜 재활이 돈 되는 사업으로 운영이 되는가에 대한 의문을 가집니다. 적어도 아이들은 재활 난민이 되어서는 안 됩니다. 공공어린이병원이 하루빨리 건립되어 우리 아이들이 아프지 않고 회복되고 건강한 삶을 가질 수 있도록 어른들이 노력해야 합니다.

조경인, 경기

~~~~~~

모든 국민은 인간으로서의 존엄과 가치를 가지며, 행복을 추구할 권리를 가진다. 이 권리를 가져보지도 못하는 아이와 부모들이 묻고 싶네요. 이럴 때 국가는 무엇을 해 주어야 할까요?

김영훈, 수원

~~~~~~

중증장애 어린이들에게 병원이라는 곳은 치료 이외에 교육과 사회성을 배울 수 있는 곳입니다. 현재 주변의 많은 중증장애 어린이는 치료의 기회를 얻기 위하여 이곳저곳을 다니는 모습을 보아왔습니다. 제도적인 문제로 인하여 아이들에게 치료받을 기회조차 없는 현실이 매우 안타깝다고 생각했습니다. 장애 어린이에게 이번 '공공어린이재활병원' 건립은 단순히 치료의 기회만 늘린 것이 아니라 아이들의 미래를 설계할 수 있다고 생각합니다. 또한, 조기치료, 재활, 교육과 돌봄을 할 수 있다는 점은 아이와 부모의 걱정 해소뿐만 아니라 사회적 비용까지 감소할 수 있다는 점을 기대할 수 있을 것입니다. 다시 한번 축하하며 전국에 더 많은 공공어린이 재활병원을 건립하여 많은 아이가 기회를 얻었으면 하는 바람입니다. 응원합니다!!

지은규, 수원

임상에서 재활치료를 하고 있는 치료사로서 어린이들이 이용할 수 있는 공공의료 기관이 많지 않다는 것을 느꼈습니다. 어린이들에게 재활은 연령에 따른 발달을 촉진하고 일상생활의 참여를 돕기 위한 필수 요소라고 생각합니다. 공공어린이재 활병원에서 어린이들이 이처럼 자신의 일상생활에 대한 참여를 배울 수 있도록 환경을 제공해 주세요. 어린이들과 보호자에게 희망을 주세요!

김충만, 인천

'재활 난민' 익숙하지 않은 단어가 당신의 현실이 될 수 있습니다. 겪어보지 않으면 모를 수 있는 우리 아이들과 부모님들의 고통을 저는 작업치료사로서 간접적으로 느낄 수 있었습니다. 이제는 '재활 난민'이라는 단어가 사라질 수 있도록 우리 모두 공공어린이 재활병원의 설립에 힘써야 할 시기입니다.

홍근호, 인천

아이들은 우리의 미래입니다. 비장애 아이들도 장애아이들도 소중한 우리의 아이들입니다. 조금 늦었지만, 공공어린이재활병원의 건립을 열렬히 환영합니다. 느린 만큼 더 힘찬 발걸음으로 우리나라의 공공의료발전을 위해 나아갔으면 좋겠습니다. 더 나은 대한민국 공공의료의 미래를 위한 한 걸음을 응원합니다.

황종우, 인천

응원합니다. 선천적으로 후천적으로 장애를 얻은 많은 아이가 도움을 받을 수 있는 기관이 부족해서 재활을 충분히 받지 못하고 있습니다. 미래의 희망이 될 아이들을 위해 힘내주세요.

김여은, 인천

아이들이 기본적인 삶을 누리는 데 필요한 치료와 교육, 돌봄을 받을 수 있는 소아 재활의료체계가 구축된다는 것은 너무 감사한 일입니다. 아이들의 능력에 맞게 일상생활과 놀이 및 교육 활동에 참여할 기회를 응원합니다.

김미현, 분당

간절히 바라봅니다. 아이들과 부모님들이 걱정 없이 치료받을 수 있는 환경을… 응원합니다. 공공어린이재활병원의 건립을!

김태훈, 인천

아이들이 치료받을 수 있는 기관을 찾는 글들이 포털사이트에 보면 많이 보입니다. 소아치료를 잘 하는 병원이 아닌 치료를 받을 곳이 있는지 없는지를요. 이런 글들을 보면서 아이들이 걱정 없이 치료받을 수 있는 기관이 절실하다는 생각이 들었습니다. 응원합니다. 공공어린이 재활병원의 건립을요.

남소영, 인천

아이를 키우면서 엄마의 마음으로 재활이 필요한데 받을 수 있는 곳이 거의 없어 이러지도 못하고 저러지도 못하는 부모님들과 아이들을 보면 마음이 안 좋았습니다. 이제라도 공공어린이재활병원을 건립하는 것에 응원을 보내고 싶습니다.

김성희, 분당

장애아동과 가족 모두의 오랜 염원인 공공어린이재활병원의 건립은 어른들의 선택이 아닌 필수적인 보장입니다. 국가의 미래인 모든 어린이가 차별 없는 양질의 재활치료를 통해 장애를 극복하고 꿈을 향해 성장해 나갈 수 있도록 반드시 병원이 건립되기를 기도합니다.

성지은, 부산

의료기관의 부족으로 충분한 치료를 받지 못하는 중증장애아들과 그 부모님들에게 공공어린이재활병원은 오아시스와도 같은 곳이라 생각합니다. 장애 어린이들의 희망이 꽃 필 수 있는 오아시스가 꼭 필요합니다.

박해성, 부산

병원에서 근무하다 보면 성인환자는 많이 보지만 어린이환자는 거의 보지 못합니다. 어린이들 치료하는 병원은 정말 적습니다. 우리 아이들이 걱정 없이 치료받을 수 있는 병원이 생기는 것을 매우 환영하고 응원합니다.

남경완, 분당

예전에 재활 난민이란 제목으로 진행되던 영상이 기억나네요. 한겨울이었는데, 병원에 가기 위해 온몸을 꽁꽁 싸맨 채 휠체어에 앉아서 택시를 기다리던 장애아동. 현재 노인전문병원은 계속 생겨나고 있는 상황에서 제대로 된 어린이 재활전문병원이 없다는 현실이 너무 안타깝습니다. 그 이유 중 하나가 수익성이 낮다는 것일 겁니다. 그렇기에 나라나 지자체에서 운영하는 공공어린이재활병원이 꼭 필요한 것입니다. 많은 분의 간절한 바람이 있기에 이번 기회에 꼭 공공어린이재활병원이 설립되었으면 좋겠습니다.

박유현, 창원

공공어린이 재활병원이 건립됨으로써 어린이와 가족들에게 통합재활 의료서비스를 더욱 효율적으로 제공할 수 있게 되고 나아가 어린이의 잠재력을 극대화할 기회가 되었으면 좋겠습니다.

심민정, 양산

성장과 발달이 완성되지 않은 시기에 여러 가지 원인으로 장애가 있는 아동의 경우 조기진단과 조기 재활치료가 매우 중요합니다. 아동에게 맞는 전문적인 재활치료가 필요한 이때 공공어린이 병원이 건립됨으로써 가족과 사회에 희망을 주는 기회가 되기를 바랍니다.

김병철, 양산

많은 이들의 소망과 희망을 위하여 그리고 이 나라의 밝은 미래를 짊어질 우리 대한민국의 수많은 어린이를 위하여 어린이공공재활병원은 꼭 설립되어야 합니다. 아이들의 미래는 곧 나라의 미래입니다. 그리고 아이들의 소망과 희망은 곧 나라의 소망과 희망입니다. 한 발짝 앞으로 더 나아가는 대한민국을 위하여 저희는 공공재활병원을 소망합니다.

오현수, 양산

어린이 재활병원은 많은 장애아동의 부모님에 바램입니다. 공공어린이 재활병원은 많은 부모님에게 희망을 줄 것이며 또한 장애가 있는 아동에게는 재활에 좋은 환경을 제공할 것입니다. 꼭 생기기를 소망합니다.

이영오, 울산

몸과 마음이 아픈 아이들을 어루만져줄 수 있는 공공어린이재활병원의 건립은 반드시 이루어져야 할 시대의 약속입니다. 이 나라의 희망이 될 아이들의 체계적이고 전문화된 재활을 위해 모든 어른의 힘을 모아 곳곳에 꼭 건립되기를 진심으로 소망합니다.

강성구, 창원

장애아동들에게 지속적인 재활은 생명과도 같은 일입니다. 어린이들이 미래를 꿈꿀 수 있도록 재활을 제공하는 것은 국가가 당연히 해야 할 의무입니다. 이제 어른들이 온 힘을 다해 아이들의 미래를 만들어 주어야 합니다. 공공어린이재활병원 건립을 지지합니다.

김애린, 경남

정상적인 삶을 이어가고 있는 우리는 장애가 있는 아이들에게 늘 빚을 지며 살아갑니다. 이 아이들과 부모님들에게 작지만 큰 희망이 될 공공어린이재활병원은 이제 우리의 책임입니다. 최선을 다해 건립을 지지하겠습니다. 경제 논리에 치우치지 말고 오직 아이들만 생각해 주세요.

김영숙, 경남

공공어린이재활병원의 건립을 소망합니다. 우리 장애 어린이들은 재활치료를 받을 만한 곳이 충분치 않습니다. 사설 기관을 전전하며 부모님의 희생이 없으면 우리 어린이들은 치료받기가 쉽지 않습니다. 장애 어린이들과 부모님의 소원인 공공재활어린이병원을 꼭 세워 주세요!!!

김지윤, 부산

문재인 정부의 공약인 공공어린이재활병원이 꼭 설립되었으면 좋겠습니다. 어린이들이 치료받을 곳이 많이 없고 이것을 부담할 공공기관이 부족하다는 현실을 처음 알았습니다. 장애인도 치료를 받을 권리가 있습니다. 우리 아이들이 치료받게 꼭 세워 주셨으면 합니다.

조영신, 부산

장애아동은 스스로 밥 먹는 것조차 타인의 손을 빌려야 살 수 있는 아이들입니다. 그들에게 재활은 삶의 질을 높일 수 있는 유일한 희망이며 생존과도 같은 것입니다. 공공어린이재활병원이 장애아동에게 유일한 희망입니다.

주지혜, 부산

장애아동의 부모는 하루하루가 너무 힘이 듭니다. 미래가 보이지 않는 자녀의 케어에 지쳐만 갑니다. 장애아동의 부모에게 희망을 주세요. 공공어린이재활병원이 장애아동의 부모에게 희망이 될 수 있습니다

안두하, 부산

사람이 먼저인 세상을 꿈꿉니다!

임재기, 대전

이번에는 꼭 제대로 된 공공어린이재활병원이 건립되었으면 합니다. 항상 응원하겠습니다.

이재복, 대전

세상의 변화는 작은 발걸음에서 시작합니다. 토닥토닥의 작은 발걸음이 나비효과가 되어 어린이재활병원이 설립되고, 우리 아이들이 차별받지 않고 교육받을 수 있는 세상이 되길 기원합니다.

이건희, 대전

건우의 밝은 웃음을 응원하며 공공어린이재활병원 이 차질 없이 건립되고 운영, 유지될 수 있기를 소망합니다.

배현미, 대전

지금 그대로를 사랑합니다!~♥
전선옥, 대전

~~~~~~

어린이재활병원이 하루빨리 완공되어 건우 같은 어린이들에게 안전하고 지속적인
치료를 받을 수 있는 날이 오기를 바랍니다.
이상용, 대전

~~~~~~

배려는 다듬고 덜고 깎아내는 일인지도 모르겠군요. 이 계기로 좀 더 손길 내밀고
달라지는 사회가 되었으면 해요.
노현승, 포항

~~~~~~

어린이들은 우리의 미래입니다. 아픈 어린이들의 몸과 마음의 치료를 위해 공공 어린
이 재활병원 건립은 이루어져야 합니다. 현재와 미래의 어린이들을 위해 건립의
꿈이 이루어지길 희망합니다.
김현정, 부천

~~~~~~

건우야 안녕. 잘 지내지? 잘 웃는 미소 왕자 건우야 네 주위의 사람과 자연이 너의
웃음에 물들어 갈 거야. 지금보다 더 나은 세상을 위해 애쓰는 건우 아빠와 모든
분께도 감사합니다. 건강과 평안을 기원합니다.
김영혜, 인천

대한민국 최초로 대전에 공공어린이재활병원이 건립된다는 소식을 들었는데 저도
모르게 눈에 눈물이 고이고 울컥했던 그때가 생각납니다. 토닥토닥과의 인연이 중
증장애아동들과 공공어린이재활병원 건립에 관한 관심으로 이어졌습니다. 토닥토
닥과 함께해 주는 분들은 그냥 이유를 불문하고 좋았습니다. 단 한 사람의 간절한
마음이 여러 사람의 마음을 움직이고 지역사회에서 동참하게 하고 전국을 움직일
수 있다는 것을 가까이에서 지켜보았습니다. 이제는 어렵게 첫 삽을 뜨게 될 공공
어린이재활병원이 제대로 건립되고 운영되는 것이 중요하다고 생각합니다. 언제나
토닥토닥과 함께할 것입니다. 응원합니다
윤희경, 대전

아픈 아이들 하나하나가 너무 오래 기다리고 있습니다. 공공어린이재활병원을 하루빨리 지어 주세요.
이부형, 대전

함께한다고 하기에 한 것이 없어 부끄럽지만, 함께하겠습니다. 끝까지. 세상 모든 건우가 한 번 더 웃을 수 있다면!
김원영, 대전

응원을 보냅니다.
윤주형, 청주

환자와 환자의 가족이 몸도 마음도 모두 재활 받으면서 다 같이 함께 걸어갔으면 좋겠어요. 모두 각자의 자리에서 최선을 다하고 힘내요 :)
김수현, 인천

건립뿐 아니라 올바른 운영을 기대합니다.
최지선, 청주

건강하고 행복한 나날들의 귀한 소중함
이지선, 서울

모든 아이가 건강하고 행복하게 자랄 수 있는 대한민국을 꿈꾸며… 공공어린이재활병원을 응원합니다!
이인선, 서울

더 많은 아이가 성장과 건강을 위해 마땅히 누릴 권리를 찾을 수 있길 바라며♡
배승희, 서울

땀이 나고 힘이 들 때 바람이 살며시 얼굴을 스치면 그게 그렇게 좋을 수가 없습니다. 아이들이 온전히 삶의 희로애락을 느끼며 살 수 있다면 그것만으로도 더 없을 제 바람이겠습니다.
권미정, 남원

~~~~~~

천사의 바람이 바람처럼 퍼져나가 공공재활서비스가 필요한 모든 어린이에게 맞닿
아지길 바랍니다.
이은정, 서울

~~~~~~

치료사로 일하는 동안 장애가 있는 아이들이 치료를 받기 위해 타지로 원정을 다
니며 경제적 정신적으로 부모님들도 아이들도 지쳐 가는 걸 봐 왔어요. 그러다가
급기야 치료를 포기하고 집에서 퇴행하는 모습에 가슴이 매우 아팠습니다. 부디
아이들이 결정적 시기에 적절한 치료를 받을 기회가 지역에 상관없이 주어지길 바
랍니다. 아이들은 태어나는 순간부터 축복입니다. 아픈 아이들의 모든 순간을 응원
합니다.
김혜미, 김해

~~~~~~

공공어린이재활병원에서 장애아동의 존엄이 보장되도록 함께하겠습니다!
최보라, 수원

~~~~~~

대한민국 최초 공공어린이재활병원, 그 의미 있는 첫걸음을 진심으로 응원합니
다.
이상윤, 성남

~~~~~~

전국에 공공어린이재활병원이 설치되어 장애아동들에게 더 나은 미래를 선물하면
좋겠습니다!
김은해, 성남

~~~~~~

간절한 바람이 행동으로 이어져, 사람들의 마음을 모으고 하나씩 이루어지는 과
정을 보았습니다. 어린이 재활병원이 전국에서 지어질 날이 꼭 있을 거예요. 응원
합니다.
김명이, 대전

천사 같은 미소가 있는 너희들을 항상 응원한단다. 희망을 잃지 말고 지금과 같은
모습으로 순수하고 밝은 마음을 가지고 자라주렴. 멀리서지만 항상 응원한다 :)
오성미, 광주

어린이 재활병원이 늘어났으면 좋겠습니다. 대전어린이재활병원 건립을 응원하며
함께하겠습니다~
조혜민, 동해

건우 힘내자!! 토닥토닥 파이팅!!
박선아, 서울

너무 오래 기다렸네요. 이렇게 오래 기다린 만큼 아이들이 여기저기 다니지 않고
잘 치료받을 수 있는 곳이 되기를 바라요.
김진화, 대전

세상을 향해 던졌던 건우 아빠의 수많은 질문을 응원합니다.
한정환, 세종

모든 어린이가 건강하고 행복하게 뛰어놀 수 있는 세상을 꿈꿉니다.
최진영

공공어린이재활병원 출발을 기뻐하고 축하합니다. 토닥토닥 통해 수고해 주시고 헌
신해 주셔서 감사합니다. 감사와 감격의 자리에 함께 초대해 주셔서 고맙습니다.
공공어린이재활병원 통해 아이들이 함께 자라날 것입니다.
노요한

1004 바람이 천사 같은 어린이들을 향한 희망의 바람이 되길!
홍석훈

건우의 매일을 응원하며 건우를 사랑하는 이들의 꿈과 희망이 필요한 모든 곳에 세워지길 기원합니다.

고은미, 대전

건우야 세상 빛이 되어 바람개비처럼 매일 세상 천사분들이 1004분이 생기는 일이 생기길 두 손 모아 기도하자꾸나.

매일매일 사랑해 —우리·건우—

이미경, 경북

많은 분이 함께했던 — 24시간 부모의 돌봄이 필요한 아이들에게 바람을 가르는 느낌을 알게 해주려고 시작했던 — '기적의 마라톤' 행사처럼 많은 분이 함께해서 전국에 중증장애아동들을 위한 어린이재활병원이 건립되길 기원합니다.

신희수, 대전

공공어린이재활병원 설립으로 선진복지 대한민국이 되기를 원합니다.

하종만, 청주

당장 재활 받을 곳이 없어 치료받기 위해 재활 난민이 되어버린 많은 장애아동 가족들에게 공공어린이재활병원 설립이 큰 힘과 응원이 됐습니다. 병원의 수익을 따지기보다 절실하고 필요한 곳에 따뜻한 포용으로 나아가는 병원이 되었으면 좋겠습니다.

김미정, 전주

장애인과 비장애인이 행복할 수 있는 첫걸음이 되어 주세요. 아이들이 희망과 용기를 얻어 앞으로 나아가 꿈을 이루어 냈으면 좋겠어요.

정하늘, 인천

모두 행복했으면 좋겠어요!

김현정, 부천

공공어린이병원 설립 꼭 필요합니다. 20년 뇌성마비아동들을 보아오면서 늘 마음이 무거웠는데 이제라도 공공병원이 설립되어 우리 사회가 같이 아파해 주고 같은 곳을 같이 바라봐줄 수 있다면 좋겠습니다.
이창훈, 포항

공공어린이병원 건립을 기원합니다~^^*
이창균, 용인

제대로 된 어린이재활병원 건립으로, 아이들에게 실질적인 도움이 되었으면 좋겠습니다~
김광수, 대전

아픔 없이 세상을 살 수는 없지만, 누구나 치료받고 차별 없는 세상을 만들어 가는 것은 작은 관심에서 시작된다.
강형진, 고양

공공어린이병원 설립과 확충으로 장애 어린이와 부모들에게 희망의 선진 의료서비스로 발전하는 계기가 되길 기원합니다. 의료의 공정성은 모든 인류의 과제입니다. 모든 장애인이 각자 맡은 일이 있고 국민의 일원으로서 살아가길 기원합니다.
조상열, 포항

공공어린이재활병원 설립은 장애 어린이들의 미래를 위한 꿈이며 기적의 공간이 될 것입니다. 기적의 공간에서 아이들이 무한한 상상력으로 뛰어놀며 성장하여 사회구성원으로 함께하는 멋진 미래를 만들어 갈 수 있도록 응원합니다^^
공용수, 동해

대한민국의 미래, 모든 아이가 건강하고 행복한 나라를 만들어 가는 데 꼭 필요한 공공어린이재활병원! 응원합니다.
김병관, 계룡

희망합니다. 아이들의 꿈을… 남과 다름으로 좌절하고 힘들어하는 가족들의 아픔까지 치유되길… 희망입니다. 공공어린이활병원 함께하겠습니다. 전국 곳곳에 희망의 터전이 자리 잡을 수 있도록.

임경찬, 원주

아이들이 부모님과 집에서 가까운 곳에서 편하게 물리치료를 받을 수 있는 곳이 많이 생겨서 조금이라도 더 행복했으면 좋겠습니다.

김기철, 춘천

공공어린이재활병원 건립을 기원합니다.

손경현, 광주

오랜 시간 많은 어려움을 겪은 문제입니다. 첫 삽을 뜬 만큼, 모쪼록 결실이 있었으면 합니다!

이한나, 서울

공공어린이재활병원 건립을 축하드립니다. 장애아동 가족들에게 희망이라는 첫걸음을 내디딘 거 같아 가슴 뭉클합니다.
전국에 더 많은 병원을 만들어서 장애아동에게 큰 힘이 되었으면 좋겠습니다. 저도 작지만 보탬이 되도록 응원하겠습니다. 파이팅!^^

이인영, 전주

당장 재활치료 받을 곳이 없어 치료받기 위해 재활 난민이 되어버린 장애아동과 그 가족들에게 공공어린이 재활병원 설립이 큰 힘과 희망이 되었습니다. 당장 병원의 수익보다는 더 절실하고 필요한 곳을 바라볼 수 있는 병원이 되었으면 좋겠습니다.

김미정, 전주

공공어린이재활병원은 우리 사회에서 꼭 필요합니다. 재활이 필요한 아이들 모두 건강하고 밝은 사회로 복귀를 위한 도움이 필요합니다. 응원하고 지지합니다!!

정환윤, 익산

공공어린이재활병원! 대전을 시작으로 나머지 권역에도 건립이 되어 전국장애아동들이 제때 치료와 재활을 받으면 좋겠습니다. 오래 기다리신 만큼 꼭 희망이 되었으면 좋겠습니다.
채수민, 익산

전국에 공공어린이재활병원의 개소로 소아를 전문으로 치료하는 치료사들을 양성하고 중증소아장애아를 위한 재활의료 중심의 치료. 생애주기별 서비스, 가족지원서비스 등이 확대되어 장애아 가족의 최소한의 삶이 보장되었으면 합니다.
엄성윤, 익산

지방에 있는 장애아동들은 지속적인 재활치료가 필요하지만, 환자는 많고 치료를 받을 수 있는 기관의 부족 등 열악한 사정으로 치료를 받기 어려운 경우가 많습니다. 오죽하면 재활 난민이라는 말이 생겨날 정도입니다. 언택트로 밖에 나가는 것이 무서운 요즘, 지역 내 공공어린이재활기관의 건립으로 아동들의 이동 거리를 최소화하고 지역의 격차 없이 모든 장애아동의 재활치료를 받을 권리가 보장되어 너무나 반가운 소식입니다. 재활의 사각지대가 없어지는 그날까지 우리 모두 한목소리로 힘을 합쳐 봅시다!!
이미지, 익산

공공어린이재활병원은 장애아동과 그 가족들의 가장 큰 바람이자 염원이라 생각합니다. 처음 임상에 장애아동을 만나게 되었을 때, 대부분 장애아동이 수도권 병원이나 대학병원치료실을 전전하며 이마저도 부족해서 치료대기로 있는 경우들을 자주 볼 수 있었습니다. 장애아동은 특성상 조기 재활이 매우 중요하고, 또한 지속적인 중재가 필요합니다. 그렇다면 거주 지역 기반의 공공어린이재활병원은 선택사항이 아닌 필수사항이라고 생각합니다. 공공어린이재활병원의 건립은 우리나라 장애아동들에게 더 나은 삶을 제공해 주고 더 나아가 우리나라 재활 수준이 한 단계 도약하는 발판이 될 것을 확신합니다. 많은 분의 애정이 어린 관심을 부탁드립니다.
박현아, 익산

장애아동과 보호자에게 간절했던 공공어린이재활병원 건립을 진심으로 축하합니다! 제대로 된 사회시스템 구축을 통해 치료와 교육·보육까지 한곳에서 부족함 없이 해결할 수 있는 공공어린이재활병원으로 자리 잡기를 기원합니다.

김민찬, 전주

열악한 환경에서 치료를 받으려 대기 순번을 받고 기다리며 치료 순번이 되더라도 일주일에 한 번 혹은 두 번 그로 인해 치료를 위해서 다른 지역으로 넘어가는 현실의 아이들 상황이 개선되는 시발점이 되었으면 좋겠습니다.

최인태, 전주

국가와 지자체가 함께 장애아동과 부모들이 바라는 질 좋은 공공어린이재활시스템을 구축하여 장애 어린이들이 제대로 된 치료를 받아 더 나은 삶, 행복한 삶을 살 수 있도록 공공어린이재활병원 건립이 전국에 확산하기를 많이 기원합니다.

강희주, 전주

치료와 재활이 절대적으로 필요한 중증장애 아이들과 부모님들이 마음 편하게 병원을 이용하고 행복하게 웃을 수 있게 되었으면 좋겠습니다. 그리고 공공어린이재활시설이 많은 지역으로 확대되어 더 많은 아이가 건강한 권리를 누릴 수 있길 바랍니다.

백순이, 전주

장애아동들에게 더 많은 치료의 기회를 주어 재활의 희망을 안겨 주세요!

서은진, 군산

그동안 장애아동의 치료와 보살핌은 장애 가족, 부모님에게 무거운 책임이며 부담이었어요. 공공어린이재활병원이 아픈 어린이와 부모님에게 기쁨의 선물이 될 거라 믿어요.

정해운, 전북

아이들의 꿈과 시작을 위해 공공어린이재활병원이 대전을 시작으로 각 시도에서 건립되어 재활 난민의 일부분이 해소되길 바라며, 이러한 계기를 통해 건강한 인식과 행복한 삶을 유지할 수 있기를 기원합니다. 우리의 희망!! 공공어린이재활병원 파이팅!!

정유진, 익산

하루속히 공공어린이재활병원이 건립되어서 중증장애 어린이들이 맘 편히 진료받을 수 있는 환경이 조성되길 바랍니다.

이태엽, 대전

공공어린이재활병원이 시작이다!

오승신, 서울

공공어린이재활병원을 응원합니다.

최선경, 홍성

제대로 된 공공어린이재활병원을 지어 주세요.

김정희, 대전

앞으로도 더 많이 공공어린이재활병원이 지어지기를 희망합니다.

조세종 · 김계숙, 대전

언제나 힘겨운 추운 겨울을 지내고 새싹이 돋아나는 따뜻한 봄이 오듯 우리들의 천사들에게도 늘 봄처럼 따뜻하고 싱그러운 봄이길 소망합니다. 천사님들은 그 자체로도 예쁘고, 사랑스럽고 자랑스러워요. 공공어린이재활병원 응원합니다!

세종새싹병원 병원장 조기주

모든 아동이 충분히 치료받고, 충분히 교육받을 수 있는 도시에 살고 싶은 것이 저희 세종어린이집 교직원들의 바람입니다~^^ 어린이재활병원이 그 역할을 해 주시길 바랍니다~^^

세종어린이집, 대전

2015년 인연이 되어 저금통 기부부터 어린이집 원장들과 모금했던 기억도 납니다. '과연 될까?' 했었는데 토닥토닥의 노력이 기적이 되었습니다. 공공어린이재활병원은 꼭 필요한 시설입니다. 문재인 대통령 공약 사항이기도 하구요. 유일한 어린이재활전문병원이 서울 한 곳에 있다는 건 말이 안 됩니다. 중부권에 제대로 된 공공어린이재활병원이 들어서 아동복지를 실현하길 소망합니다.

이금선 대전시 유성구의회 의장

우리는 기적을 함께 만들고 있습니다. 공공어린이재활병원을 위해 더불어 함께해 주신 분들께 진정한 감사를 드립니다.

박민자 대전시 동구의회 의장

대전에서 쏘아 올린 희망이, 장애 가족들에게 더 큰 행복이 되길 기원합니다. 함께 하겠습니다. 공공어린이재활병원 아자!!

강화평 대전시 동구의회 의원

공공어린이재활병원의 건립으로 장애아동에 대한 공공의료와 함께 복지·교육을 연계하여 일원화할 수 있는 시스템 접근이 필요하다고 생각하며 가족들에게도 쉼터로서 역할을 함께해 주시길 소망합니다.

이나영 대전시 동구의회 의원

아이들의 행복이 우리의 행복!
대한민국 첫 번째 공공어린이재활병원 건립을 진심으로 축하하며 환영합니다!
오랜 기간 기적의 마라톤을 비롯한 다양한 모습으로 애써 주신 모든 분의 노력 덕분입니다.
이 병원이 병원의 역할로 그치는 것이 아니라 서로를 토닥토닥 안아주며 사랑 가득한 행복의 공간이 되길 소망합니다! 진심으로 축하드립니다!

서다운 대전시 서구의회 의원

공공 어린이재활병원이 대전에 건립을 진심으로 환영합니다. 많은 분의 염원을 담고 이제 한 발짝 더 큰 걸음을 내딛는 기적의 공공어린이재활병원 건립을 진심으

로 환영하고 함께 걸어가겠습니다. 한 명 한 명의 많은 건우들의 꿈과 희망의 공간
이 되길 소망합니다.

손도선 대전시 서구의회 의원

전국에서 최초로 공공어린이재활병원이 건립되는 것을 진심으로 환영합니다!
특히 서구에 건립돼 더욱 의미가 큽니다. 어린이재활병원이 잘 자리 잡아 사랑받을
수 있도록 저도 함께 노력하겠습니다.

전명자 대전시 서구의회 운영위원장

천사처럼 웃는 건우의 모습이 눈에 선합니다. 어린이는 우리의 미래입니다. 장애어
린이 또한 미래의 빛입니다. 그동안 장애어린이들을 위한 의료기관 부족과 치료비
부담으로 힘들었으나, 이제 대전 공공어린이재활병원 건립으로 보다 나은 전문적
의료혜택과 재활교육 효과를 기대합니다. 공공어린이재활병원 건립을 위해 애쓰셨
던 많은 분께 감사드리고, 끝까지 함께 응원하겠습니다.

신혜영 대전시 서구의회 의원

대전 공공어린이재활병원 건립이 많은 친구의 꿈과 희망이 되길 기원합니다. 공공
어린이재활병원이 완공될 때까지 함께 마음 모으겠습니다.

김신웅 대전시 서구의회 행정자치위원장

도움을 필요로 하는 아이들의 희망이 되어 주세요!! 저희도 항상 응원하겠습니다.

특허정보진흥센터 직원 일동

우리가 원하는 공공성이 반드시 지켜지는 병원으로 우뚝 서기를 바랍니다.
장애가 차별과 편견이 되지 않는 세상.
장애는 단지 다름일 뿐인 세상.
다 함께 공평하게 웃을 수 있는 세상을 꿈꿔 봅니다.
그동안 함께하지 못해 죄송합니다. 앞으로는 계속 함께하겠습니다.
애써 주신 모든 분께 감사드립니다.

황미란 금산

재활학 전공 대학생이자 뇌성마비 장애대학생으로서 소아 시기에 필요한 중재를 받지 못해 퇴행되는 경우를 많이 보았습니다. 어떠한 치료를 어떤 방법으로 받느냐에 따라 아이들의 삶이 달라질 것입니다. 스스로 걷고 말하고 옷을 입는 일은 장애아동들에게 재활이 선물하는 기적입니다. 보조기를 신고 어렴풋이 내딛는 아이들의 발걸음을 많은 분이 응원해 주시길 바라며 아이들이 훗날 잊지 않고 살아갈 것입니다. 모든 장애아동에게 희망이 되기를 바랍니다.
민승기 천안

가장 약하고 보호받아야 할 권리가 있는 어린이, 더하여 복합적 건강문제를 가짐으로 오히려 헌법에 보장된 평등권, 교육받을 권리로부터 소외된 어린이들을 위한 재활병원을 국가와 사회가 책임지고 양육하겠다는 첫발을 대전시에서 내딛게 됨을 가슴 벅차게 환영합니다!
공공의 빛이 빛나도록 시스템의 견고함, 어린이들이 자라며 받아야 하는 기본권을 꼼꼼하게 챙김으로 사회시스템의 장애를 치유하는 공공어린이재활병원이 되길 간절히 기원합니다.
안정선 공주대 간호학과 교수

대자연 속에서 아이들이 맘껏 뛰놀며 여행하는 세상을 꿈꾸며....
대전공공어린이재활병원 건립을 응원합니다.
김성선 (주)여행문화학교 산책·대청호로하스캠핑장 대표

지난날의 아픔을 딛고 오늘의 어려움을 이겨내며 다가올 내일을 위한 새로운 길을 만들고 있는 어린이 재활병원 건립의 첫 시작을 응원합니다.
유은정 대전

공공어린이재활병원 설립으로 아이들과 가족들 모두 걱정 없이 치료를 받을 수 있도록, 그 속에서 희망과 사랑을 받고 긍정적인 힘을 얻어갈 수 있기를 바랍니다.
김다영 포항

이 땅 위에 꼭 필요한 책. 많은 사람이 읽고 더 따뜻하고 사랑이 넘치는 세상을 만드는 데 힘이 되었으면 합니다.
전희동 공주

행복하길 바랍니다
최수용 서울

우리 사회가 정상화로 가는 희망의 첫걸음, 제대로 된 공공어린이재활병원의 전국 건립을 소망합니다.
박재한 대전

모든 아이가 건강하게 함께 행복하게 살 수 있는 대한민국이 되기를 진심으로 희망합니다.
이경원 서울

세상 모든 어린이가 건강한 삶을 살았으면 해요.
정석훈 대전

우리 동네에 이런 소중한 병원이 생겨서 감사합니다. 절박한 가족에게 조그마한 희망이 되길 빌며... 전국에 생기기를 기원합니다.
송문섭 대전

공공어린이재활병원의 건립을 진심으로 소망합니다.
권석 대전

공공어린이집재활병원의 전국 건립을 소망합니다.
임재원 대전

공공재활병원 파이팅!
송경진 나주

저의 작은 바람이 있다면...
공공어린이재활병원이 대전을 시작으로 모든 지역에도 있었으면 좋겠습니다.
아픈 아이들이 마음껏 뛰노는 그날이 속히 오기를 ...
오늘도 저는 작은 희망을 가슴속에 담아 봅니다.
오진석 홍성

긍정적인 마음과 의지는 힘든 상황 속에서도 이겨낼 수 있는 힘이 된다.
박주옥 대전

밝고 행복한 길라잡이가 되어 주시길
나성민 진주

웃자~ 행복하자~ 함께 웃고 행복하자^^
이상오 청주

세상 모든 아이가 당당히 꿈을 펼칠 수 있는 세상이 되는 데 밀알이 되길 기원합
니다.
이명구 세종

장애인들의 마음은 아주 작은 것을 바랍니다. 그리고 대한민국에 살면서 우리 모
두 장애인과 비장애인이 함께하는 것입니다. 장애는 선천적인 것도 있지만, 후천적
으로도 발생합니다.
이광섭 대전

아픈 아이들이 안 남았으면 좋겠습니다.
박영남 대전

아이를 사랑하는 사람들의 마음이 모이고 있습니다. 이 마음은 공공어린이재활병
원이라는 이름의 선물이 될 것입니다. 베이비뉴스의 편집국장으로서, 공공어린이재

활병원이 전국 곳곳에 설립될 수 있도록 열심히 보도하겠습니다.

소장섭 베이비뉴스 편집국장

어린이 재활난민이라는 말이 대한민국에서 사라지는 그날이 오길 희망합니다. 치료와 교육, 돌봄이 가능한 공공어린이재활병원 건립으로 장애아동의 일상을 찾고, 장애아동가족들의 일상도 찾을 수 있도록 응원하고 늘 함께하겠습니다.

권현경 베이비뉴스 기자

더 많은 공공어린이재활병원이 건립되어 장애아동들의 몸과 마음이 나아지길 소망합니다.

최대성 베이비뉴스 사진기자

처음 '어린이 재활난민'이라는 말을 들었을 때, 봄햇살이 가시처럼 아프게 박혀 왔어요. 당연히 교육받고 돌봄을 받아야 할 아이들인데 '돌봄이 생존'이라는 걸 이렇게 힘들게 호소해야 하다니, 어른으로서 참 미안했습니다.
이제 대한민국에서 처음 공공어린이재활병원이 건립되죠.
한 걸음씩 어렵게 헤쳐온 길, 제대로 된 공공어린이재활병원 건립을 향한 뜨거운 걸음을 함께 응원합니다!!

이상은 산악사진가, 한국산림복지진흥원 홍보대사

빨리 지어져서 아이들이 빨리 이용하길 바라요.

이이숙 대전 장애인활동보조 선생님

공공어린이재활병원 건립을 진심으로 축하합니다. 그리고 응원합니다.

김경식·김미옥 온유네닭매운탕

바늘과 실이 이어주는 사랑!!
한 올 한 올 한 땀 한 땀이 모여 따뜻한 마음의 이불이 되어 줍니다.

장미화 홍성 프랑스자수〈가든〉

희망을 품고 가는 세상이 만들어지길 바라며....
지둥이 이선자 프랑스자수〈가든〉

외롭고 지친 마음에 한 땀 소망을 수놓아 토닥입니다.
제니 이재은 프랑스자수〈가든〉

함께 수놓는 따뜻한 세상 ❀
정소영 프랑스자수〈가든〉

함께 웃을 수 있는 세상이 되었으면^^
최수경 프랑스자수〈가든〉

이제 시작입니다. 씨앗 한 알이 심기여 우람한 나무가 되고 숲을 이루듯 이번 공공
어린이재활병원 건립이 씨앗이 되어 우리 아이들의 꿈길 숲을 멋지게 가꿀 수 있기
를 기도합니다.
장보미 나사렛새꿈학교 선생님

어린이재활병원건립 진심으로 고맙고 감사합니다.
앞으로 전국적으로 추진되길 소망합니다.
나사렛새꿈학교 초5-ㄴ 순회학생 조예찬 학부모

중증장애학생들과 함께하는 교육가족으로서 대전에 공공어린이재활병원이 착공
됨을 진심으로 환영합니다. 이 책을 통해 우리의 현실과 앞으로 풀어야 할 과제들
을 더 많은 사람이 이해하고 공감하길 기대합니다.
김태윤 나사렛새꿈학교 유치원 선생님

간절히 기다리던 꿈이 이뤄졌습니다. 건강에도 장벽 없는 곳이 되기를 바랍니다.
양은애 나사렛새꿈학교 중학교 선생님

다름이 차별이 되지 않는,
장애가 장벽이 되지 않는,
우리 동네 공공어린이재활병원 건립을 축하합니다!
응원합니다!
정영숙 나사렛새꿈학교 교장 선생님

혼자 살 수 있는 세상이 아니다. 공공성이 더 중요해진다. 공공어린이재활병원은
그래서 특별하다. 모든 어린이는 어른들의 희망이고 미래다.
윤장래 서울 도서출판피디

기적이라고 생각했던 공공어린이재활병원건립이 현실로 이루어졌습니다. 이 기쁨
을 함께 달렸던 모든 분과 나눌 수 있다는 게 행복합니다. 이제는 제대로 된 공공
어린이재활병원을 위해 함께 달릴 것을 약속드립니다.
김은희 대전 은하수어린이집

14년 11월 17명의 직원들로 어린이재활병원 건립후원을 위한 '한전 토닥토닥 후원
모임'을 만들어서 활동을 시작했습니다. 15년 기적의 마라톤 행사부터 회사의 지원
이 이루어지도록 하였으며, 사내 게시판을 통해서 어린이재활병원 건립의 필요성
에 대한 꾸준한 홍보활동을 하였습니다. 사회공헌수기를 통한 홍보, UCC 동영상을
활용한 홍보 및 사내 사회공헌 리더들을 대상으로 홍보도 진행하였습니다. 후원회
원은 17년 말 105명까지 늘었고 현재도 100여 명의 직원이 매월 지속적인 후원을
하고 있습니다. 그동안 회사의 직접 후원금이 1천만이고, 직원들의 자발적 후원금
액이 35백만 원입니다. 충남권 공공어린이재활병원 건립을 진심으로 축하드립니다.
한전 토닥토닥후원회 일동

(사)대한물리치료사협회
본회는 1965년 10월 1일 대한물리치료사협회를 설립하였으며, 서울시회를 포함
한 16개 시·도회와 9개의 종별학회, 물리치료과학회, 물리치료평가원 등의 조직을
갖추고 있습니다. 1949년 미국인이면서 물리치료사인 선교사 출신 Miss Thelma
Maw(한국명 모우숙 선생)에 의해 최초로 물리치료가 대한민국에 도입이 되었고,

정규 교육과정으로는 1963년 수도의대병설 의학기술초급대학에서 정규교육 실시하여 2020년 현재 85개 대학교에서 교육이 이루어지고 있습니다. 본회는 '국민건강 지킴이, 물리치료사'라는 슬로건 아래 국민들에게 신뢰와 사랑을 바탕으로 국민 건강을 책임지는 물리치료사가 되기 위해 노력하고 있습니다.

· · · · · · · · · · · · · · · · · · ·

최근 코로나로 인해 장애가 있는 아이들이 감염과 같은 또 다른 병을 얻을까 병원을 방문하지 못하면서 제대로 된 치료를 받지 못하고 있는 현실에 있습니다. 그러나 공공어린이재활병원 건립은 장애가 있는 아이들이 치료와 교육, 돌봄을 받을 수 있는 등불과도 같고, 안전하고 전문가로부터 치료를 받으면서 이를 통해 아이들의 미래를 열어가기 위해 꼭 필요한 일이라 생각합니다. 2만 명이 넘는 장애아동들이 마음 편하게 치료받고, 교육받으며 국민 한 사람으로서 누려야 할 권리를 찾아 갔으면 하는 바람입니다. 공공어린이재활병원이 권역별이 아닌 모든 도시에 건립이 되어 우리 아이들이 건강하게 지낼 수 있도록 함께 노력하였으면 합니다. 또한, 대한물리치료사협회 회장으로서 장애아동이 잘 치료될 수 있도록 공공어린이재활병원이 건립될 수 있도록 많은 관심과 노력을 아끼지 않겠습니다. 감사합니다.

(사)대한물리치료사협회 회장 이근희

· · · · · · · · · · · · · · · · · · ·

- 공공어린이재활병원 건립으로 중증장애아동이 물리치료를 언제든 받을 수 있고, 질적인 치료를 받을 수 있기를 기원합니다.
- 치료와 돌봄, 교육이 하나의 장소에서 잘 이루어질 수 있었으면 하네요.
- 물리치료사 및 작업치료사들의 처우가 좋아졌으면 하네요. 그래야 장애아동들이 오랫동안 지속해서 질적인 치료를 받는 데 좋을 거 같아서요.
- 장애아동들이 재활치료를 잘 받을 수 있는 환경이 만들어졌으면 합니다. 그리고 전국 단위로 만들어지길 희망합니다.
- 장애아동과 가족이 함께 살면서 치료받고 지역사회에서의 온전한 삶을 누릴 수 있기를 바랍니다.
- 태어날 때부터 뇌병변과 지적장애는 본인의 잘못이 아니죠… 이들이 잘 살 수 있는 방법이 되기 위해 공공어린이재활병원이 꼭 잘되길 바랍니다.
- 평생을 치료해야 하는 중증장애 아이들에게 하나의 빛이 되길 바랍니다.
- 물리치료사가 질적인 치료를 하기 위해서 처우, 수가, 환경 등이 잘 갖추어질 수

있기를 기원합니다.
- 중증장애아동들이 시골이나 지방에서는 치료를 받을 수 있는 장소가 별로 없어요. 전국적으로 건립이 될 희망합니다.
- 실질적으로 장애아동을 물리치료 하기 위해서는 수가가 증가하여야 하고, 물리치료사 처우가 개선되어야 합니다. 그래야 지속해서 오랫동안 치료를 해나갈 수 있습니다. 장애아동의 질적인 삶이 보장되길 희망하며…
대한물리치료사협회 중앙회

. . . .

제대로 된 공공어린이재활병원 건립과 운영을 기대합니다.
대전광역시물리치료사협회

. . . .

대전에 공공어린이재활병원 착공을 축하드리며 충북에도 공공어린이재활병원이 생기길 기원합니다.
충청북도물리치료사협회

. . . .

전국에 아동병원이 건립되길 희망합니다.
경상북도물리치료사협회

. . . .

꿈과 희망이 있는 아이들의 미래를 위하여
광주광역시물리치료사협회

. . . .

어린이들을 치료하면서 가슴 아픈 일들이 많이 있다. 환경이 개선되길 바라고 함께 응원한다.
대구광역시물리치료사협회

. . . .

공공어린이재활병원은 대한민국의 미래를 다시 세우는 디딤돌이 되리라 믿습니다.
부산광역시물리치료사협회

. . . .

자유롭게 치료받는 세상. 우리 함께 만들어가요!!!
전라북도물리치료사협회

토닥토닥 응원합니다. 공공어린이재활병원의 건립을 축하드리며 무궁한 발전을 기원합니다.
서울특별시물리치료사협회

. . . .

장애아동의 미래를 지켜 주는 사회안전망은 꼭 필요합니다. 이 사업에 동참할 수 있게 되어 영광이며, 탄탄한 공공어린이재활병원을 만들어 주세요.
경기도물리치료사협회

. . . .

인천에도 조속히 공공어린이재활병원이 생기길 바랍니다.
인천물리치료사협회

~~~~~~

(사)대한작업치료사협회

본회는 의료기사 등에 관한 법률에 근거하여 설립된 법적 단체로서1993년 3월 보건복지부 승인으로 창립되었습니다. 국민 건강증진을 위해 일하는 보건의료 전문인력인 작업치료사는 1969년 첫 면허가 발급된 이후 현재 약 20,445명의 면허자가 배출되었습니다. 전국 총 63개교에서 작업치료 교육과정이 운영되고 있으며 매년 2천여 명 이상 배출되고 있습니다. 작업치료사는 일상생활, 가정과 지역생활, 직업생활, 학교생활 등에 어려움이 있는 장애인과 노인이 자립적인 생활을 영위할 수 있도록 평가와 치료서비스를 제공하는 재활전문가입니다.

. . . .

많은 어려움이 있었음에도 이를 극복하고 공공어린이재활병원 정책과 제도를 만들어 내신 모든 분에게 존경의 마음을 전합니다.
그동안 작업치료사들은 아동치료에 대한 보람과 소명의식을 가지고 아동과 부모님의 신뢰를 받는 전문가로 성장하고자 노력해 왔습니다. 하지만 언제부터인가 병원에 수익이 되지 않는다는 이유로 아동작업치료는 우리 사회에서 점점 위축되기 시작했습니다. 이러한 아동작업치료 분야의 축소는 공중보건과 사회의학적 관점에서 큰 손실이 되고 있습니다. 국가는 소중한 자산인 보건의료 전문가들을 관리하는 국가적 체계를 세워야 합니다. 이를 위해서는 국가가 관리하는 면허체계가 더욱 전문화될 수 있도록 의료기사 등에 관한 법률에 전문작업치료사 제도가 도입되어야 합니다.

전국 어디에서나 장애아동들이 공평하게 재활치료서비스를 받을 수 있어야 하는 것은 우리 사회가 선진국으로 성장하는 과정에서 반드시 이루어야 할 정의의 원칙입니다. 다행히 이번 공공어린이재활병원이 추진되면서 미래의 재활치료 서비스에 대한 한 가닥 희망을 품게 되었으며 그동안 공공어린이재활병원 설립을 위해 노력하신 모든 분에게 대한작업치료사협회 대표로서 감사의 말씀을 드립니다.

이제 새롭게 열어 가시는 길에 저희 작업치료사들도 함께하겠습니다.

전병진 대한작업치료사협회 회장

협동조합 함께하는연구

2018년 3월 개소한 사회복지 연구자 협동조합입니다. 자율적, 협력적, 공익적 연구 활동을 통해 사람과 기관, 지역사회가 함께 성장하는 데 이바지하고자 노력하고 있습니다. 사회복지 분야의 현장에서 필요한 연구를 수행하고, 교육, 번역, 공간 공유, 지역사회 및 협동조합과의 연대 활동을 하고 있습니다.

장애가 있는 아이들 누구나 치료받고 일상생활을 누릴 수 있도록 공공어린이재활병원이 전국 곳곳에 건립되길 바랍니다. 공공어린이재활병원이 제대로 건립될 수 있도록 함께하겠습니다.

협동조합 함께하는연구 조합원 일동

제대로 된 공공어린이재활병원 건립을 위한 전국 시민T.F연대

현재 보건복지부가 추진하는 공공어린이재활병원 건립은 민간이 제공하기 어려운 중증장애아동의 재활치료서비스를 제대로 제공할 수 있는 공공병원의 모습으로 미흡하며 이것은 그동안 공공어린이재활병원 건립 운동을 진행해 온 중증장애아동 가족과 토닥토닥, 현장의료계, 복지계의 목소리를 무시한 결과입니다.

그래서 장애아동 가족과 시민의 의견을 제대로 반영한 공공어린이재활병원 건립을 위해 전국 8개 지역(경기도, 경상남도, 광주광역시, 대전광역시, 충청북도, 경상북도, 인천광역시, 전라북도)의 시민T.F팀 구성과 전국시민·장애인단체(한국장애인부모회, 대한물리치료사협회, 대한작업치료사협회, 전국보건의료산업노동조합, 공공병원설립운동연대)와 연대로 정부와 지자체, 국회에 정책 및 의견을 전달하고 있습니다.

이제 대전에 세워지는 첫 공공어린이재활병원이 전국으로 확대되어 '어린이 재활 난민'이라는 말이 우리 사회에서 사라지고, 대한민국의 장애 어린이라서 슬프고 힘들지 않은 행복한 세상이 펼쳐질 수 있기를 간절히 바랍니다.

양대림 대전시민T.F 대표

· · · · · · · · · · · · ·

소아·청소년 누구나가 이용할 수 있는 공공어린이재활병원 및 센터 건립을 통해 전국의 만 18세 미만 소아청소년들이 재활치료를 통해 일상으로 돌아가 건강한 삶을 살아갈 수 있도록, 우리의 사랑하는 자녀들이 더는 치료기관을 찾아다니지 않고 전국 어디서나 치료를 받을 수 있도록 전국에 공공어린이재활병원 건립이 속히 이루어져야 할 것이며 우리는 모두 전국에 어린이재활병원이 건립되는 그날까지 노력해 나아갈 것입니다.

김재원 경북시민T.F 대표

· · · · · · · · · · · · ·

최고의 의료서비스를 제공하는 인력 구성과 돌봄과 특수학급이 포함된 교육서비스, 장애아동 통합재활지원이 가능한 복지서비스가 제공되는 복합시설 건립으로 희망과 기쁨을 주는 제대로 된 경남장애아동재활병원 건립을 희망합니다.

오흥석 경남시민T.F 대표

· · · · · · · · · · · · ·

헌법은 모든 국민이 건강하게 살 권리가 있다고 규정하고 있습니다. 그러므로 국가는 국민의 건강권을 지킬 의무가 있는 것입니다. 그렇다면 장애인이든 비장애인이든 모두가 국가의 충분한 의료 혜택을 받아야 건강하게 살 수 있는 것입니다. 그런데 비용이 많이 든다고 장애아동들의 건강권인 재활치료를 소홀히 한다면 그것은 바로 국가의 의무를 방기하는 것입니다. 다행히 대전에 공공어린이재활병원이 설립된다고 하니 작게나마 희망을 가져 봅니다. 모든 장애가 있는 어린이들이 국가의 충분한 의료 혜택으로 건강권을 지킬 수 있기를….

공공어린이재활병원 아자아자!

원용철 공공병원설립운동연대 상임대표

· · · · · · · · · · · · ·

문재인 대통령님 건우에게 한 약속을 지켜 주세요. 6년의 세월 장애인가족 & 시민들의 결실인 공공어린이재활병원 건립, 장애아동의 생명을 지키는 사회안전망, 공공의 가치가 실현되는 소중한 공간이 될 수 있기를 희망합니다.
이길준 한국장애인부모회 사무총장

〰〰〰〰〰〰〰〰〰〰〰〰〰〰〰〰〰

사단법인 토닥토닥
시민이 함께해 주셔서 기적은 현실이 됐습니다. 고맙습니다.

· · · · · · · · · · · · · · · · · ·

건우의 바람이 제대로 이루어지길 바랍니다.
김동석 토닥토닥 대표

· · · · · · · · · · · · · · · · · ·

안심하고 아이를 가질 수 있는 공공어린이재활병원이 되도록 지켜 주세요.
김현우 토닥토닥 이사

· · · · · · · · · · · · · · · · · ·

대전에서 시작된 바람이 태풍이 되어 전국으로 퍼져 나가길 기원합니다. 모든 국민
이 행복한 그날을 꿈꾸며…
강재인 토닥토닥 이사

· · · · · · · · · · · · · · · · · ·

한 푼 두 푼 모은 저금통에서 시작한 우리의 염원이 공공어린이재활병원 건립이라
는 기적을 이루어 내었습니다.
대한민국의 장애가 있는 아이들이 활짝 웃는 그날까지 우리는 달려야 합니다.
김지훈 토닥토닥 이사

· · · · · · · · · · · · · · · · · ·

대한민국 최초의 공공어린이재활병원이 세워지기까지 오랜 시간 한목소리로 호소
해 온 토닥토닥 가족들과 시민 여러분의 노고에 축하와 깊은 감사를 드립니다. 이
제는 국가와 사회가 먼저 말을 걸고 귀를 기울이는 세상을 꿈꿔 봅니다.
김학선 토닥토닥 이사

· · · · · · · · · · · · · · · · · ·

쉰 살에 마라톤, 그리고 낯선 만남. 2014년 4월 갑천에서 건우와 처음 만났습니다.
서로 간 위로를 받기 위한 만남이 어린이 재활병원 건립을 위한 시민추진모임을 만
들고, 사단법인으로 거듭되면서 공공어린이재활병원 건립이라는 성과를 만들어냈
습니다. 대전에 건립되는 공공어린이재활병원을 시작으로 더 많은 분의 불편함을

실질적으로 덜어주는 공공의료 정책이 추진되었으면 합니다.
유승우 토닥토닥 이사

. . . .

장애아동 가족 심리상담과 재활치료를 체계적으로 이용할 수 있는 공공어린이재
활병원이 지역마다 생겨 이 사회의 시선이 바뀌고 장애아동 가족도 안정되고 마음
이 건강한 가정이 되기를 바라봅니다.
이승원 토닥토닥 이사

. . . .

아이가 아프면 단지 그 아이뿐 아니라 가정 모두가 아프게 되지요. 재활치료를 위
해 이 병원 저 병원 돌아다니는 아이와 부모님을 보면 마음이 아픕니다. 천사 같은
아이들을 위해서 어서 빨리 어린이 재활병원이 많이 생겼으면 좋겠습니다.
이효정 토닥토닥 이사

. . . .

모든 사람이 자신의 꿈을 위해 노력하고 그 꿈은 스스로와 이웃에게 존중받으며
각자의 형편대로 나눌 수 있는 편안하고 다정한 세상을 바랍니다.
임미향 토닥토닥 이사

. . . .

제대로 된 어린이재활병원 설립을 간절히 소망합니다!
최권호 토닥토닥 이사

. . . .

7년 전 작은 가족 모임에서 시작된 토닥토닥, 과연 우리가 할 수 있을까? 기대 반
걱정 반으로 떼었던 발걸음이 어느새 대전 공공어린이재활병원 건립이라는 결과로
눈앞에 다가왔습니다. 대전을 시작으로 전국에 건립되기를 꿈꿉니다.
김영도 토닥토닥 이사

. . . .

아이들이 밝게 웃고, 부모님들도 안심하며 지낼 수 있도록 바라는 마음이 이루어
낸 성과. 충분히 치료받고, 교육받을 수 있는 어린이재활병원의 역할을 기대합니다
~^^
노경자 토닥토닥 이사

중증장애아동 재활치료 현실

1) 박주현, 김성우, 고성은, 권정이, 이지선, 이소영 외(2016). 뇌성마비 등 장애아동의 재활의료 전달체계 구축 방안 연구. 가톨릭대학교 산학협력단·보건복지부.

2) 박주현, 김성우, 고성은, 권정이, 이지선, 양신승 외(2017). 어린이재활의료 확충 방안 연구. 가톨릭대학교 산학협력단·보건복지부.

3) 국가통계포털 KOSIS〉보건복지〉복지〉건강보험통계〉요양기관현황(건강보험심사평가원)〉 건강보험통계: 시도별 표시과목별 의원 현황

4) 최복천, 이명희, 임수경, 조혜희(2013). 중증 뇌병변 장애아동 및 가족 지원방안 연구. 한국장애인개발원

5) 김윤태(2019). 성남시 공공어린이재활병원 설립을 위한 토론회. 성남공공어린이재활병원설립 토론회 (2019.11.26) 자료집. 성남 공공어린이재활병원설립운동본부.

6) 주간조선. "재활병원 2년 대기... 3개월 만에 또 이동 – '병원 난민' 전락한 9만 장애아동". 2018년 2월 5일자 기사

7) 건강보험심사평가원(2019). 건강보험요양급여비용 2019년 3월판.

8) 김기수, 양신승, 이경준, 조정하(2016). 대전광역시 중증장애아동의 재활치료 욕구에 관한 연구. 대전복지재단.

9) 여복기(2013). 소아 재활 낮병동 이용실태와 만족도 요인에 관한 연구. 부산가톨릭대학교 보건학석사 학위논문.

10) 통계포털(http://kosis.kr) 〉 국내통계 〉 보건 〉 건강보험통계

11) 신성규(2019). 어린이재활병원 운영사례, 어려운 점, 개선방안. 성남 공공어린이재활병원설립 토론회 자료집. 성남 공공어린이재활병원설립운동본부. (2019.11.26.)

12) 오마이뉴스. "돈 안 되니 다른 병원 가라? 쫓겨나는 어린이 환자들". 2019년 4월 5일자 기사.

13) 신형익, 전혜원, 이정은, 김은해(2015). 장애인 의료재활시설 운영기준 개발. 서울대학교병원, 한국장애인재활병의원협회

14) 김민영, 고성은, 한승훈, 방문석, 이지선, 양신승 외(2018). 공공어린이재활의료기관 중심 어린이재활의료 활성화 방안. 차의과대학교 산학협력단, 보건복지부.

15) 권용화(2020). 충북 공공어린이재활센터 필요성. 어린이공공재활병원 전문가 토론회 '충북공공어린이재활센터, 사람답게 자랄 권리' 자료집 (2020.2.12.)

16) 전민일보. "재활치료 필요한 전북지역 장애아동 '병원 난민'신세". 2019년 10월 8일자 기사
https://www.jeonmin.co.kr/news/articleView.html?idxno=208761

17) 한겨레신문. "재활 난민 된 세 살 아기... 3년간 병원 6곳 떠돌아". 2019년 10월 5일자 기사. http://m.hani.co.kr/arti/society/health/912121.html

18) 홍현숙, 김동아, 김현경, 전상남, 이희연, 박정연 외(2012). 장애를 가진 아동·청소년의 성장주기에 따른 재활치료 및 서비스 이용조사-지체·뇌병변장애를 중심으로-. 국립재활원 재활연구소.

19) 에이블뉴스. "푸르메재단 넥슨어린이재활병원, 청소년 특화 '열린 재활치료실' 운영". 2020년 6월 9일자 기사. http://www.ablenews.co.kr/News/NewsContent.aspx? CategoryCode =0034 &NewsCode=0034202006090923168321 57

20) 장창수, 최권호, 김명희(2017). 대전어린이재활병원 건립 및 운영방안 연구. 대전세종연구원.

21) 김부영, 윤영주, 이현주(2018). 뇌성마비아동 보호자들의 재활치료 선택 과정: 근거이론 중심. 재활복지, 22(2): 175-212.

22) 최복천, 김유리(2015). 중증 뇌병변 장애아동의 건강·의료 실태 및 지원요구에 대한 부모 인식. 한국지체·중복·건강장애연구, 58(3): 111-136.

23) 이명희(2015). 중도 뇌병변 장애아동 및 가족의 어려움과 요구 –어머니와 전문가를 중심으로-. 유아특수교육연구, 15(2): 257-281.

24) 신희정(2016). 대전시 중증장애아동 자녀를 둔 어머니의 양육경험에 대한 연구-사회적 지원 욕구를 중심으로. 여성학연구, 26(2): 37-72.

25) 김기수, 김동기, 신희정, 전수빈, 유선아(2015). 대전광역시 중증장애아동 실태조사. 대전복지재단.

26) 류수민, 한영주(2015). 중증장애인의 비장애 형제로 살아감에 대한 질적 연구. 상담학연구, 16(2): 121-155.

27) 이명희, 김안나, 강경숙. (2012). 중증, 중복 뇌병변장애인의 생활지원 용품 사용실태 및 요구조사-자세유지보조기구 (특수제작의자) 와 신변처리용품 (기저귀) 을 중심으로. 지체중복건강장애연구 (구 중복·지체부자유아교육), 55(4): 351-376.

28) 백은령, 이은미(2019), 발달지연 영유아 어머니의 양육경험과 지원욕구에 관한 연구. 발달장애연구, 23(1): 21-49.

29) 전지혜, 원영미 (2019). 중증장애아동 어머니의 낮병원 및 보육서비스 이용경험에 관한 연구. 한국보육학회지 19(1): 159-174.

30) 조유진, 김수영(2016). 뇌병변장애자녀 어머니들의 사회복지제도 속에서 생존하기: 수동적 행위자에서 능동적 행위자로 거듭나기. 사회복지연구, 47(1): 93-121.

중증장애아동, 사회적 지원의 사각지대

1) 연합뉴스. 박원순 "장애인공공재활병원 추진"...'민주주의 서울' 제안 답변. 2020년 6월 30일자 기사.
https://www.yna.co.kr/view/AKR20200629172500004?input=1179m

2) 박주현, 김성우, 고성은, 권정이, 이지선, 양신승 외(2017). 어린이재활의료 확충 방안 연구. 가톨릭대학교 산학협력단·보건복지부.

3) 박주현, 김성우, 고성은, 권정이, 이지선, 이소영 외(2016). 뇌성마비 등 장애아동의 재활의료 전달체계 구축 방안 연구. 가톨릭대학교 산학협력단·보건복지부.

4) 보건복지부(2019). 2018 보건복지백서.

5) 교육부(2019). 특수교육 연차보고서. 2019년 정기국회 보고자료.

6) 김기수, 양신승, 이경준, 조정하(2016). 대전광역시 중증장애아동의 재활치료 욕구에 대한 연구. 대전복지재단.

7) 표윤희, 박은혜(2008). 지체장애학생의 특수교육관련서비스 지원체계 수립을 위한 치료지원을 중심으로. 지체·중복·건강장애연구, 51(2): 117-140.

8) 강혜경, 김주혜(2019). 중도·중복장애학생 대상 치료지원서비스 현황 및 발전방향 탐색: 물리치료를 중심으로. 특수교육학연구, 54(3): 69-93.

9) 국립특수교육원(2018). 2017 특수교육 실태조사.

10) 김태완(2015). 중도·중복장애학생 학부모의 치료지원에 대한 요구. 미간행 석사학위논문. 공주대학교 대학원.

11) 표윤희, 이희연, 김경양(2017). 일반학교 중도·중복장애 특수학급 교사의 교육경험 및 지원요구에 대한 질적 연구-인천광역시를 중심으로. 지체·중복·건강장애연구, 60(2): 33-61.

12) 교육부(2018). 특수교육연차보고서. 2018년 정기국회 보고자료.

13) 김기룡, 이명희, 박경옥, 임용재, 김지연, 김신애 외(2018). 중증중복장애학생 교육권 실태조사. 국가인권위원회.

14) 한경근, 송승민, 홍성도(2018). 중도·중복장애학생 교육지원 방안 연구. 아산: 국립특수교육원.

15) 교육부(2019). 2019 교육통계연보.

16) 대전혜광학교(2019). 2019학년도 병원파견학급 운영계획(내부자료).

17) 보건복지부(2020). 2020년 장애인활동지원 사업안내.

18) 이명희(2015). 중도 뇌병변장애아동 및 가족의 어려움과 요구 -어머니와 전문가를 중심으로-. 유아특수교육연구, 15(2): 257-281.

19) 전지혜, 원영미(2019). 중증장애아동 어머니의 낮병원 및 보육서비스 이용경험에 관한 연구. 한국보육학회지 19(1): 159-174.

20) 이명희, 김안나(2012). 중증·중복 뇌병변장애 자녀를 둔 어머니의 양육 어려움과 요구. 특수교육, 11(2): 117-143.

21) 유동철(2018). 영국 장애인 보건의료정책의 동향. 국제사회보장리뷰, 4: 53-61.

22) 김용득(2005). 영국 커뮤니티케어의 이용자 참여 기제와 한국 장애인복지서비스에 대한 함의. 한국사회복지학, 57(3): 363-387.

23) NHS England. (2016). Commissioning guidance for rehabilitation, NHS England.

24) Office for Standards in Education. (2017). Oxfordshire Hospital School, London: Office for Standards in Education (Ofsted).

25) The Children's Trust. (2019). Always aiming higher: 2018/2019 Report and

Accounts, Surrey: The Children's Trust.

26) Department of Health & Social Care. (2020). Care and support statutory guidance, London: Department of Health & Social Care.

27) 김진우(2018). 발달장애인 지원에 있어서 영국 개인예산제도의 함의와 쟁점. 국제사회보장리뷰, 41: 111-136.

28) https://www.gov.uk/children-with-special-educational-needs

29) Department for Education. (2019). Special educational needs in England January 2019, Darlington: Department for Education.

30) e-대학저널. 늘어나는 장애학생.. 갈 길 먼 특수교육. 2019년 10월 3일자 기사. https://www.dhnews.co.kr/news/articleView.html?idxno=112361

31) https://www.telfordsend.org.uk/info/1/home/9/what_is_an_education_health_and_care_ehc_plan

치료와 배움, 돌봄이 어우러지는 공공병원 만들기

1) 김왕배, 김종우(2012). 인권으로서의 건강권에 대한 탐색과 전망. 보건과 사회과학, 32:1-18.

2) 이양희(2012). 장애아동의 권리와 보호. 장애아동인권연구, 3: 1-3.

3) 장창수, 최권호, 김명희(2017). 대전 어린이재활병원 건립 및 운영방안 연구. 대전세종연구원.

4) 김창엽(2019). 건강의 공공성과 공공보건의료. 한울아카데미.

5) 보건복지부. 어린이 재활의료기관 지정·운영 시범사업 공모. 보건복지부 보도자료. (2020.8.14.)

6) 서영란, 이숙정(2018). 소아물리치료사의 치료경험 및 전문성에 대한 인식연구-포커스그룹인터뷰를 중심으로-. 특수교육재활과학연구, 57(2): 293-320.

공공어린이재활병원이 시작이다(2판)
−장애아동의 치료·교육·돌봄 찾기

2020년 11월 10일 1판 1쇄 발행
2020년 12월 10일 1판 2쇄 발행
2020년 12월 21일 2판 1쇄 발행

지은이_이정은, 조미형, 이승영, 최권호, 김동석
펴낸이_정영석
펴낸곳_**마인드북스**
주 소_서울시 동작구 양녕로25길 27, 403호
전 화_02-6414-5995 / 팩 스_02-6280-9390
홈페이지_http://www.mindbooks.co.kr
출판등록_제25100-2016-000064호
ⓒ 사단법인 토닥토닥, 2020

ISBN 978-89-97508-59-4 03330

이 도서의 국립중앙도서관 출판예정도서목록(CIP)은 서지정보유통지원시스템 홈페이지
(http://seoji.nl.go.kr)와 국가자료공동목록시스템(http://www.nl.go.kr/kolisnet)에
서 이용하실 수 있습니다. (CIP제어번호: CIP2020052607)